Katsuhiko Tanaka Selection II

田中克彦
セレクションII

言語学と
言語学史篇

国やぶれても
ことばあり

田中克彦

新泉社

田中克彦セレクションII

言語学と言語学史篇

国やぶれても ことばあり

セレクションⅡへのまえがき

この「セレクション」シリーズⅠ『カルメンの穴あきくつした』のまえがきで述べておいたように、全体は三冊で完結する予定であった。ところが、編集者が持ってきた二冊目、「言語一般、日本語に関するもの」のゲラ刷りは、千ページにも達するほどのかさになっていた。それを目の前にドサッと置かれたぼくは途方にくれた。

ぼくは読者への約束どおり、半分は削り捨てて、せいぜい五百ページにして、あくまで一冊として、読者にとどけるつもりで作業にとりかかった。ところが読みすすむうちに、これも削っちゃえ、これも……とやっているうちに、全部削っちゃえという気分になってしまった。どの原稿も、よく見れば、どうしても採用しなければならないとは思えないからである。そこで編集者に、もう出すのはやめましょうと伝えると、それは読者への約束違反ですと言われ、それもそうだと反省した。反省した結果、じゃ全部を削らずに残して、二冊にして出そうと思いなおした。すると当初の計画とは異なり、言語篇を二つに分けて出すことにならざるを得ない。

とすれば、それとともに、言語論・日本語篇を、公用語論・エスペラント篇などと類別しようとも考えたが、それはやめた。というのは、ぼくのばあい、このようなテーマ毎の類別はすこぶる困難であって、いろいろなテーマを、同じ時期に、一斉にとりあげているからだ。むしろ、やはり執筆年代順に並べた方が、読者にとっても、ぼく自身に生じた「揺れ」を追跡できておもしろいのではないかと思われ、そのようにした。この揺れは、対象じたいの変化によることもあれば、またぼく自身の心境の揺れにもよる。こうして、セレクションⅡには、一九六三年から九八年の三十五年間に書かれたものを収めた。そして、ここからはみ出た一九九九年から二〇一六年までの十七年間のものは次のセレクションⅢに盛りつけることにした。

そしてこのセレクションⅡの題としては、「国破れて山河あり」（杜甫）をもじって、「国やぶれてもことばあり」とさせていただいた。この漢詩を知ったのはいつの頃だったかおぼえていないが、敗戦後間もない、まだ子どものころで、いまも心のどこかでひびいている。世の中はまるで、これからは英語でないと生きて行けないぞといった風だったが、ぼくは国は破れてもことばは残っているぞと、しみじみ思ったのである。

こうよみあげた杜甫の心境と、ぼくのしみじみとが一致しているかどうかにかかわらず、ことばは単なる強制などでなくなるものではない。人々がそれを話しているかぎり滅びないものなんだと。そうして、その人々とは、外国語なんかを器用に身につける才能に恵まれていないふつうの、ありふれた人々なんだと。その人たちのことを私たちは、大衆とか民衆とか、時に人民とか呼んでいる。だから言語学は人民のものなのだ。

日本語を滅びないように守っているのは、栄達を目ざしてアメリカに飛び出し、ひたすら英語を学ぶ人ではなく、日々はたらく以外に生きる方途のない人たちなのだと気づいて、じつにふしぎな気持になったものである。ことばは、一方では人々を未知の世界にさそう知的な冒険の乗り物でありながら、じつは、つち・やま・かわのように、日常の環境そのものとして人間を支えている平凡なものである。

こう知ることはひとつの静かな感動であった。この静かな感動のつばさが、ぼくを、かぎりのない、ことばの空間へと運びつづけているのである。

田中克彦

二〇一八年四月

目次

第二部 一九八〇年代 197

POSTA TOUVA
AKSA 1 AKSA
POSTA TOUVA
KOP 2 KOP
1921-1936

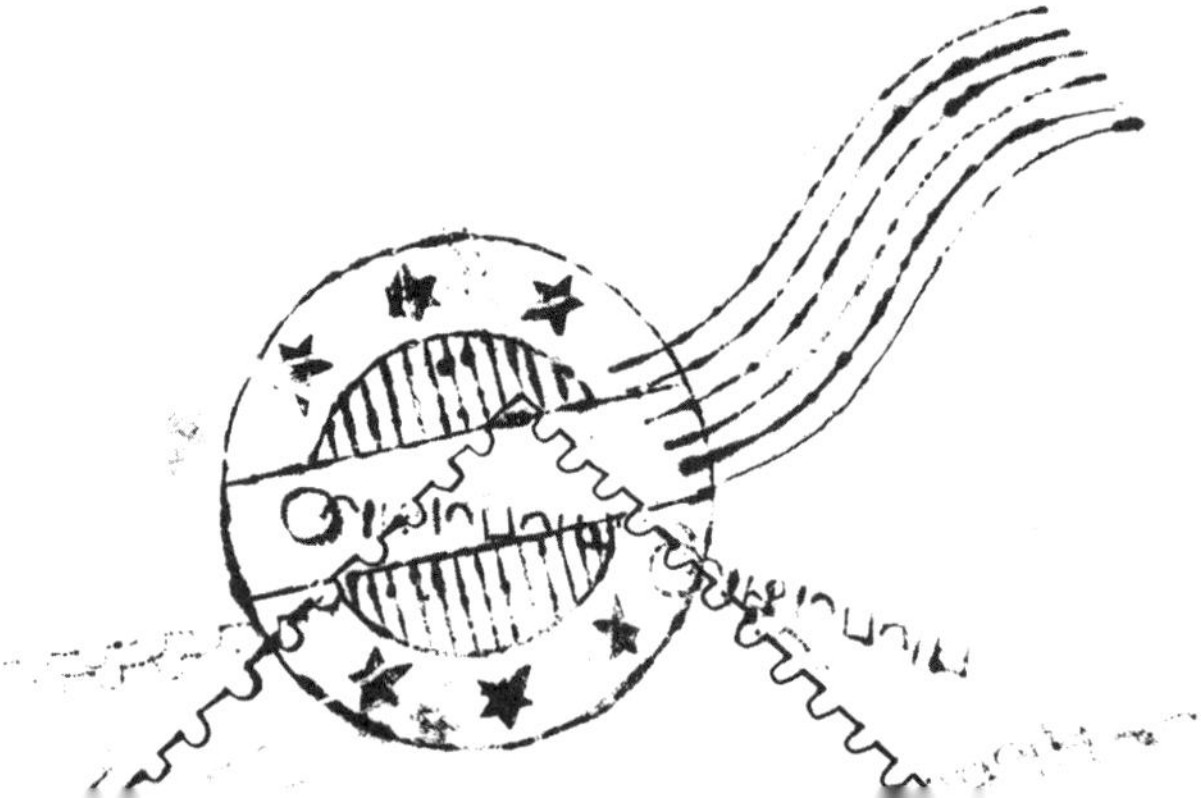

凡例

・明らかな間違い、誤字、脱字などは修正した。
・地名・国名表記は当時のままとして、その論文・エッセイ中で統一をした。
・漢字の旧字体は新字体に変えた。
・文中で紹介している書籍・雑誌の出版元は、発表時のものを掲載している。とくに雑誌については、出版元がかわったり、休刊、廃刊しているものもある。
また、現在、文庫になっているものも多くあるが、一部、古書店でしか手に入らないものもあることはご了承いただきたい。
・本書に収録した論文・エッセイのタイトルは、初出時のままを原則としたが、一部、タイトルを変更したものは、その文末に原題を掲げた。
・現在からみると、不適切な表現と思われるものもあるが、歴史性を考慮して、原文のままとした。
・文中の［　］は、本書出版にあたり、著者自身が加筆した注である。
・文末に【二〇一八年の〜】という形で、論文・エッセイ・講演録掲載にあたっての著者のコメントを加筆した。

装画　柳智之
装幀　守先正

第一部
一九六〇年代〜一九七〇年代

日本語を考える

一　新たな国語観のために

ここに用いた〈国語観〉ということばは、即興の、どこか無責任な感じのすることばづかいだと思われるかもしれない。しかし今日のように日本が世界の一流国とかになって〈国際人〉の養成が叫ばれ、［一九六四年の東京］オリンピックのための外国語学習が流行して、新聞がこぞってインスタント英語のコラムを作っているような状態、——よかれ悪しかれ外国語、特に英語への関心がたかまってくると、いやおうなしに外国語との対比において〈日本語〉を考えざるをえない。考えるというほど深くもなく、まじめでなくとも、やはり漠然としたなんらかのイメージを抱いており、このようなかたちでの日本語観というものはたしかに存在すると言えると思う。

かつて［一九四六年、つまり敗戦の翌年］、ある高名な作家［志賀直哉］が、日本語をやめてフランス語を使うようにしたらどうかと提案した話はよく知られているが、こういうことが社会的発言として通りうる時代があった。ここには、日本の知識階級の〈日本語への呪い〉がある。そしてこの提案に幾分かは共感を覚えた人だって、決して少なくはなかったのである。私はこれをつかまえて一つの戯画をでっちあげるつもりはなく、「むしろ」ここに日本人の〈国語観〉の一つの深刻な表現を見ようとしているのである。私のように敗戦を少年時代にむかえた世代が、たとえばどのような国語観なり日本文化観を抱いているか一般化して言うことはできないが、日本文化全般に対する強い不信があったということは言えるであろう。しかし、あったと言えるのは後になってからで、事態がもっと深刻であればそのような反省さえ起こらない。明治の欧化時代は活字によって間接に知るのみであるが、私はできることならそれを追体験することによって、日本人であって日本語を話すことを呪った自分と比較してみたい。占領軍が少年たちの目と心を奪ったのは、その鮮やかな色彩と開放的なバタ臭い活力であった。日本の開化期に日本の近代化が即西欧化であると考えた先達があったとすれば、死ぬことのみを教えた日本語や日本の文化は、またいっそう素朴に、日本からの脱出をのみ考える少年を育てたとしても、やむをえないであろう。

そして欧米を相手に戦争をした日本人ではあったが、一皮むけば〈舶来上等思想〉が充満しており、結局のところ商品の売れゆきがカタカナ・コマーシャルの使いかたにかかっているというこの時代である。「この感覚は、この文章が書かれてから、なんと五十五年もたった今も変わらない。」

ことばというものは、それ自体として意識的にとらえるという関心を起こさせる機会の少ないものである。言語学概論書の多くが説いているように、それはわれわれが一刻も欠かせない空気の中で生きていながら、その存在を特にものものしく指摘しないのと同様である。空気が生物の生存の前提であるように、言語もまた、それによって人が人となり、社会を構成するところの前提である。つまり人間に密着している言語は、高度の抽象概念として意識にのぼることはまれである。あらゆる現象は、対立として人の注意に留められるのであるから、国語が日本語として関心にのぼるには、やはり外国語からの衝撃は必要であった。[本居《もとおり》]宣長《のりなが》が「からごころ」から「やまとことば」を区別しなければならなかったのも、またこのような状況の下においてであった。

二　日本語の景観の拡大

日本人の精神生活のよりどころとしての日本語は確固たるものであり、歴史時代においてこれを一度として放棄したことはなく、言語作品の内容もきわめて豊かであった。英語国民に占領され、英語が義務教育の課程にまでとり入れられ、すべての国民がその知識を得るようになっても、日本人全体としての実用英語の能力が格段に高まったわけではない。これは教師の無能として嘆かれ、教授法や教員の改善が叫ばれている。このような状況の根本には、日本人の言語への対しかたの特質があるのかもしれない。自らの無器用さを美徳とし、知識はあっても実用的な技術としないことを、かえって奥ゆかしいこととして尊ぶ気風さえある。しかし、しゃべることを軽んじ書を重んじた結果は、働けない〈国際人〉のとまどいを生み、実用英語教育が声高に叫ばれる。望む者に機会を与えないのはよくない。しかしすべての日本人が〈国際人〉となるわけではないし、北海道から南の離島まで、さまざまな知識的、文化的環境のもとに、異なる課題ととりくむ教育活動が、一率にこの種の国際人の要求にたじろぐ必要もないのは当然である。

国民教育は、こまぎれの知識や技術の断片を与えることにあるのではなく、自らと日本との関係において、真に自立した見通しを持って歩くことのできる解放された自由な国民を育てることにある。ここに教育がその根源においてはらむ矛盾――規範を示しつつ、かつその規範を否定して乗りこえること――と直面せざるをえないのである。

外国語（英語）教育に臨む主体的な立場は、真に国語を世界の諸言語の中で相対化するときに現れて来る。この場合、外国語の学習はつけ足しでなくなる。

私は、モンゴル人がモンゴル語を話しているということをどうしてものみこめず、やっと理解したときにびっくり仰天してしまったというインテリのことを知っている。中国語か英語でも話していたと思いこんでいたらしい。世界には実に二千七百九十六の言語があるとしたアカデミー・フランセーズのこの数字をせんさくすることはともかくとして、世界には多様なことばがあり、しかもその多くがそのことばで日常の生活をしていて、日本語も英語などとともに、その中の一つにしかすぎないことを理解しておく必要がある。その一つ一つがいずれも歴史をもち、民族の感情を養ってきた以上、一つとして滅ぼしていいものはなく、ことごとく生きる権利を主張しうることを認めなければならない。国語は、その数多くの言語の一つ〈日本語〉として、世界諸民族の言語の中で相対化される。それは単にあやしげな安手の知識を押し売りすることではなく、国語についての新たな認識を触発するためのものである。

世界の諸民族の中には、二〇世紀に入ってはじめて文字を持ち、出版活動を知ったものもあること、また日本のように、（アイヌ語を除けば）言語の統一が比較的よく保たれているのは、むしろまれな例であることなど、知識のための知識では決してない。

私はモンゴル語やトルコ語を学んだときに、その文法的なくみたてが日本語とあまりによく似ていることに、発見に似た驚きを経験した。これらのアルタイ系諸言語と日本語が同系関係にあるかどうかは、知識の上では大したことではない。むしろ、日本語にこんなによく似たことばがユーラシア大陸のかなりの地域に現在行なわれているという事実が重要なのである。こうして日本語の景観が拡大される。

三　日本語の中の方言と共通語

われわれの母語を獲得する過程は、最初から制裁の連続であった。幼児期に避けられぬそれは、一つの言語共同体に入るためにやむをえぬものであったし、感情の豊かなほしいままな言語であった。しかし学齢期に達すると、標準語（客観的には共通語であっても主観的には）が、学校と家庭との二重生活を強いる。そして教科書というものが、おつにすましてよそよそしく、魅力に乏しい存在となる。標準語を身につけない地方出身者は、中央で種々不利な立場を経験するであろう。〈標準語〉は、たえず圧力をかけて自らの発言を自信のないものとする。柴田武氏が〈方言コンプレックス〉と呼んだところのものを経験しない人はまれであろう。まず本来の自分のことばを標準語に翻訳しなければならないが、対応のことばができあいのままあるわけではない。これが単語の問題だけでなく、文法形態に関する場合、もどかしさは、いっそうつのる。そして、とても直らないのがアクセント、イントネーションである。イントネーションはその地方の人情を最もあらわに示す部分であって、その微妙な抑揚を中性化することは最も親愛な感情表出の手段を奪うことになる。

外国語を学習する場合には、かえって虚心にそれを受け入れることができるのに、方言関係にたつ場合そのように理性的に事は運ばない。人は、それぞれが別のものとして、中性的なものとしては受けとれないのである。それぞれが価値をもって対立し、抵抗感を生むからである。たとえば、私の母語ではガ行鼻濁音がない。英語やドイツ語に現れるその音は、自から快くすすんで発することができる。しかし、いかなる制裁を受けても、私は自分の発音にこの音を採用しない。キザでよそよそしい。日本語の中で、私の音声器官にこの発音のための運動をとらせることは、大きな恥辱感なしには遂行できない。だが聞くのは快いのである。私の経験は、あるいは一般的でないかもしれないが、母語から標準語に乗りかえる時に、多かれ少なかれこのような抵抗がどこかにある。方言から標準語への乗りかえは、少なくとも意識においては徹底を要求する。ある一部のみを保存して、一部分だけ同化しようと、意図をもって行なうことはない、結果としてそうなることはあろうとも。したがって標準語化というのは新しい言語の獲得としてよりも、本来のことばを捨て去る過程としてとらえられる。けれども、真にみのり豊かな共通語を形成するためには、このように身をすててかかるのではなく、母語をすてず、それをたずさえて共通語化に加わることが必要なのである。方言の語り手のこのような生理的積極的な形での共通語作りへの参加は、しかしながら〈標準語〉に対する卑屈な姿勢からは出てこない。方言の語り手自身のためにも、また未来の共通語のためにも、ここでも説得力ある方法で、日本語内部での方言の相対化が必要となってくるのである。このような形による〈方言コンプレックス〉からの解放は、今日、国語教育がとりくまなければならない重要な課題である。柳田國男は彼の一連の方言研究の中で、地方語のもつ描写力、バイタリティを多面的に示威することにより、共通語にたいして方言が発言しうる潜在力をたくわえていることを明示することに成功した。時は移って中央化＝平均化が急速にそれを滅ぼしつつあるとき、柳田の指摘が国民全体の知識になることはきわめて必要であろう。

四　共通語地域と流行語

このことに関連して私は流行語について考えてみたい。流行語が問題となるのは、もっぱら中央の共通語地域であると思うがどうであろうか。流行語は東京で発祥し、マス・コミを通じて拡散される。都市は常に流行語を欲している。なぜか。そこでは言語はたえず平均化の方向をたどり、没個性的になってゆくからである。平均化という現象は、主体の立場から言えば自己の個性的発言の抑制であり、個性的いろあいを、一たん濾過したところに成立する。とりわけ都市に生活する大部分の人びとは、もとをただせば地方出身者で、肉化した自らのことばをもっているはずであるが、共通語のものさしにあてがって多くの部分を切り落としているのである。こうして得られた共通語は、外国語と比べればむろん問題にならないが、話し手にとっては一定の距離をもっている。このような状況のもとでは、流行語を流行語たらしめているもの――それが俗であるという意識――が、よそゆきのからを破ってあらわとなる。この感覚は、中性化した共通性にとっては異質なものであり、この俗さが生地の親しみ深さを回復する。方言から供給された流行語は、このような形で共通語に活気を添えることがある。しかし大部分の流行語は、一種病的に珍奇を追うのみで、必然性をもって日本語の語彙の体系の中に確固たる地歩を築くことはできず、つかの間のなぐさみ物となった末に消えてゆく。

しかし、中央の言語、共通語は、ともかくも日本文化の担い手であって、めまぐるしく起こる新たな現象に的確な名を与える準備が常にあるのがのぞましい。それに対して日本語の造語力は無能であり、もっぱら漢語と外来語の直写によっている。それは日本語の宿命であったというより、そのような道に将来をたくした日本の知識階級の宿命に根ざすものであったのだろう。西欧文明の忠実な弟子であった日本の知識階級は、本家を尊重するあまり、日本の問題として、ことを内面化する作業に、ことばの点で手ぬかりがあった。かれらは日本語にひそむ力から生命を抜き取り、かわりに漢字をはめ込んだのである。

ならなかった。

五　日本語をつき離して見ること

今日、日本国民の精神生活は、いくえにもいましめを張りめぐらされている。敗戦により、日本は一時的に解放されたとはいえ、その解放は、本質にとどく以前に挫折を余儀なくさせられた。人間を最も深いところにおいて解放する精神運動は、ついに大きな波とはならなかった。

この国では、中央がたえず規範をもって地方にのぞんだ。知識がすでに規範であった。人間に力を与え、行動の限界を拡げ、世界像の変革のテコとなるはずの知識が、実は個性と活力を奪い、自立した思考の営みをとどめる作用をさえ果たす。知識を与える教育は特権階級の官僚的発想と根ぶかく結びついて、日本人の言語生活にも一定のかげりを残さないではおかなかったのである。

日本人の発言態度を評して、柳田國男は「ハイとかイイエとか以外に、成るべく積極的には物を言ふまいと」し、「自分を表現するのに甚だしく関心深い」〈自重型〉や「前以て場合を予想して、言うべき口上をちゃんと準備して来る」〈俊秀型〉〈習入型〉などを指摘したが（「国語の将来」）、一時はやりの言語技術によっても、この状態はさして変わってはいない。問題は技術ではなく、精神にかかわるものだからである。集会においては、発言内容そのものよりも、人間関係の序列にたえず気をまわしながら発言が行なわれる。真の意味での討論が成りたちにくい。質問は挑戦と受けとられるから、わからなくてもわかったふりをしてすましている。会議はお祭りさわぎとなり、あたりさわりのない特に言われる必要もないことが、大手をふって通る。

日本語観のありかたは日本の文化の問題であって、単にことばだけの問題にとどまらない。ことばは〈社会的事実〉であるから、人為によってこれを動かすことはできない。しかし歴史的形成物にほかならない国語への自覚は、国語と人との関係を新しくつくりかえるのである。従順な傾聴者を作ってきた国語政策は、日本人の言語生活を内面的に解放し、言語の具体的存在面である生活のなまの訴えを思想化する手だてへと、つくりかえられねばならない。

言語への客観主義的接近により、相対的に客体化された各国語の像を描いたことは、近代科学の大きな功績であった。日本語をつき離して見ることが、かえって、それがわれわれの逃れることのできない最後の拠点であることを教えてくれるのである。

（『国語通信』１９６３年12月　筑摩書房）

戦後日本における言語学の状況

一

他のすべての、人間による認識活動と同様、学問もまた一つの歴史的所産であるかぎり、その学問の視野に入ってくる対象、領域、そこへせまるための方法、これら全体を包む関心と課題のたてかたも、また歴史的なありかたを示す。言語学も、他の諸科学に劣らず、深い意味で歴史的な存在であると、特に強調しておかねばならないと考えられる理由は、ほかならぬ今日の日本の言語学の状況の中にあり、それに対する筆者の評価が本稿の主題となっている。

近代諸科学の様々な分野へと展開して行くべき母胎となった、古典世界における心理学や地理学の祖型にもたとえられるべく、言語への自覚と観察は、むしろ人類の発生とともに長い歴史をもっている。近代において、これらの学問領域は、自然科学的方法の発達にともない、旧来の領域は、あるいは縮小され、あるいは隣接領域と融合して、その内容の再編成をせまられた。今日、「言語学」とよばれている分野も、このような例の代表的なばあいであって、領域の細分化と、そしてその特定部門への特殊化された関心が表面をおおっており、もし一九世紀の言語学者が再来して、今日の言語学をみたばあい、かれらの用法における言語学のよび名を、ひとしくそれにあてるのに躊躇するかもしれない。そこでじじつ、たとえば、伝統的にSprachwissenschaft《シュプラーハヴィッセンシャフト》と言ってきたドイツ語の用法にも、英語において確立した、現代言語学に対する称《よ》び名Linguistik《リングヴィスティーク》がそのまま導入された。ソ連邦におけるロシヤ語による用語についても同じことがいえる。ことさら、この二つの国語をひきあいに出したのは、そこではいかにもなじみにくいこのラテン起源のことばに、差別、つまり軽侮と称賛の感情が微妙にないまぜられているからである。(アレクサンダー・フォン・フンボルト、Alexander von Humboldtは、すでに一八三六年にこの語を用いてはいるが、それによって何が意図されているかは不明である。)

この用語の置きかえには、言語学が歴史科学から、「非合理的」な「歴史」と手をきって、非歴史科学へと変質する決意がこめられている。もっとも我が国では、決意にあたいするものがあったかどうかは別である。一九世紀の言語学が、言語の歴史的な局面に主要な関心を払い、進化論的言語観に強くひきよせられていたとすれば、二〇世紀言語学は歴史性を捨象した超時間的な共時態に研究対象をかぎることによって、固有の研究領域を確立しようとつとめた。このような志向には後でふれるように、構造主義というかたちで、言語学においては、他の領域に先んじて手順化されることになったのは、それが文化に属することがらでありながら、単純な要素に分解して形式化しやすいという言語の性質にやどる一面から由来している。しかしこの性質はやはり一面にすぎない。言語の端子は、その音声面においてはなるほど解剖学や音響学へ結ばれるかもしれないが、内容においては認識論、記号論、心理学へ、機能においては歴史と文学を含む社会科学などに接続している。したがって言語学は抽象化された形式と記号化の学として精緻な手順の確立の場となりうると同時に、時代の広い意味での思想状況が敏感に映し出される場でもある。ひかえ目に、思想に盲目をよそおっているか、あるいはじじつ盲目な言語学者は、もっぱら前者の場面、つまり形式化の追求の可能性の局限をきわめようとして手順をみがくことに心をくだいた。この点で言語学が示した先駆性は充分に注目されてよいことである。こうして今世紀における言語学の最大の努力の一つは、他の文化科学から截然と区別された、自立した、一つの科学の確立であり、その前提として、独自の対象、独自の方法、いいかえればそれをかたるための独自のことばの確立が求められた。言語学には、歴史学や民族学や、とりわけ文学に奉仕する、いわばはしための境涯から自らを解き放ち、今やこれらの目のあらい非科学的旧式学問に、科学というものが、いかなる姿をとるべきか範をたれてやろうという自負がみなぎっていた。このような軌道の行き先は、極限まで進められる形式化である。言語学の学としての純粋性を重んじるために、その言語の置かれている歴史的、文化的環境、その言語の存立の基礎である民族とのかかわりあいは、すべて、言語学の純粋性をたもつ上に有害な不純物として厳しく拒否されねばならないことは、今日ほとんどすべての流派にとって鉄則となっている。ここに言語の社会と文化における脈絡からのきりはなしが敢然としてすすめられ、このような言語にこそ、安定した研究対象を見出すのである。

言語学がこのような性質の学問となっていることは、必ずしも広い層に知られているとはかぎらない。いわゆる、日本語の「みだれ」をためるための規範や、外国語についての雑多な知識を言語学に求めるむきは論外としても、言語学について漠然と抱かれていたイメージとは大いに異なったものとなっている。

それでも言語学に何らかの期待をもって現代言語学に近づいた人たちのうちからは、言語学の性格をある程度まで見抜いた次のような発言が出てくる。

言語とは何かを問うとき、わたしたちは言語学をふまえたうえで、はるかにとおくまで行きたいという願いをもっている。言語の解剖理論が最終の目的ではなく、たんなるはじまりであり、言語の表現理論が最終目的であるばあい、この欲求はやみがたいものである。そこでわたしたちは言語学者が終ったところからはじまり、言語学者は、わたしたちが終ったところからはじまるという関係が成立つだろう。

（吉本隆明「言語にとって美とは何か」第一巻〔現・角川ソフィア文庫〕）

この筆者としてはいつになく、ひかえ目で、つつしみぶかいいいまわしながら、結局は「言語学は解剖はやるが、言語のいとなみの奥深くまでは進む力がない。だからそれをこっちでやらねばならない。」という、言語学の無能と限界に対する節度ある確認の表明にほかならない。

ただ吉本氏は、時流にのった一部の言語学をもって、全体にあてはめるべきではなかった。

言語というものは物体のように、こまぎれにすることのできないものである。言語は決して、それによって与えられた単語や規則のよせ集めの中にあるのでもなければ、目の前の素材でもなく、一つのはたらき、つまり生命が肉体的過程であるように、言語は精神的過程である。言語にかかわるものは、一つとして解剖学的な取り扱いにではなく、ひとえに生理学的な取り扱いにたとえることができる。言語の中には静的なものは何一つなく、すべてが動的である。

というW・フォン・フンボルトの古典的表現をひろげて、「言語内容それ自体を文法のわく内で考えることはただ端緒にすぎず、決して目標に到達しているものでないことは疑いない。」(L. Weisgerber)という主張から言語学が構想されている例も視野にとどめおかれるべきであった。吉本氏は、「言語の解剖理論」をやる「言語学者」と、それを越えて、「はるかにとおくまで行きたい」と願っている「わたしたち」とをひとまず分業させることによって、かろうじて言語学者の顔をたてておいてくれたのだが、もっと容赦なくきめつけた発言があることは、言語学者たちが知っておいていいことだ。

今日までの言語学の言語観は文学としての言語をとらえるには丈が足りない。しかし今日までの言語学が文学にとって無力であるということは、それが文学の分野においてのみ無力であるということにとどまらない。それはすなわち言語学が言語そのものの本質をとらえていないということだ。

(杉山康彦「言語と文学」、『文学』一九六四年八月号)

言語そのものを窮極のよりどころとしているだけに文学の側からの言語学への失望は強い表現をともなって行われることが多い。以上掲げたほどには明瞭な言語学批判というかたちをとってはいないにしても、言語学が隣接科学からの期待に応じられる態勢にないという潜在的な批判が存在することはある程度まで気づかれている。自律的な学の確立を追う言語学にとっては、しかしながらこれらの批判はほとんど身にこたえない。批判は、linguisticsとしての言語学への認識不足から起きるのである。——そう答えるのは正当であろうか。輸入学問がつみ重ねた素材が、この辺で、日本の学問として鍛えなおされようというときに、文化と思想をささえる中核としての言語の問題をふまえないで、確実な前進はのぞみえないことはいよいよ明らかになりつつある。その切実さは、最近、社会科学から具体的に指摘された。(平田清明「範疇と日常語」、『思想』一九六八年四月号)このような語彙論や意味論にかかわる問題は言語学の視野には入りえないのであろうか。やはり「丈が足りない」のであろうか。

社会科学や文学が、言語学の来たるべきテーマをさきどりしているとするならば、それは「言語学」にとってはともかく、あるべき「言語の学」のためには喜ぶべきことである。言語学がいかなるかたちをとるにせよ、明瞭な、あるいは潜在的な批判は、言語への関心が強く、するどく、数多くの領域で必須の問題として出ていることを物語っている。

二

戦後日本の言語学の基本的な特質は構造主義的であるということである。こういう規定は、今ではむしろ、何一つ規定したことにならないくらい、構造主義的な言語観は、あらゆる派に多少とも認められる基調であるからである。このような状況をA・マルティネは、

「機能」にもまして、構造という用語は現代の多くの言語学者仲間で愛用されている。「構造主義」は、じつはフィロロジックな言語学の伝統とたもとを分かったすべてのうごきにはりつけられたレッテルにさえなっている。(A. Martinet, Économie des changements phonétiques, Berne 1955)

と表現し、結局のところ、

「構造主義者」は何派に属していようとほとんどもっぱら共時態にとじこもっている。

と要約している。それにもかかわらず、特に言語学における構造主義を強調せざるをえな

いゆえんは、最近の、流行としても、あまり気のきいたものではない（日本の輸入業者のあのすばやさが、ここでは充分発揮されていないという意味で）、我が国における「構造主義ばやり」が念頭にあるからである。言語学は十年前には構造主義による地ならしを完了していた。それは、今日、他の諸分野で話題になっているよりは、はるかに明快で、典型的なかたちをとって現れ、しかも近ごろ世におこなわれているような解説や紹介ではなく、技術として実用のものとなった。しかしながら構造主義のアメリカ的形態である記述言語学が、アメリカでは文化人類学に分析と記述方法のモデルを与えたような、言語学がもちえた意味は、わが国では発揮できなかった。それは我が国における言語学のありかたをよく物語るものであって、言語学の構造主義的構築が、隣接科学から、重大なかかわりをもつものとして問題にされるような、そのようなありかたではなかったということにほかならない。

言語学における構造主義について語るということは、マルティネの規定に示されているように、ことばに関する研究がフィロロギィと、したがって歴史から訣別し、言語の形式面を、あるいは形式化の操作を経た言語の超時間的な記述へと進む志向について語ることにほかならない。

古典の言語を研究することによって、その時代の精神の全体に迫ろうとしたフィロロギィは、一九世紀から二〇世紀にかけて、二段がまえで克服されたように思われる。その第一は、フィロロギィのほかならぬ直接の申し子であるインド・ヨーロッパ語比較言語学によってである。言語の歴史的、あるいは語源的研究によって、サンスクリット語をはじめとする東洋の古典語とヨーロッパ諸語のあいだに音韻対応の規則が発見され、確立されるにおよんで、当時の自然科学の分野での数々の発見にもたとえられるような成果と考えられた。こうして、一九世紀において「比較言語学」は文化科学の中でのチャンピオンの役割をになった。

この同じ西欧の土壌の中から言語の史的研究を二次的なものとして斥け、静態的、共時的研究こそが固有の言語研究の位置を占めるべきであるという主張が現れたのである。なぜなら、言語の歴史的研究は、言語を構成する要素一つ一つの変化を追究するものにすぎないから、その要素全体が組みたてる、体系としての言語の性質を明らかにすることはできないというのが、その主張である。

変遷は決して体系の全面の上に行われるものではなく、その要素のいずれかの上に行われるものであるから、体系を離れてこれを研究するほかはない。

（ソシュール『言語学原論』一一六ページ　小林英夫訳）

この体系は、「そのあらゆる部分が共時的連帯のうちで考察されうる、またされねばならない」性質のものである。ここから当然の帰結として、共時的研究こそが、言語研究の中枢部であるとの確認が引き出される。

この主張は、ソシュールが一九〇六―一一年まで三回にわたってジュネーブ大学で行なった講義を、弟子たちのノートにもとづいて一九一六年に刊行された「一般言語学講義」において具体的なかたちをとったのである。

「講義」は我が国には小林英夫氏の翻訳によって一九二八年に現れた。今日、世界のあらゆる言語学が、例外的な反ソシュール的立場も含めて、――なぜなら、それらはソシュールのショックから意識的な対決の姿勢を示しているから――ソシュールの影響なしには考えられないという状況を見るにつけて、この日本語版出版の日附けには誇るべきものがある。つまり、日本以外での本書の翻訳は、一九三一年独訳、一九三三年ロシヤ語訳、英訳は戦後のことに属するのであって、他国にさきがけて、ソシュールをいちはやく、しかも的確な把握のもとに我が国に定着させた訳者の功績は、先駆的と呼んでいいほどのものである。およそ、翻訳というものが、これほどの歴史的意義を持ち得たことは稀であって、氏の学問の潮流に対する鋭敏な時代感覚が認められるのである。

ソシュールの手によって我々の前に示された言語の像は、言語学において「記号」とその「体系」の概念を高い水準において確立することによって、それ以前のいっさいの言語学を、方法として切れ味の悪い時代おくれのものと見せてしまった。

これら要素全体の緊密なかかわりあいの体系がつくり出す体系、つまり「単なる要素の集合ではなく、要素が他の要素との関係のみによって規定されているような要素の全体」(ラランド A. Lalande, Vocabulaire technique et critique de la philosophie, Paris 1956 p. 1031)構造という考えかたは、その当時の学問をひたしていた雰囲気である、心理学的な色づけを伴って現れているが、ソシュールの「体系」から現代の種々の傾向の構造主義まではひととびであった。

ソシュールを受け入れた日本の言語学界では、「記号」——これこそ共時論の前提であり、帰結である——と「体系」から必然的に結果して来る一連の言語学上の概念をめぐり、論議がおこった。それはもっぱら、ただ一つのテキストである「講義」に現れる用語の解釈をめぐる、末梢的な訓詁《くんこ》の学に堕《だ》していった。

コペンハーゲン学派の「構造主義宣言」となった「構造言語学」という手ぎわのいい論文でブレンダル V. Brøndal が、その目的のみならず背景をも見事に浮き彫りにしたのは一九三九年のことであったし、またこの論文でブレンダルが指摘しているように、ラランドが哲学辞典において特に「構造」という項目を設け、ゲシュタルトの概念と関連づけながら、この語に明瞭な規定をあたえたのは、すでに一九三二年のことであった。右に引いたラランドのその規定は、ソシュールにおいて「共時態」と「体系」に与えられた説明といちじるしい類似を見せているのはおどろくべきことである。ソシュールの言語学の体系にはデュルケームなどのフランス社会学による超個人的実在としての「社会的事実」の概念の深い刻印が認められるということはよく指摘されるが、このばあい、社会的事実のうちでも、とりわけ記号として単純化されやすい言語という恰好の場で方法が具体化され、それによって固有の体系をもつ学として言語学が組織された。したがってソシュールの言語学は、この世紀の転換期の思想運動の一具現であり、その背景の中にすえることによってソシュールは一層よく理解され、逆にソシュールによって、構造主義を含むこの時代の思想的潮流がより具体的に掴めるのである。言語学は先駆的であり、予言的ですらあった。しかし日本の言語学は、これをいじけた、用語の訓詁の中にとじこめることによって、広く学問と思想の場にもちだすことはしなかったし、言語の問題に深いかかわりのある他の諸分野が、言語学にあらわれたイデオロギーに注意を払わなかったことは、日本の学問にとって損失であった。日本における舶来思想のうち、比較的よく定着していて、その本質においてソシュールとは対立するはずの日本のマルクス主義は、スターリンによって「ブルジョア言語学」の解禁が行なわれる以前に、ソシュールの「反動思想」と対決すべきであったし、ソシューリアンは、なまにえの不勉強なマルクス主義者を論破すべきであった。

しかし、こういった状況は何も日本に限ったことではない。いかなる理論でも、ドグマと化し、訓詁の学となったとたんに創造とは何のかかわりもなくなることは、ソビエトにおける言語学とマルクス主義との関係が雄弁に示しているところである。ソビエト言語学は、スターリンの一九五〇年の論文によって、「ブルジョア言語学」に実質的に接近した後、チコバーワはソシュールのラングをはじめとする一連の概念を否認しておいたものの(一九五三)、今日のような、なしくずしの、構造主義をはじめとするありとあらゆる「ブルジョア思想」への対決ぬきの密着にはおどろくべきものがある。

いずれにせよ、今日の構造主義の流行に先立つ、少なくとも十年以上前に、言語学は構造主義に洗われ、すでに身についたものとなっていたことはたしかである。しかるに、それが社会科学と思想の広い場で話題になるには、レヴィ゠ストロースやサルトルの口から、この語が発せられるまで待たれねばならなかった。

それは言語学者に通有の無神経な技術主義とも言うべき、海外の新学説を、その思想のコンテキストから切りはなして、使えるものは使うといった態度に一つの責任がある。この点をおしひろげて言えば、言語学者は、よりてっとりばやい「記述言語学」により強い反応を示したのである。

こういった技術主義の端的な例は言語年代学であって、それによれば基本語彙が失われる速度は放射性炭素の半減期にもたとえられるような一定速度のものであるという仮定にたっている。言語年代学は、計算の基礎となる基本語彙そのものの本質について、あらためて考えさせてくれる点で意味があった。さらに大きな意味は、言語学者が、言語そのもの、あるいは言語の発達というものをいかに機械的に解釈し、したがって、いかに貧しい言語観しかもっていないかを露わにするリトマス試験紙の役割をはたしたことである。さらに、「この最も非歴史的な方法が、ほかならぬ歴史家によって、「かりに言語年代学の言う所が正しいとすれば」という大きな留保をつけながらにしても利用されているのは意外な感じがする。歴史家は、できあいの結果を、他の専門領域から借用する前に、その方法の基盤にある立場を吟味して、逆にそれを批判することによって、言語学の発展のために有効な批判を提供すべきであった。(岩波講座『日本歴史講座』一九六二年、第一巻古代、石母田正《いしもだただし》「古代史概説」)

我が国で正統派的に扱われるソシュールにたいして、はっきりと抵抗の姿勢で打ち出したのは時枝誠記《ときえだもとき》である。かれの言語過程説は、ソシュールに則した理解の上にたったアンチテーゼと思われないことは、いくつかの論文において指摘されているが、それはともかく、ソシュールの社会学的方法への感覚的拒否の一つのあらわれと見ることができよう。その限りでは、時枝氏は、必ずしも論理的ではなく、感覚的反発をばねにして理論を構築した、この分野では珍しいタイプのイデオローグであったと言うことができよう。ここには部分的な技術的な当否をあげつらうのではなく、言語観全体としての対決の姿勢があった。（あるいは対決という表現は過大評価であるかもしれない。ソシュールは、かれにとって単に触媒的な動因であったにすぎないかもしれないから。）

戦後、抽象的な議論は嫌悪の情を以てしりぞけられ、具体的な内容をもった立論をおもんじる実証精神の強いわが国の言語学界で、ソシュールの啓示的な方法が広く共感をもってむかえられるようになったのは、かれの構造主義的たちばが、記述言語学という、具体性のあるテクニックとして呈示されて以来である。それは言語の記述の結果に、主として研究の価値を問おうとする一部の技術主義の影響によるところが大きい。

このような技術主義は、ソシュールの用語についての末梢的な訓詁学と表裏一体である。ここから思想的コンテキストを失った構造主義と記述主義の絶対化がはじまる。超歴史化がおこなわれる。したがってソシュールの理論にふれて、体系内の諸要素相互間の持ち合い、すなわち機構とか構造という考え方は、広く科学思想の諸分野に共通のものであってゲシタルト心理学の理論でもおなじみのものである。

（魚返善雄「文化論の位置づけ」、『文学』一九六四年八月号）

という見解は、この発言者が言語学者であるだけに、いっそう注目すべきものである。

三

戦後の日本の言語学の基調は、服部四郎氏などによるアメリカ言語学の導入によって形づくられた。そして、このばあい具体的にアメリカ言語学とは、まず音素論であった。我が国におけるこの語の前身である「音韻論」はすでに一九四〇年、有坂秀世の著書の題名となって定着しはじめていたが、戦後「音素論」へと置きかえられ、今日では、「音韻論」というよびかたはすでにすたれたものになってきている。この「韻」から「素」への転換は、たんに用語の新鮮さを求めたためではなく、言語の観察方法、さらにその基礎に横たわる言語観そのものの転換を暗示している。有坂の「音韻論」はトルベツコーイなどによって代表されるプラーグ学派［プラハ学派］のフォノロギィが動機になっており、この理論そのものは、一九世紀末ヨーロッパの思想的潮流の中から次第に形成され、ソシュールなどにも引きつがれながら、プラーグ学派によって充実した展開を示したものである。
それにたいして「音素論」は米語、フォネミックスに与えられた訳語であり、アメリカにおいては、プラーグ学派の心理主義の方法の色彩を排除して行動主義的・機械主義的な手順による研究方向が志向されており、日本においては、音素とパラレルに「意義素」、「形態素」などの単位の抽出を予想していた。この用語転換は、誤解でなければ服部四郎氏によって行なわれたように思われる。この人の名前は戦後、アメリカで生まれた言語学の、ほとんどすべてのめぼしいできごとの、日本への紹介と移植にむすびついている。そこに払われた努力には、単に紹介という以上に熱烈なものが認められるが、ここでもまた、「いい点はとり、悪い点があれば、そこだけすてる」といった、技術主義しかなく、アメリカの科学をささえるイデオロギーとの対決はほとんど感じられない。たとえば「言語学における行動主義とは、言語行動の純客観的な観察にもとづいて研究を進めることである」(「言語学の方法」八七ページ〔服部四郎著、一九六〇年、岩波書店〕)といった単純な手順のレベルに還元された要約のしかたである。

　行動主義の手法がアメリカで特に好まれたのは、そこに他の諸国とは異なった言語環境があったことも一つの要因である。それは先住民としてのアメリカ・インディアン諸語の存在である。これら、ヨーロッパの諸語とはまったく異なる構造をもち、しかも一度として文字に定着されたこともない、音声としてのみ存在する言語を明らかにするには、まず音声を記録し、そこから音素を帰納するという作業が前提となるから、そのための方法はすこぶる発達した。ここでは、従来、文法を書くためのアプリオリな、つまり暗黙の前提となっているギリシャ、ラテン文法から継承されてきた枠組みが無効、あるいは有害となった。記号で定着された一かたまりの言語の中に単位を発見し、範疇をたてるには、その特定言語それ自体に内在した観察と分析の方法が準備されねばならなかった。この要請に答えたのは行動主義であった。内容そのものを解く手がかりは直接には与えられておらず、言語行動による刺戟と反応という一組の行動の環を観察することによって、内容へアプローチする手がかりを得ようというたちばである。ブルームフィールドはこの方法を、行動主義心理学にそって意識的に確立するにあたって、これらを作業の原則にまで高めた。すなわち「精神」、「意志」などの非物質的な用語を用いては、結局は心理主義に陥り、言語学を科学とすることはできないとして、科学としての言語学がそなえるべき基準を四つ挙げた。（トワッデルは「精神」、「意志」などの客観的に検証不可能な用語を用いることは、xを解くに同じく未知のxを以てすることにひとしく、たとえてみれば、木製のストーブで火を燃すようなものだという。このたとえに対置しうる別のたとえは「家の中の間取りは外から見ただけではわからない」〔L・ワイスゲルバー〕であろう。）

まず、科学のとり扱う範囲は、容易に観察できることがらと、時間と空間を軸とする座標の中におさまることがらに限るべきであるとする。前者は行動主義、後者は機械主義の内容を構成する。また観察対象の取りあつかいは、具体的に操作《オペレイション》によって検証されるようなかたちで行なわれるべきだとする操作主義、また「意識」や精神によってではなく、「物理的」な用語によって説明すべきだとする「物理主義」などの基準をかかげた。(L. Bloomfield, Linguistic Aspects of Science 1939「科学の言語面」、森塚訳、研究社、一九五九年)

ただちにわかるようにこれらの基準は併列的に述べられるべきではなく、単一のたちばを別々の面から表現したものであって、どの基準は受け入れられるが、どれは拒否すべきだといった性質のものではない。

服部四郎氏は、一九四九年に、「言語学の方法論や技術に関する理解が十分でない専門家」の存在を嘆いたあと、行動主義に次のような評価を与えている。

言語学における行動主義は実践的見地から非常に効果的であると思う。少なくとも、あまりにメンタリスティックなわが学界に行動主義を導入することにより長足の進歩を期待することは不当ではないであろう。

(「言語学の方法」、四八ページ)

氏の頭の中には、

物理学のような高度の発達をとげた科学はいざ知らず、発達の十分でない、「人文科学」「社会科学」では国々における性格がかなり著しく現れることがある。言語学もその一例とすることができよう。

（「言語学の方法」、六〇九ページ）

という行文から察知されるように、物理学あるいは数学を頂点とする科学の発達の度合いをはかる基準があり、「国々における性格が現れる度合いの低いものほど未発達だ」とする考え方である。したがって、言語学における物理主義、機械主義的なたちばをブルームフィールドが顔まけするくらいに決然と揚言した次のようなことばにめぐりあっても驚くにはあたらないのである。

「行く河の流れは絶えずして、しかも元の水にあらず」と観ずることは、正しいに違いない。しかしそう観ずるだけでは H_2O という概念に到達することはできない。科学は、直接経験から出発して、直接には経験できない高次の概念に達する。

（「言語学の方法」はしがき）

いったい、「しかも元の水にあらず」という認識が、水に関する認識ではH_2Oと表現するよりも、日本語と日本人にとって、よりレレヴァント［適切］ではなかろうか、ひいては日本語以外の言語を、母語とする外国人が日本の思想を理解するのに有用ではないだろうかと敢えて問わないとしても、言語学における機械主義や物理主義にたいする楽天的な信奉は、同じように機械的な表現を求める。あるいは正確には、この言い方は逆でなければならないかもしれない。というのは機械的、「物理的」用語による表現を求めるゆえに、その方法は機械主義的とならざるをえないからである。

戦後日本の指導的言語学者の主要な関心がいったいどこにあるか、そこで立てられた課題が何をねらっているかをある程度暗示するこういった発言と、言語学外からの言語学へのイメージとの間には深いみぞがある。それは「丈が足りる」とか「足りない」とか言った規模の問題ではない、質のちがいがそこにはある。

ブルームフィールドが示した機械主義は、記述言語学の展開において、それが厳密に「純客観的態度」を含意するものでないことは次第に明らかになってきた。たとえば、機械主義的操作を言語に適用して、その有効性を最も誇る領域である音素論に、音素を帰納するための「作業原則」というものがある。その具体例は、日本版音素論の確立と普及に大きな功労のあった服部四郎氏のことばから引くのが適当であろう。すなわち、「音素は単純且つ均斉的な構造をなして結合する」という見とおしから「単純且つ均斉的構造の作業原則」が、また「音素は非常に体系的な均斉的な分布を示すものだ」という見とおしから「体系的均斉分布の作業原則」が抽き出される。これらの作業原則について言えることは、それらが、対象を単純に、体系的にかつ均斉的に、できれば図式的に現したいという、論理的には対象そのものの性質とは直接関係のない目的から発しているということ、つまり作業原則はドグマと化しているということである。音素論という、有限のわずかな単位を扱う領域においては、若干の例外を除いてはほぼ成功している。成功していないと反論できる余地は決してなくはないが、少なくともこのような作業原則によって、よしんば不適等な結果が出たとしても、それは幸か不幸か言語研究全体の中で重大な影響力を持たずにすむことが多いのである。論理的にはともかく、実行の上では、音素論の作業原則は効力を発揮したと言えないことはなかろう。たしかに無限の個体を有限個の単位に還元し、単純に、体系的に解釈し、均斉な図式をえがく努力は、専門家の関心を大いにそそって知的快感をもたらすことによって報われるであろうことは想像できる。記述言語学の「記述」というものは、こういう図式と、単位間の函数的表現を理想の形として指す高い概念のものである。このような記述の理想は、言語に内在して、言語の問題そのものに正面から肉迫する立場から出発したものではない。「発達のおくれた人文科学」に対して、到達すべき理想の記述は、言語そのものの要求によってではなく、外から与えられているからである。

四

二〇世紀において、言語学は、文化を取りあつかう他のどんな領域にも先んじて、対象の形式化を成功裡におしすすめ、自己完結的な固有の体系を組織することができた。これは前世紀末の反進化論的な思想的状況に、ソシュール言語学というかたちで言語学が敏感に反応したためである。逆に見れば、ソシュールの言語学という場で、社会学の方法は見事に具現されたのである。文化に属することがらの中で、言語ほど形式化が容易で有限個の単位に還元しうるものは他にないからである。こうして言語は超時間的な形式の関係としてとり出された瞬間に、実は社会的事実として存在することすらやめて、非社会化の道をまっしぐらに進みはじめていた。

言語学者は、二〇世紀言語学を先駆的な立役者に仕立てる代償として、言語をその担い手である民族と言語の形成の具体的場面である民族の歴史とから切りはなした。これらは言語外的要素として一まとめにされ、言語学の視野からはずされる。よく言われるように、ことばは水や空気と同様、人間にとって自明なものであり、いわば自然に与えられているかのような観さえ呈するのである。しかしそれにもかかわらず、この自明なものは、やはり、輪郭を持っているように感じとられている。それはすこぶる具体的なようでありながら、人間活動のすべての細胞を満たしている樹液のように、文化の中にとけ込んで結びついており、時には文化そのものとなる。一九五〇年、スターリンが言語を上部構造にあらずとして世界のマルクシストにショックを与えたできごとはまだ記憶に新しいが、このようなことが論議のまととなるのは言語の性質上、当然起きうることであったし、将来においてもこのテーマが別のかたちで再び論議の対象となることは充分考えられることである。

言語が人間の観察の対象となるためには、それが、輪郭を持ったものとして自覚されねばならなかった。しかし、その自覚への直接の動機をつくる要因は、せまい意味での、あるいは「体系」としての言語そのものから発したのではなかった。それはむしろ、今日、言語学者たちが、言語外的要素として、あるいは好みによって、あるいは原則をふりかざして排除するものの中にある。言語がそれとして意識される（L・ワイスゲルバーの表現によれば「母語の発見」である）そもそもの契機は、じつは言語の具体的存在面、つまり、これら言語外的要因の中に含まれている。ルターの聖書は高地ドイツ語によって書かれただけでなく、ドイツ語を作った。このような、言語と、「言語外的」契機との絶えざる相互の働きあいの関係を、言語の学が根本的に、もう一度とらえなおさないかぎり、真の内的言語学の成立の場もないはずである。(ルター訳聖書とドイツ語との関係という教科書的な例は、ドイツの言語学がドイツ語の内的な問題として伝統的に指摘しているものである。我が国に、このような外国語ひいては母語とのきびしい対決がなかったか、あるいは対決というかたちをとらなかったとすれば、これがまた我々の問題である。)

そこで、こうした、言語についての数々の発見をもたらした土壌から根を断たれた日本における「国際的」な言語学はどのようなすがたをとってくるであろうか。それは固有の課題の喪失と、海外の国際的な言語理論の果てしのない模倣の連鎖である。言語学は最も西欧的な背景をもった学問の一つである。したがって海外の理論をなぞり、それをモデルに実地訓練し、応用問題を解くために勤勉の多くの部分を割かねばならない事情があるのは事実であるから、海外でのできごとに敏感である多数の触覚を我々がそなえているのはありがたいことである。しかし、このような勤勉だけによっては、成果は、真にあるべき言語学の核の上に実を結ぶことはできないであろうと考えてみるのも正当である。なぜならそこに示された課題に必然性を問うことができないからである。

日本では、言語学に跳躍台をあたえるはずの言語的環境は、欧米の事情とはいちじるしく異なっている。異なる言語社会と国境を接しているわけでもなく、国内に、ある程度の勢力となりうる少数民族をかかえているわけでもない。この状況では、たえず滲透しあう言語境界線にかこまれた大多数の国々とは、言語への関心の発しかたには大きなちがいがある。それだけに日本人にとって大きな問題である、たとえば在日朝鮮人の民族教育の核心部分をなす言語の問題から、意識的にせよ無意識的にせよ眼をそらすことは大きな損失であることは疑いない。言語学がこの問題に関心をはらうということは、政治問題の泥沼へ転落して、言語学独自のたちばを失うということには決してならない。言語への認識は、その言語の置かれた状況によって深まりかたがきまる。言語学はこういった問題を拒否して自らを小さくする必要はないのである。こうした問題を政治家の手からとりもどすという視角は言語学にとってこそ必要であろう。

言語は民族の独立と文化によって培われ、民族と文化の拠点として機能して行く。だからこそ、先駆的な学問と思索の領域で、言語の問題は枢要な環とならざるをえないのである。

現代言語学の方法が心理主義の無効を宣して、機械主義、行動主義、さらに多くのばあい数学的処理へと強い志向を見せ、そこである程度の即効をおさめている反面、言語学はますます矮小化の道をすすんでいる。言語学は固有の言語学の建設のために心理主義の羈《き》絆《はん》から脱したように、機械主義の限界に目をふさがず、言語学の方法をもった言語学を確立しなければならない。言語学は単に自然科学的、数学的方法による処理と効果を検証する場としてのみあるのではない。言語の問題には固有の課題とたちばがあり、それこそが言語学の内容を構成するものであるから、逆にその手順の上の純粋性を尊重するあまり、本来の課題に目をふさぐということがあってはならないし、「旧式な」史学のはしためから、モダンな表現を好む形式の学への従属に乗りかえてみても、それは言語学の内容を肥やすものではないからである。

　言語学が、ほかならぬ言語そのもののように創造的な力をもちうるためには、その見せかけの自律性が崩壊することをおそれず、社会と文化がつきつけてくるあらゆるテーマを引きよせて、言語学的に再組織しなければならないという大きな課題の前に立たざるをえない。このような認識は、かすかな底流となっているかもしれない。しかしそれにたいして、意識的に形をあたえる試みはきわめて少ない。これが言語学を、その本来ふさわしい地位につけることを阻んでいる要因であり、また言語学に無能の宣告をみちびくゆえんであり、それが何よりもさきに、みずからの課題を忘れた日本の言語学の精神の貧困にほかならない。

（『文学』1968年9月　岩波書店）

言語観の再検討を

教科書を塗りつぶした〝授業〟の記憶

教科書というものについて、人それぞれがえがくイメージにどのような平均値が求められるだろうかと問いかけてみるとき、その答えには時代によってかなりの差があるにちがいないと感じられる。教科書をはじめて手にしたときが戦争開始のときであり、新聞を折りたたんだような教科書、それもクラスの全員に行きわたるだけの部数がなく、やっとくじびきで手に入れるといった敗戦直後［一九四五年］を経験した私のような世代の人間がいだく教科書のイメージは、平均からかなりずれているのではないかというひがみがある。このことが、私に素直な気持で教科書について語るのにためらいを感じさせるのである。そのためらいをふりはらって言わせてもらうならば、教科書は、およそすべての印刷物の中で最も退屈なものの一つであり、書かれていることがらのほとんどはどうでもいいことで、おしつけがましく説教がましい。私などは、よき時代の年長者らが、国語の教科書で読んだある一編に新鮮な感動をおぼえ、それを今日でも思いだして語るのを聞くとき、ねたみにも近い感情をおぼえさえするのである。こういった、灰色の退屈の標本である教科書についての記憶の中に、ある一つのできごとだけは妙に鮮明に残っている。敗戦で学校全体が混沌からぬけ出していなかったころのある日、教室で先生の指図を受けながら、何ページから何ページまでといったぐあいに、指定された箇所に墨を塗ったりのりづけしたりしながら、教科書のある部分を抹消したことだった。こんな「授業」をさせられた経験をもった人は私の年代すべてがそうだから、決して少なくはないだろう。大江健三郎も、同じ体験をどこかで書いているのを見かけた。もともとよごしてはならない教科書のページを墨でべっとりと塗りつぶしていく作業は、権威をもって、退屈への忍従をしいる教科書に対する、復讐の機会となった。削除するには惜しい、美しく印刷された戦争画もあり、こっそり残しておきたいと申し出たが、先生の返事は法官のように厳格であった。教室における規範である教科書のうえに、あっという間におとずれたこの運命の変転は、私の教科書不信をさらに強めることとなった。すべての児童が、教科書検閲官となって、文字を抹殺したこの「授業」についての記憶は、私が教科書についていだくもののうちで最大であり、権威主義に陥りやすい自分をたしなめる際によく想起するできごとである。その意味ではこれは私が学校で受けた教育の中で、最も教育的な実習であったと言ってよい。

教科書の役割と教育の主体性

教科書というものが本来的に免かれない矛盾した役割、つまり、教育環境や条件に左右されない、一つの標準的、規範的な知識を課するという教育の機会均等の精神に基づいていることの反面として、教育の具体的な場に参加する個々の教師や生徒には超越的に与えられる既製品としてあらわれるという面が大きなおとしあなとして指摘されねばならない。教科書の役割に見られるこの二面性は教育そのものについても言いうる。ことに初・中等教育においては、伝統の継承と規範化された知識と価値観のおしつけという保守的側面の強調には容易に理由づけが見いだされる。

教育というものが、主体的な動機づけにその存立の根をもっているとするならば、そこでの教科書と生徒との関係は大きな緊張の上にたたざるをえない。そこで原則的には、教師はそれぞれ自分の信念や好みに基づいて、自分が教えるための教科書を自らの手で作らねばならないはずである。かんじんなことは、教師が教科書に従属し、その説明役であってはいけないということであろう。いまのように、できあがった教科書の採用は、こういった個々の教師の労力の負担を軽減し、教育の機会均等の精神に基づいて、一応標準的な知識の伝達を保障した次善の策である。個々の教師にこういった要求をするには、教師の就業時間が大幅に軽減され、しゃべる機械となることをやめ、自己の知見を高めるための自由な時間が保障されることが前提とならねばならない。そこでいまのところは、少なくとも採用された教科書について、教師は自覚的な判断をもち、生徒にもそれを語るということで、教科書・教師・生徒の関係を明らかにしておく必要があると思われる。

個性を失った、教育者としての主体性、つまり教育への主張を失った教科書が生徒を引きつける力を持っていないとしても不思議ではない。

新版読み・書き・そろばん

欧米に追いつき追い越せの、明治以来の歴代日本政府の努力が、一つの到達点として誇示するのは、教育の普及である。画一的、中央集権的教育体制の確立は、教育において家庭が負うべき役割をすべて国家が肩がわりするという、それ自体は、貧困なる人民と富国強兵のスローガンをもってのぞんだ国家という二つの要素の上に成立している。この点は指摘するだけにとどめておくとして、近代的学校制度以前の日本における「読み書きそろばん」の伝統的な教育観念はどのように動いてきたであろうか。

「読み書きそろばん」に象徴される、世間を渡っていくための最低限の実用技能といった内容のものは、音楽や図画工作などの教科が加わることによってたしかに幅がひろがってきた。だが教科内容のこのような量的増大は「読み書きそろばん」的教育観念を根本的に変えるには至っていない。受験制度がそれをそっくり引き継いでいるからである。英語は今日の読み書きそろばんの中のかなり重要な一項目をなしており、少なくともそのかぎりにおいては教室での存在理由をもつものであろう。

私はあるとき、高等学校の英語教師の集まりの席で、現在の高等学校で、英語を教える意味は何だろうかと問いかけてみた。大学受験科目の中にあるからという答えが、ほとんどこだわりなく出てきた。こういう答えかたが単純すぎるといって笑ってはいけない。もっとスマートな返事はこの人たちにも作れなかったわけではないだろうが、この答えの中にはやはり本音が感じられる。問いつめられた教師たちが最後に発することばにはちがいない。同じ問いかけは、他の科目に関してもやはり試みることができる。

このように、知識が制度の階梯をのぼるための避けられない過程として実際には機能し、その頂点が就職への保障としての大学によって完結されるというこの体系は、権威づけられた知識への従順かつ勤勉な模倣者を産みだし、それによって維持される。

上級学校への受験、合格という至上命令の前に、教師たちはひるみ、教育の本来の使命は手痛い打撃をこうむっている。

矛盾をはらむ「ことば」の教育

英語科をひきあいに出したのは、そこでは教育全体の中での各教科の役割というものが、とりわけ明瞭に、するどい形で出てきているからである。つまり、一つには技術と教養的知識との接点にある問題を見ることができるのである。教科としての英語が、その存在理由を問われるとき、国語科は「読み書きそろばん」のわくから出発して、多様な理由づけを持っているように思われる。それにもかかわらず、あるいはそれゆえに、生彩に乏しい国語科と、ある種の知的刺激にあふれた英語科とはよい対照を示している。中学・高校を通じて、ひとしく言語教育を内容とするこの二つの教科が、相互にほとんど交流なくして行なわれている実態は、英語について言えば、これは言語教育などというものではなく、陳腐な暗記知識にすぎないのであり、国語に関して言えば、それが教科全体の中に占める自分の地位なり役割をはなはだしくせばめているのである。

いずれも「ことば」の教育にかかわるこの二つの教科のきりはなされた扱いは、文部省[現・文部科学省]告示の「中学校学習指導要領」(現行版)に明瞭なかたちをとっている。

まず国語科の「目標」に示されている「心情を豊かにし」「教養を高め」「国語を尊重する態度や習慣を養い」「誠実に聞き、話す態度を養い」さらに「常に向上しようとする意欲をもって聞く」などの要請は、高度に精神的、倫理的なものであり、しかも「態度」をすら求められている。それに対して、外国語科の「英語の発音、アクセントに親しませる」にはじまり、教えるべき個々の文型や単語が一つ一つ列挙してあるのをくらべてみると、文部省のこの二つの教科に関する扱いには差別があると感じられる。一方は身についた母語、一方はゼロからはじまる外国語というレベルのちがいを無視できないのはもちろんであるが、外国語の方が、国語に比べてすべての点で低い段階の知識を取りあつかっているというわけではない。外国語科においては、主語・動詞・代名詞にはじまる文法用語が最初からとび出し、教えられるべき文型が具体的に提示され、知識は技術的に示されている。一方、国語科では、「指導にあたっては具体的な言語体験を通してことばのきまりの基本的なものに気づき、それらに基づいて、正しい理解と表現を得るようにさせる」と教えておきながら、「ことばのきまりの基本的なもの」の内容そのものは、英語科に対応するようなかたちで示されていない。国語科での技術的な指示のおもなものは、「当用漢字別表の漢字全部が書けるように」するという、すこぶる機械的、低次元のものである。私はこの指導要領を目に通してみて、敗戦直後に私どもの受けた国語教育と外国語教育との差が、今日も本質的に変わってきていないということを知って一驚した。「指導要領」の言うように、「文章を正確に読解」したり「的確に文章に書きあらわす」際に、直接間接に、英文法の知識に負っているし、さらに国語の文法そのものの理解ですら、英文法の理解を助けとし、あるいはそれを下地として行なっている場合すらあるのである。

「指導要領」は単に一応の基準を示したものであり、それ以上のものでないとするならば、教室での教師はそれぞれに創意を発揮して独自の授業を行なえばいいし、実行されてもいるだろう。しかし「指導要領」の中には、拘束的な指示も少なくないから、「指導要領」が全くふれていない問題は、教師個々人の自由な判断に任されているとは考えられない。となると、私がもし国語であれ、英語であれ、要するに「ことば」に関する教師であれば、当惑せざるをえない場面にぶつかるであろう。

「指導要領」の述べているかぎりでは、なぜ、中学校で外国語が教えられねばならないのかが明らかでなく、国語教育における外国語教育のかかわりかたも、さらに明らかでない。というよりも、このような問いは最初から問題になっていないのである。

この同じ理由から、細目にわたる技術的な指示で埋めつくされた外国語科と、「国語を尊重する態度」などといった、精神主義の国語科との奇妙な対照がきわだってくるのである。

明治以降の国語の歴史というのは、じつは欧米の文化、したがって欧米の有力な諸言語と日本語とのせめぎあいの歴史であり、ここに国語問題も生じてきたのである。「指導要領」の言う「国語に対する関心や自覚を深め、国語を尊重する態度や習慣を養う」ことが問題となる背景には、これら外国語とのかかわりあいがあり、そのような自覚のうえに立って、国語の勉強は単に規範的知識に対する受身の態度をこえて、積極的なものへと変わり、外国語の勉強への有機的な関心が生まれてくるのである。そうでなければ、「指導要領」の述べるところは、それ自体としてはもっともな主張であるとしても、ひとりよがりで、空疎なおしつけがましい愛国的主張の域を出ず、生徒をすら、論理的になっとくさせられない。こういった論理以前の前提にたつ「指導要領」の発想を許しているのは、国語を、民族と文化との関係において主体的にとらえるという課題に、充分にこたえていないわが国における学問や研究のありかたであろう。

（『国語教育』1968年12月　三省堂）

論理学に対する現代言語学の立場

——山田広行『論理学』をめぐって——

一　現代と言語

「現代」へのさまざまな関心のあらわれの最も集約的な噴出点の近くに「ことば」をめぐる問題がある。「人間」という定義の前提にあり、同時に人間の一部分である、「ことば」をそれ自体としてとり出す作業そのものが、人間として、この上なく大胆不敵で悪魔的なくわだてにほかならない。かつて、ことばが発せられるだけで、人を殺すことも生かすこともできたその力が、現代においては、これほど無力になっている時代も稀であろう。中央アジアのある高齢のコルホーズ員が、すべて語りおえるのに三十夜も要すると言われる英雄叙事詩を口にするとき、どれほどの緊張と敬虔をもっておこなうかを考えてみよう。ことばのすみかも大きくかわり、そのふるさとへ心をたちかえらせる機会も稀になってきているいま、ことばへの関心は、その破壊と復権という二つの方向をとって現れてくる。破壊の志向は、しかしながら、ことばの原理もまたそこに依拠している、記号活動そのものの否定にまではもちろん到らない。しかしながら、ことばと事物との関連は、いつでも根底からゆさぶりをかけられているのであって、アーバン［W. M. Urban, Language and Reality 1939 の著者］は言語の評価が大きくゆれる時代は、文化の重大な転換期に照応しているとして、プラトン以来を五期に特徴づけた。たしかにヘルダーからフンボルトに至る、夢にみちた壮大な言語観から、現代の言語観に目をうつしたばあい、そこにひらけているのは荒涼と、また寒々とした、精神の風土である。その間に何が起きたか。歴史の拒否と、それとの訣別である。たしかに、ある意味では歴史は否定するべきものであるからだ。「言語学」という術語じたい、その確立は最近のものである、この一つの研究領域においては、「ことば」という対象を規定することそのことが、まず最初に当面せねばならない課題であり、同時にそれが最終の課題でもあるということに気づかねばならなかった。

二　ヨーロッパにおける言語的世界の拡大

言語への関心が、その最も大きな地平を見はるかす可能性をもったのは、言語の多様性への認識であった。バベルの塔の伝説は、その多様性の起源にとにかく説明を与えようとした雄大な試みの最たるものであった。多様性の認識は、同時に斉一性、類似点の発見にも裏うちされた。言語研究において讃嘆をまじえた高い評価がよせられたのはインド・ヨーロッパ語比較言語学であった。東洋の国の一角にギリシャ語、ラテン語よりもはるかに整ったはるかに厳格な古典語、サンスクリットを発見し、しかも、この言語とヨーロッパ諸語との間に、音変化の規則的な対応関係をさぐりあてたこと、このことは、東洋語サンスクリットとヨーロッパ諸語とが同一の起源にさかのぼることなどを実証的に教えることになったのだ。言語の多様性の発見とともに、斉一性の発見、しかも、東洋においての発見――これがヨーロッパ世界に与えた衝撃は、新大陸の発見に劣らない。シュライヒェルは、サンスクリットに近似した、インド、ヨーロッパ共通の祖型語を再構し、それで一篇の寓話を書きさえしたのだった。これによって、ヨーロッパ人は、自らの原郷を、ギリシャや聖書伝説の舞台にではなく、はるか東へ、中央アジヤにまで求めることになった。言語のみならず、文学の起源すら東洋に移り、物語のほとんどすべてのモチーフを、パンチャタントラ以前のインドの説話に求められることを実証しようとしたテオドール・ベンファイの研究は、この雰囲気を雄弁に物語っている。

多様な言語が、一つの起源に求められるという実証の経験は、さらに言語一般の起源の問題へと関心を展開していく。個が問題ではなく、一般へと関心がむかいはじめるとともに、歴史科学は、論理や社会学の展望の上に軌道を転換しはじめる。ここにおいて、言語の、歴史や民族における動態ではなく、それ自体としての構造へ関心の焦点があてられる。ソシュールの言語学の方法論は、まさにこのような時代精神のあらわれであり、文化現象一般の、言語活動という領域において、一般化された言語の性格にするどくせまったモニュメントとなった。ソシュールの作った芽はその後、行動主義によって、機械的な手順として具体化される。発展は、つねに批判を通して行なわれるのであるから、これら様々な方法は、一定の批判的立場を表明してはいるが、あらい物さしで計るかぎり、ソシュールの軌道の上を歩んでいると言って的はずれではないだろう。

三　ソシュールと現代言語学の開幕

さてソシュールは、言語学の対象を明確にすることによって、言語学を、他のいかなる学問領域とも異なる部門として、独立させた。文化を扱う学問が一個の精密科学になるということは、そこから価値観が排除されるということになる。しかし、言語をめぐる様々の状況は、このような価値観にたいし、無反応で、無色で、中立であるという立場をまもりきれない。ことに、言語はむき出しに存在するのではなく、その使用により、とりわけ言語作品の中で成長する。ことばが置かれる状況は、その特定社会によって同一ではない。ここで言う言語作品とは、いわゆる文学をも含む、ことばを直接の素材として、成立している世界をさす。そのような場所でことばの学問を国際的、無国籍なものと規定することには大きな問題があるのである。

言語学が、その閉じられた、学問的に保証された枠の中で、絶えざる輸入を続けつつ、その技術や手順をみがいている一方で、言語の問題は、文学や哲学やその他おしなべて文化を扱う領域において、はなやかな論議のテーマになりつつある。じっさいこのテーマは、人間そのものに関するテーマと同様、はなしがつきることがない。しかし、言語学が自らの立場をひっさげて、こういった論議のまっただ中にとび出して行ったことはほとんどなく、またそれはそれなりに理由のないことではない。アメリカの言語学者トワッデルが、解かるべき問題xを、さらに検証できない概念、つまりもう一つのxによって説明することは、ちょうど木製のストーブの中で薪を燃すようなものだと説明したとき、言語学の禁欲的なほどの潔癖さは見事に表現されている。たとえば「論理」である。論理こそは、言語学が、そこから言語をとりもどし、独立の領土を与えたいと全力をもって奮戦した、かたきである。

文学や哲学の領域で提起された言語をめぐる問題にいくらかでも接近するため、言語学の語るところにまず耳をかたむけようとして近づくのは無理からぬことであろう。言語学からすればそれはむしろ名誉なことである。しかし残念なことに、双方の議論はほとんどかみあわない性質のものである。かみあわない根本原因は、むろん、そのいずれの側においても、関心のあり方と目的に大きなずれがあるというところからでており、さらに具体的にはそこに用語上の誤解がたちはだかっているということである。たとえば観念論哲学の用語の森に立ち入ろうとするとき、個々の著作について読んでいないばあい、用語辞典なしに理解はむつかしいが、哲学者で、これほどの用意をもって言語学が産んだ様々の概念に、慎重にむかう例を私はほとんど知らない。

こういった情況に対応するためであろうか、「新日本文学」編集部が言語に関する特集をするからと言って、参考までに筆者に示されたのは山田広行氏著の「論理学」――言語と思惟の本質――であった。本書に私が深い関心をよせたのは、このような根源的、理論的問題に正面から取りくんだことが題名に示唆されている以外に、日本語の当面している問題が本書の題にはふさわしくないかと思われるほど、すこぶる、具体的、実践的な視点から述べられている点にあった。

「あらゆる文化は、言語を土台として成り立っている。したがって、言語を磨くということは、文化の一般的な基礎を磨くことになる。」（七七ページ）という一節は、著者の問題のたてかたと出発点をよく示しており、日本語の現状を憂慮する著者の心境に私も思いを同じくするものである。

したがって本書を仲だちとして、どちらかといえば言語学の流れに身を置いてきた筆者と、非言語学の領域との間に対話が開かれることによって、言語学の否定的側面をも含めた現段階をよく認識してもらうことは、双方の言語観と言語理論を深める上で大きな意義があるものと信ずる。

　山田氏はスターリンが、言語の本質的部分を「基本語彙と文法組織」と規定したのを二元論だとして否定したついでに（この問題についてはあとでふれる）ソシュールの「二元論」を攻撃している。ソシュールはたしかに克服さるべき多くの重大な点をもっている。それは何故重大なのか、その指摘は、ただ簡単に「スコラ哲学的」というだけでは否定され得ない。否定してもよみがえってくる言語の本質についての指摘がそこには残るからだ。ソシュール理解が不徹底に、あるいは誤って行なわれるのは、ソシュール言語学が生まれた、学史におけるその歴史的意味を顧みず、他の様々な学説と同一平面に無差別に並置することによっている。二元論という点でのみ、スターリンとソシュールとを並べるのでは、その歴史的な意味はほとんど理解できない。スターリンの論文が現れた直後、あわてて（と思われる）編まれた（つまりスターリン論文のテーゼを実行に移した）二、三の言語学の参考書、教科書は、ソシュールの提示した基本的概念の否定を大きな目標としていた。

　山田氏がここにとりあげている言語《ラング》と言語活動《ランガージュ》の区別もいわゆるスターリン言語学によって、観念論の産物として否定されている。（もっとも、山田氏がここで言語《ラング》に言《パロール》ではなく言語活動《ランガージ》を対立させていることの意味がよくわからないのであるが。)

ソシュールは、言語を構成する各々の要素間の緊密な組織、相互規定の体系という考えかたを、言語研究の出発点においた。「この相互規定」の原理、つまり一つの要素は、他と対立して他者を規定すると同時に自己を規定する、あるいは他の対立物によって自らの存在が規定されるという考え方である。音韻も、語彙も文法も、ひとしくこの原理に貫かれている。音韻の領域においてソシュールが展開した「フォネーム」の概念はその当然の帰結であり、現代の言語学で最も華々しい音韻論の展開は、基本的にはソシュールの延長線上にある。文法を構成する個々の要素の個別的な変化を追うのではなく、一つの変化は必然的に他の要素の位置を動かさざるをえない——このような考えかた、さらに、連合関係、統合関係のネットワークとして呈示した語彙の世界は、トリーア[J. Trier]などによって意味領域《ベドイトングスフェルト》(あるいは意味野、場)の展望へと展開していった。

さて、いかなる研究対象であっても、ナマの素材をそのまま取り扱うわけにはいかない、たとえば「論理」がそうである。ハダカのままでは存在しえなく、ことばや記号の上に成立しているように、「論理」そのものは、大きな飛躍の上に飛躍を重ねてきた抽象物である。同様に言語とは一体何であろうか。日本語とかロシヤ語というのが、どれほど高度の抽象物であることか。具体的にそんなものは存在してはいない。現象的に確実にいえるのは、Aの話すことば、Bの話すことば等々が存在するのみである。はっきり言えることは、Aの話すあることばとBの話すあることばの大部分が一致し相互にことばの上での了解がスムースに完遂されるということだ。ところでA、B……のことばの共通理解を成立せしめているのはなにか、それが言語学でいうところの言語共同体である。ところで、A、Bの言語は相互に百パーセント重なりあうわけではない。もしAの前歯が欠け、Bの舌が平均より長ければ、歯と舌を用いて行なわれる発音にはかなりの差が現れてくることは測定装置の助けをかりるまでもない。にもかかわらず、それが共に「サ」であったり「タ」であると認められるのは何故であろう。その同一性には許容せられる量的なはんいがあるのだろうか、それともなにか日本語の[s]や[t]の本質的特徴そのものに由来する、全く質的なものなのだろうか、といった問題が、戦後の言語音研究の一つの熱いテーマとなった。それはともかく、ソシュールはこのような個人の言語をこえて、言語共同体の言語を抽象し、これを言語学の対象としたのである。言うまでもなく、他の学問分野におけると同様、このような概念規定そのものが方法の根柢をなすものであるが、言語のように、知覚で捕捉しうるものが音でしかないばあい、方法と概念規定とのつながりはきりはなしがたい。ソシュール言語学は様々な抽象的な概念規定の上に構築されているように見えるかもしれないが、これは言語事実を単に整理してみたというものではなくて実践的にも極めて大きな威力を発揮するのである。ソシュールの実践性にくらべて、たとえばスターリンの論文はほとんど何物も教えてくれない。学生たちが長いあいだソシュールに頭をなやませていたのはばかなことであったという著者の感想はあたらないのであって、ソシュールが今日もなお読みつづけられているのは、権威によってではなく、その新しさによるのである。著者の「かれは、言語が、すべての個人の言語活動の成果の全体であることを認めず、スコラ哲学的な区別をしている」（五五ページ）という指摘は、まちがった読みかたから来ている。小林英夫氏はランガージに言語活動という苦心の訳を与えたが、これが山田氏を大きな誤解へ導くもとになった。ドイツ語の訳を見よう。ランガージは menschliche Rede つまり広い意味での人間のことば一般をさしている、パロールは Sprechen 話すことである。つまり言語（langue《ラング》, Sprache《シュプラーヘ》）を個人が話す（パロールもシュプレヒエンも、いずれも動詞から来ている）＝言語活動（山田氏の言う）ことによって「言語活動の成果の全体」＝ランガージュであることなので、言語活動の訳につられて山田氏が陥った根本的な誤解である。更に補足すれば、山田氏が個人の言語活動（つまりこれがソシュールの言うパロールであって、ランガージではない）→その「全体言語」を考えているのに対し、ソシュールは個人からではなく、社会から出発しているという、逆の経路が指摘されるのである。

以上、私は、私の最も避けたいと望んでいる用語の訓詁《くんこ》のぬかるみの中に足を踏みこみつつあるので、ただちに退却しなければならない。言語をめぐる議論の花ざかりは、かくて誤解と読みちがいに負うところが多いのである。さらに、ソシュールの二元論のもう一つの現れとして、「音声と文法を、共時言語学と通時言語学という別の言語学として規定したことである」（五七ページ）という指摘はさらに理解が困難であろう。

四　論理学より実証科学へ

本稿のはじめの部分で、私は山田氏のこの本が、日本語の現状、それも日本文化の根柢にあるものとしての日本語のありかたについて、その将来を憂える、強い実践的な訴えをもって書かれているという意味のことを書いた。私は言語へのかかわりかたを単に観察者としてではなく、「それを」作っていく者として持っていなければならないと常に思っている。そのようなたちばにたつとき、現代言語学が集積した資料や研究方法にもまた見逃すことのできない、しかしまたただちには流用することのできない多くのものがあることを知っていなければならない。

本書に一貫しているモチーフの一つは、論理性の透徹していない日本語という認識があり、その日本語を論理に接近させようということである。

日本語は著者にとっては「複雑な構造をもった民族語」（三一ページ）であり「日本語の論理性を低めている」（五九ページ）のは「繋辞の分裂」と「敬語法」の使用によって、多くの無人称文を発達させて来たからであると説く。次に表現の問題として漢字の存在を指摘する。文章に人称を明示し、敬語の使用をつつしみ、漢字を廃止の方向へ持っていくということは、ある程度まで実行可能である。しかし「繋辞の分裂」を除き、普通の子音は必ずあとに母音を従えて現れる（言語学の用語で言うと開音節）音節構造が「叙事詩の展開を稀れ」（一二四ページ）にし、「論理的な規定作用を行なう思考力を弱める傾向がある」（一二五ページ）としても、日本語の話し手は、これを改めることはできない。

論理学が、基本的にはヨーロッパ古典世界を揺籃《ようらん》としているように、いわゆる文法学もギリシャ・ラテン文法の規範の上にたっており、文法はそもそも、この二つの古典語のためのものであった。文法学はこの二つの古典語を教育的に整理することを目標としており、それ以外の言語に「文法」があったり「文法」が書けるなどとは考えてみもしなかったであろう。それ故、ネブリーハによってカスティリヤ語の文法書が編まれたとき、それは単に、一民族語が登録されたということではなくて、民族語＝母語の発見を意味したのである（参考L・ワイスゲルバー）。視野がヨーロッパ世界にとどまっているだけなら問題はまだ深刻ではない。しかし、アフリカやアジアの全く構造の異なった言語に直面したとき、すべての論理的判断の反映である［はずの］言語には当然繫辞が存在すべきであるとして、繫辞から出発すべきであるだろうか。あるいは、この「未開人は不完全な文法しかもっていない」（三五ページ）から繫辞を欠いていると記述すべきであろうか。じつは山田氏の考え方は「論理性」という（しかも西洋古典世界の）ものさしで、言語の発達段階を計ろうという、単純な進化主義に根ざしている。（文字論に関してもそうである。未開な象形文字漢字は、高等な発展段階にある表音文字に置きかえようではないかというのがその趣旨である。）こういった進化主義は前世紀の比較言語学において花ざかりを見せたのであり、最も発達したヨーロッパの屈折語の対極として、最も未開な中国の孤立語が置かれたのである。これは動植物界における進化論の言語の領域へのうつしかえである。スターリンによって否定されたマールの言語学は、さらにごていねいに、こうした言語の発展段階に鉄器時代や青銅器時代という技術史的な段階を対応させたのであった。

言語のばあい、このような絶対基準をもってもし文法を記述したばあい、そこには真の言語のすがたからは遠い、ゆがんだ、ひとりよがりの文法ができあがり、あまり役に立たないという程度の被害で済むだろう。しかし異民族の異なる文化の理解に関してこのようなことが起きたばあいの被害ははるかに多い。文化人類学がエスノセントリシズム（自民族の価値観を中心にして他の民族の文化を量る）を排除することをスローガンにしていたのは、先進民族が後進民族にものわかりのいい所を見せてやるということではなく、まちがった理解から自らこうむる実害をさけるためであった。

アメリカで文化人類学と手をたずさえて発達してきた記述言語学の最大の努力は、ギリシャ、ラテン文法の規範から自らを解放し、個々の民族語に則したものさしを作り出すことにあった。それぞれの民族語は、それぞれ全体としての価値体系によってつらぬかれており、自立した世界を形づくっている。それぞれは相対的に自立し、対等の価値を主張しているのである。とすれば、「日本語のように複雑な民族語」というとき、複雑という印象は、あるヨーロッパ語のモデルにてらすかぎりにおいて複雑なのであり、「未開人の」「不完全な文法」というに至っては、一体「完全な文法」とは何であるかが示されねばならない。存在を示すのに es gibt……と言わねばならぬドイツ語の方が日本語より高い論理性をそなているだろうか。このような価値判断こそ、言語学が脱ぎすてるべく血みどろの努力をしてきた「破るべき」殻であり、そのような自覚にたちえたのは諸民族語の多様なすがたの確認である。

五　繋辞論

著書がこの中で、大きな情熱をこめて書いている「繋辞の分裂」という問題をとりあげてみよう。（私ならまず、漢字へのよりかかりをできるだけ避けたいというたちばから、これをラテン語コープラの一般的な意味である、さしずめ「つなぎ」という訳語を採用したいのだが）著者によれば、「言語表現における普遍的な概念を示す繫辞は人間の思惟形式の最も高度な標識であり、多くの文は、これを中心として展開され統一されている。しかし、未開の段階にある言語には、このような高度な抽象能力を示す繫辞が使われていない。」（二一〇ページ）。ここで繫辞の存在（繫辞言語における）が最も高度な標識となるかどうか、はたして、未開の段階にある言語とはどんなものをさすのか、証明を欠いた前提があまりにも多い。「繫辞」という概念が西洋古典論理学に発するかぎり、論理のうつわであり反映であるこれらの言語に存在しているのは当然である。イエスペルセン（Otto Jespersen）は、繫辞は決して代表的な動詞ではなく、これを欠いていたり、ある場合には全く用いないですます言語が少なくないこと、さらに主語、繫辞、述語の三分法は、伝統的論理学が、自己の操作を容易にするために作った固定図式であると評し、日常語にほとんど現れないこの三分法を排してより明解に主語と述語の二分法によるべきだとしている（「文法の哲学」一三一、一五〇ページ）。たしかに He walks. を He is walking. のように手術を加え、無理に繫辞をはめ込むような、論理主義文法のいましめから、今は解放されている。カーム（G. O. Curme）は英語の動詞を、他動詞、自動詞、つなぎ動詞（繫辞）

に三分し、つなぎ動詞は、「それ自体としては何も述べず、述語の前ぶれとなり、主語を述語につなぐ働きをするのみであり、他の seem, look, get など多数の動詞は実質を失って繋辞化の過程をとっている」と整理している。つまり、カームが動詞のなかに繋辞の一項を特にたてたのは、実質的意味を欠いたものとしてである。

以上見たところによってヨーロッパ語においてすら、「繋辞」なるものにも様々のゆれがあることがわかる。また「繋辞の分裂」という表現で、日本語を悲劇的に描き出す必要はないのであって、この「分裂」は「相関」と置きかえてみてはどうだろうか、品詞によっては分裂している方が文に緊張感をあたえる効力を発揮する。（たとえばエントヴェーダー・オーダー）さらに、その陳述の機能から見れば、ドイツ語のワク構造をすら思わせる。

Er ist im Kino gewesen

かれ は 映画館に いました

今日のドイツ文法でもしたがって、ヘーゲルをひくまでもなく、sein は助動詞であって機能は論理学でいう繫辞の役目を果たすことになるのである。右にひきあいに出したドイツ語と日本語の対照例は、それほどまじめに考え出したのではなく、解釈には様々の可能性があると言いたいための例にすぎない。

六　言語と民族の歴史

さて、言語学者であれ論理学者であれ、言語をひとたび自己完結的抽象体系としてとり出したばあい、まさにその言語の形成にかかわってきた民族や歴史的条件から切りはなされるというゆゆしきおとしあながまっている。これは言語を独立した構造、体系としてとりあげるさいの大きなしのびがたい代償である。であるだけに、我々は、たまたま目に写った歴史的事象と言語における一定の特徴や過程を容易にむすびつけることはさけねばならない。

たとえば、「強靭な活動力をもったロシヤ民族の諸特性は、ロシヤ語の音声や文法の中に深く刻みこまれている。」（七四ページ）という著者の認定は実に魅力的である。それが説得的な説明であれば私も、その原理を今すぐにでも採用したいところだが、著者は紙数を惜しんだのか例を示してくれてはいない。が、文法の領域からは、「ヨーロッパ系の諸言語と同じように、主語、繋辞、述語という基本的な文法法則の上に明確に構成されている」というのだが、あのロシヤ語に特徴的な無繋辞文は、他の現代ヨーロッパ諸語に類を見ないものである。すると、相関繋辞による緊張の上に成立した日本語の担い手は「強靭な活動力」を持っていることになるのである。さらに形動詞である。著者がひいているロシヤ語形動詞はドイツ語にも豊富に見られることはあらためて指摘するまでもない。問題は「形動詞」という訳語にある。ロシヤ語プリチャスチエはおそらくラテン文法の「分詞《パルティキピウム》」の直訳であろう。「形動詞の発達には、スラヴ民族の歴史的な生活が反映されている。とくに古代スラヴ民族は、民族的な流浪・移動・闘争などが、はげしく行なわれ、それは行動的な民族であった。それが形動詞を発達させることになった一つの要因であろう。」（七五ページ）という説明は、分詞の発達を説明しきれない。ヨーロッパ大陸で、民族的な流浪・移動・闘争などを経験しなかった民族があるだろうか。ジプシーやユダヤ人の境涯が、かれらの文法体系に反映されるとしたら、言語学はもっと別のものになっていたであろう。このような説明は、たとえばエスキモーは寒気の強いところに住んでいるので、あまり口を大きく開く発音を発達させなかったなどという説明と五十歩百歩である。言語学は言語のある内的特徴をこのような外的な条件によって説明することを拒否しつづけてきた。このかたくなな態度の正当さをますます強化するために、以上に挙げられた例は役にたつだけである。なおロシヤ語に関連して、著者は「古代や中世における言語と宗教の特殊な結びつきは、たとえば中世のロシヤで、「教会スラヴ語」といわれる一種の文章語が発達したことなどにも現れている」と記している。教会スラヴ語そのものは、キリロス、メトディオス兄弟の出身地マケドニヤの一土語の上に成立したのであって、ちょうどルター聖書のドイツ語が「神秘性」をもっていないように「教会スラヴ語」の起源には何ら神秘の要素はなかった。

七　語彙こそが言語の世界をつくる

さて最後に、スターリンの「基礎語彙」と「文法組織」という「言語の本質についての二元論」についての批判をとりあげてみよう。著者は「文法組織」のみが言語の本質と呼ぶにあたいするものであって、「既成の一部分が、ある民族語の中から脱落したとしても別な音声と文字によって、それを補充することができる」基礎語彙には「言語全体における重要性の比重がかかっていない」というのである。さらに、この両者を対等にあつかうことは「全線出撃」であり「軍事平均主義」であると、毛沢東からの引用がついている。(五四ページ)こういった連想法によることばの環をたどって説明することは私のなじめない方法であるが、それはしばらくおくとしても、コミュニケーションという立場からすれば、文法のみあって、語彙の存在しないばあい、いかなる言語行為も成立し得ない。語彙が先ず問題なのである。逆に文法がなくとも、語彙さえあれば低次の言語行為は成立しうるのであって、言語にとって、問題なのは、まさに語彙なのである。とりわけ基礎語彙は容易にとりかえを許すものではない。「基礎的語彙の客観性の根拠は外界の存在である」（五四ページ）のはたしかであるが、基礎語彙は外界そのもののうつしでは決してないし、あり得ない。外界は本来混沌であり、語彙は、その言語が如何に認識し、きりとるかという、そのしかたを示している。外界は人間の認識の中に、一定のしかたで切りとられた「精神的（言語的）中間世界」として、音声によって定着されてはじめて意味あるものとなることは、L・ワイスゲルバーがすこぶる明瞭な形で整理している。語彙は著者の言うように、厳密な意味で容易にとりかえを許すものではない。たとえば日本語の「ユ」はどうであろうか。「「ユ」と」「熱＋水」は決して等価ではない。「脱落したとしても、別の音声と文字によって補充することができる」と著者の言う、その補充すべき場所・空間こそが、語彙にほかならない。音と文字をとりかえることは語彙をとりかえることにならない。まさに、音と文字が包みこんでいるなか身、そこに確保されている空間が語彙であるからだ。著者の「語彙」についての理解は残念ながら語彙を論ずる前提を欠いていると言わざるを得ない。この致命的な欠陥が、著者の漢字論を充分に展開させないで終わっている原因ともなっている。漢字はおくれた象形文字であったり、不便であるからではなくて、日本語の語彙体系を根柢からゆさぶり、日本語に本来宿っているた造語力をくい殺した点でこそ罪がある。また無責任な、定義を伴なわない漢字造語の乱造によって、文章もまた無責任なものとなっている。著者が漢字を排除した後におとずれる「はなを うる」の「うる」が「売る」にも「得る」にもとられるまぎらわしさをさけるために「売却する」と「獲得する」という漢語によって区別しようというのは大きな混乱である。日本の共通語においては、両者はアクセントの高低によってはっきり区別される。このように音声についての知識不足から「日本語の音声はすべて『母音同化』であるために」という、えたいの知れない表現に出あってとまどう。この点は、「日本の過去に、叙事詩の展開が稀れであったことも、日本語の音声組織、ひいては、日本民族の思想構造とも無関係ではあるまい」(一二九ページ)という、めまいがするほどの当惑を感じさせる推定になってくる。日本語の音節構造によく似た言語をもつ諸民族のもとで、もっぱら叙事詩に見るべきものが発達しているのはどういうわけであろうか。

漢字とのたたかいは、まず安易に漢字によりかからないという、しぶとい態度の実践からはじまらねばならない。この意味で、「論理学」は漢字ぬきで書かれるべきであった。

全体として、私は、日本語を憂うる著者の気持と、その問題に肉迫しようという意欲には心から共感をおぼえないわけにはいかない。それだけに、私のような立場、つまり、アリストテレス流の、主語――繋辞――述語といったコチコチの古典論理学の図式から自らを解放し、真に自立した、日本語という現実の対象そのものに則した論理学をうちたててもらいたいという願望を聞いてもらいたいというのも、ゆえないことではない。そのような論理学は、すでにありきたりの論理学といったレッテルのはれないものになるかもしれない。タテマエにあわせて現実を切りそろえるのではなく、現実からタテマエを描き出さなくてはならない。最後に、文学者や思想家は日本語の内にひそむ可能性に生命を与えるという基本的で創造的な努力にもっと好奇の念を起こしてもらいたいものだ。言語学者に未来は託せないと思うからだ。

※特に説明のない文中のページ数は引用書『論理学』（山田広行著）におけるページ数をあらわす。

いいわけ――本稿は一週間の猶予の中で書かれたため、言語学が苦闘してきた繋辞をめぐる議論のつみ重ねを紹介するいとまがなかった。

（『新日本文学』１９６９年７月　新日本文学会）

【二〇一八年におけるつぶやき】

本稿は雑誌『新日本文学』から、山田広行『論理学』を評してほしいという注文を受けて書かれたものである。当時は、信奉されてきたスターリンがフルシチョフによって全否定され、こきおろされたものだから、スターリンを批判する試みがはやった。本書はその流れにのったものである。言語論は、この著者におけるように、あるいは、そうでなくとも丸谷才一のような文芸人のように、言語を論ずる準備もまったく無いままに書かれたものが多い。それに対して、ぼくはむきになってソシュールの代弁者、解説者の役割を買って出たのである。ソシュールについては数多くの解説本が書かれたが、その大部分がソシュールそのものに則してない。かれが言語学史上行った革命の意味を全く理解していないからである。

いまこれを読みかえしてみると、決してひまを持てあましてはいなかったのに、よく書いたものだと思う。本書に収めるにはいくらかためらう気持はあったが、編集担当者の「よく書けている」ということばに励まされたものだから、あえてここに加えることにした。

言語学と言語学的現実

一　言語の超歴史性

神話というものが、人間および人間をとりまくものごとの起源を語るものであるとするならば、われわれはそこに、生活空間が含む有形のもののみならず、習俗、ひろく文化の起源が語られるのを当然のこととして期待する。神話にはことばについての伝承も少なくない。しかし奇妙なことに、言語そのものの起源を語った神話はまず見あたらない。個々の事物に対して、神あるいは原人や始祖によって名称が与えられたとする伝承は、個々の語の由来を述べてはいるが、全体としての言語の起源、あるいは人間が言語行為をはじめる時点を示してはいない。それに反して、言語の多様の起源についてならば、よく知られた旧約のバベルの塔の伝説も語っている。相互に通じない多数の言語からさかのぼって、それらが単一であった時代を仮定すること、あるいは単一の言語が分裂に追い込まれたその瞬間を、何らかの伝説的事件にむすびつけた伝承は、それ自体は、人間の言語にたいする伝統的な問いかけ、言語の本質へせまる努力の歴史において注目すべき一歩を示すものであった。

人と人の言語が引き裂かれた瞬間だけではない。モンゴルの口頭伝承は、まだ人が動物や植物と会話を交すことのできた時代すら記憶しているが、言語の起源そのものはやはり話題にのぼらない。それだけに

草も萌えず
ことばもなかった(1)

と述べ、言語以前の時代に言及した、ブリヤート・モンゴルの英雄叙事詩の冒頭の一句はめずらしい例と言わなければならない。この英雄叙事詩は、その後ことばが生まれたことにより、このものがたりも生まれたとして、このかぎりでは論理のすじを通してはいるが、起源の問題は巧みに避けている。いうまでもなく、この問題の本質をみごとにとらえたのは、ヨハネの福音書であって、それは、「はじめにことばがあった。」「ことばは神であった。」「すべてのものは、これによってできた。」と説くことによって、神による創造と人の行為すべての前提に言語を置き、あるいはことばと神を同一視することによって、この問題に解決を与えた。すでに聖書に語られた、人と文化にたいする言語の位置づけ

は、現代に至るまでの、言語の本質にかかわるありとあらゆる論議の全過程を予示しているかに見える。あるいは逆に言えば、言語本質論——なかんずく現代における——の、いっさいの原型がここに集約されているかのようである。つまり、聖書は人のものがたりのすべてのはじまりに言語を既設のものとして提示することによって、言語の起源、いいかえれば言語の本質を論ずる機会を封じてしまったのである。そこで、言語の起源、特に進化主義的な立場からこれを論ずることにたいして教会がどのような態度をとったかは、いよいよ興味のある問題になってくるのである(2)。物と名との関係を論じた古代ギリシャを別にすれば、ヘルダー、コンディヤック、ルソー、さらにスミスといった思想家たちがほとんど同時に言語の起源について論じあった一八世紀という時代は、この意味で、思想史にはなじみのうすい私にとっても興味をそそられる時代である。

しかし、一九世紀以来の言語研究における実証精神は、言語起源論を悪名高いものとし、ついに、一八六六年にパリ言語学会が起源論は扱わないと決定してからは、まともな言語学は、それをとりあげないしきたりとなった。これは結果から見るならば、じつは聖書の精神へたちもどることによって、神話の精神を反復したことになろう。問題は、パリ言語学会のこの決定こそ、言語の本質を、ネガティブな方向からいみじくも言いあてたのであり、同時に言語学の性格をも暗示したことになるのである。私がここに発した、神話が言語の起源を語っていないのはなぜかという問いの意味は、現代のことばによって、H・フライヤーがするどく言いあてている。それは一九二七年の日付けがある。

言語はその他の創造物と並立しているこの種の創造物ではなく、……精神の世界史的な所産でもなければ文化の一部をなすべきものでもない。言語は歴史以前のものであり、歴史以外のものである(3)。

構造主義のみならず、ある種のマルクス主義をも含む二〇世紀の先進的言語観の骨格を、予言者的な迫力をもって照らし出したこの一文を前に言語学というものが時代精神をうつし出す鏡としていかに鋭敏であったかということに大きな驚きを感じないわけには行かない。

(注)

(1) *Гэсэр, сводный текст Нанжила Балдано*, Москва 1968, стр. 17.

(2) この興味ある問題に注意を喚起しているのは亀井孝他篇『日本語の歴史』第一巻、一九ページ

(3) ヴァイスゲルバー『言語と精神形成』(福本喜之助訳)一一二ページより引用

二　社会から自然へ

言語が文化の一部をなすものではないという認識、あるいは歴史の外にあるという一見極めて観念論的なにおいのする認識は、合理主義と自然科学的精神につちかわれた二〇世紀言語学の基調をいろどるものである。こうした認識は、同時に、言語学の母胎となった、さまざまな名称を帯びた学問領域から截然と区分された、夾雑物のない固有の領土を劃定《かくてい》しようという意志をささえるよりどころとなった。それはまずソシュールにおいて言語が超時間的な記号の体系として把握されたところにはじまる。記号の概念には言うまでもなく個を超えた社会の概念が前提される。ソシュールは社会から出発しながら、社会をもののみごとにふり切ったところに言語学の体系を組みたてることに成功したのである。かれが言語学を記号学の一分野としたのは、その当然の帰結であった。記号にはその発生の環境と歴史があるが、その内容を記号相互の関係に置きかえれば、ここで文化とも手をきることが可能となる。歴史と文化の外にあるものは、われわれが俗に言う自然物である。言語音の研究は、言語の要素の中でも最も自然物を扱う研究手段にゆだねやすいものであった。無限個の音声からそれぞれの言語に固有の有限個の音素が抽出され、その対立関係を図示するための配列の美学が隆盛をとげた。言語は均斉な体系をなすものであるという、神学的な見とおしのもとに、きれいな体系的な配列を自己目的とする記述言語学へと、その手順はしだいに形を整えて行ったのである。

　こうした成果は、文化を対象とする諸科学とりわけ文化人類学には、文化の記述のための先駆的モデルとして大きなはげましを与えたらしい。しかし「文化人類学」が対象とする「文化」は言語のように均質ではないから、言語学が経験しなかった予備的、あるいは基礎的問題をまず整理してかからねばならなかった。言語学に対する言語とは異なり、文化人類学に対する文化は、このばあいスローガン以上のものではなかったのである。少なくとも言語学が言語活動一般の中からラングを抽象し、あるいはパロルを捨象することによってその上に大きな跳躍台を構築しえたのに対し、文化人類学は、さまざまな異なる出発点からはじまった、言語をも含む文化の諸項目の研究を目指したのであるから、その領域の劃定は、除外することによってではなく、吸収することによって再組織することをねらっていたのである。したがって文化人類学は、その出発点において、全体文化に対する部分文化としての、あるいは文化の一項目としての言語――このような言いかたが、言語の本性にいかにそぐわないものであるかは、上に述べて来たところからも明らかであろう――したがって、文化における言語の位置について一定の判断を引き出さざるをえない立場にあった。

　一九五〇年にいたって、アメリカのA・L・クローバーは文化の領域の中に、技術的＝

経済的な「実在の文化」と規範的な「価値の文化」のほかに、そのいずれにも属さないものとして、社会組織と言語を設定した。前者は蜜蜂や蟻の生活に見られるような、文化以前につらなる独自の概念を構成するという。言語は、「それ自体一つの目的としてではなく、むしろ他の三者に奉仕するメカニズムとしてのはたらきを与えている」点でその独自の領域を作るものであるという(1)。一九五八年当時、私が教えを受けていた故石田英一郎氏は、こうした文化の構成の問題に深い関心を寄せて、「言語に見る自律的な法則性の根拠は、純粋な文化的次元の中ではなく、やはり先文化的な、ホモ・サピエンスの生理＝心理的な特性の中に根ざしているのではあるまいか」と指摘した(2)。氏の言わんとするところはここで終わるのではない。五〇年代の前半、日本を含む世界の注目を引きよせた、あのスターリン論文が念頭にあってのことである。

あのスターリン論文とは、一九五〇年、クローバーのこの見解が発表されたのと前後して『プラウダ』が掲載した「言語学におけるマルクス主義」をはじめとする一連の、マール学説批判文をさす。スターリンはその中で、言語の性格を規定しつつ、それは上部構造とも下部構造とも異なり、どの階級にも無差別的に奉仕する機械のようなものだと説いたのである。石田氏は、米ソ両陣営が異なる学問の方法を用いながら、期せずして科学的認識の点で一致したことの意義をくりかえし強調した(3)。

ソビエトの言語学、特に今日のソビエト言語学を見るたびに、私はスターリン論文の与えた衝撃を思い出さずには居られない。恐怖をこめて語られるスターリン時代の血の粛清が単なる風説ではないことをスターリン自身が告白した文書が他にあるかどうか、この方面にくらい私は知らない。だがこれは、言語学を語りながらスターリン自身が粛清事件の事実を自ら証言した最初の論文ではないだろうか。マルクス主義にもとづく新しい言語学の創設にあたったマールの意に沿わぬ研究者たちが葬られたと述べているのだ。しかし私が衝撃と言ったのは、こうした政治面でのできごとをさして言うのではない。スターリンはマールの観念論を排した、真のマルクス主義的言語学の出現のためにこの論文を書いたと述べている。しかし、言語が道具であり、機械であるという認識が、どの点でマルクス主義につながるのであろうかという、根本的な疑問であった。もっと不思議なことは、世にいうマルクス主義研究家や思想家の多くが、ものわかりのいい顔つきで、スターリンの言をくり返し祖述して、それで万事が終ってしまったことだった。言語が単に人の使用を待つだけの機械ではないという痛切な認識を、その時表明した思想家はいなかった。あの当時のマルクス主義研究者は、言語と社会科学のかかわりあいという、素朴ながら根本的で、しかも現実的な問題に対応できなかっただろうし、対応する意志もなかったのであろう。

一方、言語を専門とする研究者たちの反応はといえば、もともと日本では、文化における言語の位置といったような問題はすくなくとも学問の視野にのぼっていないから、専門的なたちばからすれば、スターリンの論文にはかかわりのあろうはずがないのである。しかし、この論文に「言語学」の名が含まれている以上、「言語学者」をすておくわけには行かない。こうして、言語学者はみずからすすんでではなく、世論のさそいで、いくばくかの発言を行なったようである。当時の印刷物にひとつひとつあたる余裕はないが、総じてスターリンの所説を穏当なものとして、つまり、ソビエト言語学の偏向はこれによって改められるものとして歓迎すると共に、それ以外の点では何か注意すべき内容は盛られていないと受けとったもののようである。

一般的に言って、世はスターリン論文に、学問に負わされた桎梏《しっこく》からの解放者を見てとった。遺伝学におけるルイセンコ学説のように、ソビエトでは自然科学をも含むすべての学問分野をマルクス主義的に再編成するために、苦悩に満ちた作業が行なわれていた。言語学は、文化と社会に関する諸科学の中でも戦闘的、前衛的な役割りを担っていた。そのことは、言語の本質を考えれば最もよく理解できるものであり、現時点での感想ではあるが、このキャンペーンの出発点において、ソビエトの言語学としては西欧言語学の伝統に全面的に屈服するか、あるいはいかなる事態のもとでも動揺することなく、まっしぐらに、にわかごしらえの軌道の上をつき進むかする以外にとる道はなかったのである。スターリンの論文は、西欧言語学への全面降伏宣言であった。しかもこの降伏宣言はマルクス主義言語学のための礎石を極めて入念に、一つ一つとり除いて行くていのものであった。「言語の階級性」という最も重要な柱がとり除かれ、そのかわりに民族集団内部における共通言語の発達の研究が強調された。このテーマはソビエトの言語状況の中で常に現実的課題として存在しつづけてきた。そこで言語学に関するかぎり、マールの努力をすべて否認するというかたちですすめられているこの論文の中で、数少ないポジティブな主張として次のようなのがあげられる。すなわち「社会をそとにして言語はない。だから、言語とその発展法則が理解されるのは、言語が社会史や人民の歴史と緊密にむすびつけて研究されるばあいだけである。」(4)と。だが、言語は階級的でないだけでなく、「文化と言語は二つのちがったものである。」(5)とするならば、「言語を社会史や人民の歴史と緊密にむすびつけて研究」するという目標は、方法上どのようなしかたで意味を持ちうるだろうか。それがいかに実体のない主張にとどまったかは、今日のソビエトにおける言語学を見ればよく理解できる。私がかつて「今日のような、なしくずしの、構造主義をはじめとするありとあらゆる『ブルジョア思想』への対決ぬきの密着にはおどろくべきものがある」(6)と書くにとどめた、そのなかみは、このことをさしている。

スターリン論文が解放者として特に強く目に映じたのは、あとで述べる理由によって、おそらく東ドイツのばあいであろう。ここでは、党が主催し、言語学のみならず、哲学、歴史、自然科学、経済、法学の各分野の代表者に文化政策担当者をまじえてスターリン論文の意義をめぐる大がかりな理論会議が開かれた。その議事録の一部は邦訳にさえなった(7)。この議事録の中で、フィン・ウゴール学を専門とするシュタイニッツ教授は青年文法学派と構造主義——構造主義の項ではイェルムスレウも言及されている——にふれた中で、「われわれはヘルマン・パウルの著『言語史の原理』を基礎として原則的な対決をすればよいのである。」(8)と言明している。マールがブルジョア言語学として烙印を押した、一九世紀ドイツの文化遺産ともいうべき、インド・ヨーロッパ語比較言語学について、スターリンは「比較史的方法は重大な欠陥があるにもかかわらず、それでもエヌ・ヤ・マールの真に観念論的な四要素による分析よりはましであるといわなければならない。」(9)と評価したのである。このことは、比較言語学を集大成したドイツ人の遺産を受けつぐ東ドイツでは特別な意味をもっていた。「われわれはパウルと対決すればよい」というシュタイニッツ教授の誇らしげなことばに私どもは一種の感動をおぼえる。シュタイニッツはしかしそこでとどまらなかった。ドイツの言語学には「音素」(あるいは音韻)の概念と術語が定着していないと批判した。スターリンが「比較史的方法」が持つという

「重要な欠陥」を具体的に指示しなかったのに対し、シュタイニッツが、ここで「音素」に言及したのは適切であった。スターリン論文を受けて、ただちに編まれたソビエト言語学の概論書が、ソシュールの共時態を否定したついでに「音素」の概念をも否定したのとはきわだった対照を見せている。

最近東ドイツであらわれた『現代言語学史』はこの期についてまったく触れていないのみならず、抽象体系としての言語の定立を弁護するために、かつて逆の役割を果したエンゲルスまでも登場させるのである(10)。かえってスターリンの名を登録し、マールと手をたずさえて当時のソビエト言語学の創設に努力したメシチャニノフの著作からの抜粋をのせているのは、むしろ西ドイツの著作である(11)。

言語学は一九世紀末にあらわれた反進化主義思想の子ソシュールによって、言語を歴史と社会から解放することに成功した。一方でマルクス主義陣営――マルクス主義とは区別されるべき――は言語を上部構造と階級から解放し、イデオロギーの汚れを拭い去って道具とし、文化の外に置いて言語の自然研究に座をあたえ、一種の幾何学――この類比はおどろくべきことにスターリン自身から出ている――としていいと保障したのであった。

（注）

（1） 石田英一郎「唯物史観と文化人類学」（『文化人類学序説』所収）一八三ページ

（2）同一八二ページ
（3）同一八四ページ
（4）スターリン「言語学におけるマルクス主義について」一六一ページ（国民文庫『弁証法的唯物論と史的唯物論』所収）
（5）同一五八ページ
（6）田中「戦後日本における言語学の状況」『文学』一九六八年九月号（本セレクションII二七ページ以下）
（7）ドイツ統一社会党中央委員会編『唯物史観の諸問題』（相良文夫訳）
（8）同七八ページ
（9）スターリン前掲書一七三ページ
（10）G. Helbig, *Geschichte der neueren Sprachwissenschaft*, Leipzig 1970.
（11）H. Arens, *Sprachwissenschaft*, Freiburg/München ²1969.

三　言語とその状況

アメリカ言語学が、その思想的基盤において文化人類学の双生児であったとすれば、ベネディクトの『菊と刀』が遭遇したような強い抵抗を日本で受けなかったのは興味ぶかい。『菊と刀』は思想として日本で受けとられたのに対し、アメリカ言語学は技術(あるいは言語記述のための手順)としてのみ導入されたからである。言語学はこのように、常に技術もしくは手順として現れるのが、我が国における特徴である。スターリン言語学が日本に影響をとどめなかったのはこの点で技術となり得るものを何も含んでいなかったためであって、一歩をすすめる思想として批判される余地はなかった。しかし、たとえアメリカの言語学が技術として整っていようと、日本の言語的現実にむかっては、ほとんど効力を発揮できなかった。日本のみならず、長い文献的歴史につちかわれた言語についての技術ではなかったからである。だが、技術をおいて「言語学」はないというのが現状であるから、言語の現実――対象は技術に従属させられる。くりひろげられるのは祖述と追試の言語学である。言語が大学その他の「備品」でしかなくなれば、「備品」はそこで独立の世界を持ち得る。

しかし、言語学が、文化をあたかも自然物であるかのようにあつかう手順を開発したことは隣接の諸領域から、一種畏敬のまなざしを以て眺められてきた。それはひとえに、階級はいうまでもなく、社会、文化、歴史、民族といった言語の場をなすいっさいの概念をとり去った、むき出しの言語を手に入れたからにほかならない。しかし、このような言語学のきよらかないでたちの前に、現実の言語の世界はいかに汚辱に満ちているだろうか。

人をして言語の世界に目をむけさせるものは、琉球列島における言語の抹殺や、朝鮮における言語的弾圧の歴史といった、この汚辱である。このような民族抑圧の象徴としての日本語によって、われわれは哲学も、人民解放の社会科学をも作らねばならなかったのである。

はだかの「言語」そのものが、人の関心をそそって、言語の研究にむかわせたという説明を私は直感的にそらぞらしく感じないわけには行かない。［自分自身が］大学の備品として暮らしているうちに、人はそのような錯覚に陥るかもしれないが、意識にのぼるのは、特定の言語と、それをとりまく状況である。それは言語対言語の関係の中であらわになることもある。――日本人にとっての外国語はヨーロッパ人が言うときの外国語とは、価値意識の点で大きなちがいがある――しかも日本語への関心は外国語への関心から触発されるばあいが多く、外国語への関心は言うまでもなく、われわれの母語が日本語をおいてないというところから発している。この日本語というものは、日本人が見るばあいと、朝鮮人の言語体験を通して見るばあいとでは異った像をむすぶ。とりわけ日本人になじみにくいのは、一つの言語が、国家と対等に支配領域をもつという観念である。一九六五年のことであったが、東京で世界大学学長会議というのが開かれた。ハイデルベルク大学の学長にインタビューを行なったある新聞は、この大学が最も古いドイツの大学であるかとたしかめたところ、答えは最古のドイツの大学はウィーン大学であるということだった。そしてインタビュー氏は、ドイツ人の強気に圧倒されたと書いた。この双方の誤解は国語意識のちがいから出ている。「ドイツにおける」大学ではなく「ドイツの」大学とは、「ドイツ語によって教育・研究活動が行なわれている」大学という意味もあって、そこでは言語が政治を超えた世界を所有している。

言語に国家を超えた価値を与えることのできなかったわれわれは、日本語をやはり国家の附属品以上のものにすることはできなかった。ある世代以前のあらゆる階層の日本人が共通に記憶し、暗誦することのできる共有の言語作品は何であろうか。このようなばあいに引かれる、ロシア人におけるプーシキンの例の真偽をたしかめることはできないが、日本人について例をあげるとすれば教育勅語を除いてほかにないことを認めないわけには行かない。義務教育機関において、機会あるごとにくり返された教育勅語こそ、かつて日本人の国民的言語作品であった。労働組合の決議文も、政治的なビラも、深いところで教育勅語の文体とつながっているかもしれない。言語は構造としてむき出しに存在するのではなく、言語作品として、特定の歴史的状況の中で形成される。かつてこれほど、日本人の言語生活の中で重きをなしたこの言語作品を当の日本人が無視するとすれば、ソビエトや東ドイツの言語学者の論理性を批判する資格はない。朝鮮をはじめ、旧日本植民地の人たちで、日本語は忘れたが、教育勅語だけは今でも暗誦しているという例さえある。その意味で、私は日本語のアンソロジーを編むばあいには教育勅語をもらしてはならないと主張したのである(1)。そこで私が注意を喚起したいのは、こうした日本語の現実から、いかなる衝撃も受けず、それを視野にも入れない、安泰な日本の言語学である。日本語の現実にかかわりのない言語学はまた、外国語の言語的現実にもかかわりがなく、ひたすら外国の言語ではなく言語学を追う言語学に終始しても不思議はないのである。

近代日本語の形成において教育勅語のはたした役割を考えるとき、私は中国における毛語録の役割を思いあわさざるを得ない。多くの中国人民は、毛語録を暗誦し、学ぶ過程において、文字をおぼえ、語彙をたくわえ、文章の組みたてかたと論理の展開の方法を身につけたのである。毛沢東はすでに古く一九四二年に『党八股』に反対せよ」という一文の中で、党員が書くべき文章の原則を示している(2)。党員の書く空疎な文章を「八股文」になぞらえ、伝統的な官僚文とたもとを分った、新たな文体の確立が考えられていたのである。そして日本における現代中国語の学びかたは、たとえば毛語録と「チンオモーニ」とを比較するところからはじまるだろう。それはわれわれがマオイストを演ずるためにではなく、教育勅語、すなわち日本人の言語表現の奥底に深くよどむ不滅の文化遺産である日本語の文体を、ひとしく全国民的な言語形成にあずかりながら、全く異なる動機からあられた言語作品との対比によって熟知するためにである。

言語の現実が、言語学によってではなく、むしろ、それ以外の領域で、言語と対決する作業の中で根源的に見つめられている。たとえば作曲家と社会科学者のばあいである。

日本の社会科学では、最近やっと、「日常語」というものを問題にしはじめた。ここで言われる日常語というのは、たとえばプラーグ学派の用語とは異なって当面、語彙の段階でとりあげられている。ヨーロッパの社会科学の理解の困難は、「その用語が日常語と不可分に結びついて」おり、それは翻訳しても「日本語の文脈に入ら」ず、「日本語とすれ違ったところで、社会科学的な正確さだけがねらわれている。」と指摘し、この種の邦訳は「普通の日本語を一度忘れた上でないと読めない」性質のものであると内田義彦氏は述べている。氏はさらに、「日本語をおいてきぼりにして社会科学が発展してきたかの観がありますし」(3)と、おそるべき発言をしている。ここに表明された論理の矛盾には、何と深い実感がこもっていることだろう。りくつからいえば、日本における社会科学が日本語を以て語られる以上、日本語をおいてきぼりにしては社会科学の発展はあり得ないわけである。発展はこのばあい仮象、みかけ、虚像ということになる。そうして内田氏は、「明治以来の日本の社会科学は、こういう困難をさけてきたのではないか」とも言っている。こうした反省は、清水脩氏の次のような感想と軌を一にしている。「本来異質であるべき外国語の、そして外国歌曲やオペラのリズム、メロディーの構造をそのまま日本語に鋳込むというあやまちは、おおげさに言えば、明治以来の音楽教育のあやまちであるのだろう。」(4)

こうした解きがたい課題に当面しているのは日本人だけではない。私が関心をもってたずさわっている現代モンゴルの状況は、一面ではさらに深刻であった。革命党がプロレタリアート革命を理解するにあたって、プロレタリアートも、近代的な資本も、現物が存在しなかったのである。このような状況にあって『共産党宣言』を翻訳することの意味、何よりも経文を写すことによって成長してきたモンゴル語にとってこの作業がもつ意味、さらにモンゴル語による言語作品全体の中で占める位置を明らかにすることが、現代モンゴル語にとっての中心的課題でなくて何であろう。

日本の言語学が教育勅語の文体や社会科学の用語をとりあげたとしてもすこしも異様ではないと主張するには外国――つまり欧米の例を引きあいに出せば説得的であろう。たとえば、言語学の入門書であるポルツィヒの『言語の驚異』は参考書目に「法律用語の語彙について」というような論文をあげている。もし日本で、こうした対象がまじめにとりあげられないとすれば、それは日本の法学や経済学や、言語学そのものを含む諸学問に、日本語創造への参与という意識が欠けているからにほかならない。

（注）

（1）「日本語の体験と言語学」『言語生活』一九六九年一二月

（2）『整風文献』所収

（3）内田義彦『社会認識の歩み』四〇ページ

（4）毎日新聞一九七二年一月三日

四　自然から社会へ

すでに見たように二〇世紀の言語学は、流派の違いを越えて、歴史学や文献学との雑居を清算し、厳密科学としての方法をそなえた一つの独立領域を劃定することを大きな目標としてきた点で共通している。そのためには言語という対象そのものの限定がまず問題となった。ソシュールのように没時間的な抽象体系とするか、スターリンのように文化の外にある道具とするかのちがいはこの際論点とはならない。かんじんなことはこれらの努力によって、言語が形成されて行く具体的な場面である社会のきずなから解放された結果、あたかも自然物であるかのような扱いを許すものに仕立てられたということである。これはやはり二〇世紀の、文化を扱う諸学問がともに抱く願いに合致していた。すなわち文化の科学的――このばあいの科学的とは自然科学的という意味である――把握にあたって、言語学は精神を自然物へと読みかえる手順を示したからであった。これによって現実の言語は、さまざまな条件をあてがって固定され、身動きもならなくなった空間の中でのゲームの材料にふさわしいように、いいかえれば言語学用の言語に、あらかじめ切りととのえられたのである。スターリンですら、いっさいのイデオロギーがまぎれ込む道を封じた、この言語学用の言語を、ふたたび、その言語共同体のなかへもどし、文法学的言語学を、言語共同体との相互作用の相においてとらえる、五体ととのった（voll）言語学にひきもどそうとした人にヴァイスゲルバーがある。彼はその言語観の展開にあたって、切れ味のよい手順として示すことをしなかったために、西ドイツ以外では無視されるか、ときには強い嫌悪感をすらもってむかえられた。ただ、ソビエトの学会が彼に対する態度には複雑なものが感じられる。それはあえて言えば禁じられた共感とも呼びうるものである。

　ヴァイスゲルバーもまた近代言語学に新しい潮流を注いだ人たちと同様、言語学を独立の科学として確立するために多大の努力をかたむけ、かれの全著作はこの目的にささげられたと言えよう。その出発点は言語の研究を哲学と論理学から解放し、言語共同体のさまざまな活動を、言語をその交点として組みたてることにあったようである。この構想はドイツの言語的現実の中から、あるいはドイツの言語思想の発屈の中から生まれてきた。言語学の課題と方法に新鮮な刺戟を与えるのは言語的現実である。この意味では言語的現実が提起する問題の中から課題と方法を組みたてた顕著なばあいの一つとして言語主体と、それが、与えられた状況の中でえらぶ表現姿勢との関係の中で、日常語から高度な書きことばに至る言語表現のいくつもの層に注目しつつ一つの言語認識に到達したプラーグ学派の例が思いあわされる(1)。国際的に著名なこの学派が、音韻論のほかに、チェコ語の現実に足場を置きつつ文章語の理論に着手していたことは、国外では永く注目を受けるには至らなかった。それはかれらの著作の多くが外国むけではなく国内のチェコ語の教師などによっても読まれることを予想して書かれていたからである。このような理論こそ、言語政策を政治の手から言語学の領域にとりもどす上で劃期的な意義を担いうる素質をもっている。

言語学の状況を一べつしながら、言語学というものが単に言語を素材とした学問でないかぎり、方法の名にあたいするものは、言語的現実を前にしての深い当惑の中にあることを知るのである。たとえばわが国における社会思想の著作が、「普通の日本語を忘れた上でないと読めない」中間言語で書かれているとすれば、いっそのこと日本の学問を別の、中間学問の軌道の上に乗せきってしまうか、あるいは逆に学問のために、日本語を別の言語でとりかえるか、二つに一つしかないということになろう(2)。このような現実の中で言語学が体系と構造についての神話的呪縛から解放される道は自然の学から社会の学へ達する通路を手に入れることによって発見されるであろう。

（注）

（1）一例としてハウゼンブラスの言をあげておこう。（K. Hausenblas, Stile der sprachlichen Äußerungen und die Sprachschichtung, 1962.《*Stilistik und Soziolinguistik*》hrg. von D. Kochan, Berlin 1971, S. 42. この小冊子は、主としてチェコ語の著作から、ベネシュとヴァヘクが選択して編まれたものである。）言語というものは、たとえば単に音素論的あるいは形態論的な「部分体系」を形づくっているのではなく、併存する諸変種、つまり、異なる局面に応じて体系をさまざまに変成するのである（我々はこの仮定から出発する。）言語は「部分言語」に分割されるのでもなく、単に「いくつかの言語層」に「ふりわけられる」のでもない。

（2）内田氏にならって言えば、言語学の「発展」をよそに、このような難題は、日本語をとらえて離さない。たとえば上原専禄氏は「学問が〔日本の国民教育と〕同様であって、大体ヨーロッパ系統の学問になっている日本の学問を、日本人のオリジナルな意味の学問にして行くにはどうしたらいいだろうか」と指摘している（『日本語の発見』所収）。

（『思想』１９７２年２月　岩波書店）

恥の日本語

以前は今日とちがつて、文語を必要とする人の数は、千人にひとりもあるかなしかであつたゆゑに、高くとまつて、俗語をよせつけず、自分たちばかりで、たゞ日本語の美しさを、ほめたゝへてもゐられたのであつた。

——柳田國男『少年と国語』（昭和一二年）——

一　ことばの自明さ

ふつう、素朴な人間というものは、言語を特にそれとしてとり出して、その役割や機構について、意識的に思いをめぐらせたりはしないもののようである。ことば、私たちのばあい日本語は、生まれながらにして身につけているような感じがするほど、話し手にとって自然で、肉体の中に仕込まれた、いわば一種の自動装置とさえ思われるほどである。

日々の会話において、私たちは動詞を必要な活用形に変化させ、単語を定まった語順につなぎあわせて文章を作ったうえで、話したいことを口にするのではない。文法学という学問は古代ギリシャ人やインド人が発明したものであるが、教室用の文法学を教えられる以前に、人はりっぱにことばを話しているし、文法学をもたない、文字で一度も書かれなかった言語を話す人たちも、劣らずりっぱなことばを話し、みがきのかかった口頭の言語作品をもっていることもある。

書くことによって、つまり文字にたよってくらしをたてている文字言語社会の作家や評論家にとって、ことばは何よりも先に文字であり、はじめに文字ありきという実感を抱くのもむりはないであろうが、ここではもっと素朴に、文字とはかかわりなく存在するはずの、ことばそのものについて考えてみることにする。

さて、人間がことばを話すということが当然で自明であるという感覚を説明するために、それはしばしば水や空気にたとえられる。言うまでもなく、水や空気が人間の生存にとっての前提であるように、ことばもまたそうである。そこで、水や空気が人間にとっていかにたいせつであるかを専門に論じる学問があったとしたら、人はこっけいに思うであろうと同様に、言語学につきまとう、ある種のこっけいさ、大仰さに対してはもっとすなおにおかしさや驚きが感じられてもいいはずである。だが、ことばについての話題がそれ自体、高尚な趣味であり、そのうえ、高くそびえる「言語学」という後だての存在が、かえってしろうとを実感にもとづいたことばの問題に肉迫して行くことから遠ざけているように思われる。

言語学の誕生はきわめて新しく、その歴史とは、自己の領土の確定と確保のために、歴代の巨匠たちが、いかに心を砕いたかということの歴史でもあるのだが、巨匠たちは、言語の自明さ、それを大まじめにとりあげることのおかしさをこの学問の原点に置いて、いつもそれを気づかせるようにしていた点で巨匠なのであった。

今から五十年前、サピアというアメリカの言語学者は『言語――ことばの勉強へのさそい』という、ひかえ目な題名の著作で、平易なことばを用いながら、言語の本質にやどるおそるべき深みを人々の前に開いてみせたのであるが、その冒頭の一節は、ことばの自明さを読者にあらためて気づかせるところからはじまっている。いわく、「言語は私たちの日常のくらしであまりにも親しいものであるから、それを定義しようとして、わざわざ手をやすめて思案するようなことはまずない。言語は人間にとって歩行と同じくらい当然のことのように感じられ、せいぜい息をするのよりは多少そうでないように思える程度である」。なんとすんなりとした、むりのない叙述であろうか。サピアは、ことばのこの性質を naturalness of speech つまり「ことばのあたりまえさ」と要約した。

人間は言語一般の自明さと並んで、じつは言語共同体の自明さというものにもまた気づかねばならなかった。私たちはふつう、自分が生まれたときのことを知らないのと同様に、なぜ、どのようにして、他のあれこれのことばではなく、我が「国語」と呼ばれるこの日本語を身につけたかもまた知らない。息をするという、じつは横隔膜の上下運動が人間の個体にとっての生存に待ったなしの条件であるのと同様に、いつの間にか身につけた私たちのことば——厳密に言えばそれぞれの私のそれぞれのことば——も、熟慮のもとに選択されはしなかったという意味でやはり待ったなしなのである。こうして私たちは、たとえばエスキモー語を話す社会にではなく、日本語を話す社会に組みいれられた。それを本人が幸運と思うか不運と思うかには関係なしにである。そして、「日本語を話す社会」と言ったが、この日本語社会もまた一様ではなく、生まれ落ちる場所や階層によって、そこで身につけることばが重んぜられたり蔑視されることになる。言語一般ではなくて、どのことばを身につけるかという、この運命的な決定は、くり返すが、すべて本人の知らぬ間のできごとであったかぎりにおいて、私たちはそれに責任がない。それにもかかわらず、ことばは時に見くだされ、時に誇りを持たされたりする。そしてこの、残酷な運命の決定によることばの差異から生じる異和感をきびしく責めたて、一種の言語裁判官としてふるまう人が、作家と称する人たちには多いのである。

人間がことばを話すということは、いやおうなしに、どれか特定の言語共同体に組み入れられていることだということこのあたりまえの事実を、サピアとはまたちがった方向から気づかせてくれたのは、レオ・ヴァイスゲルバーであり、かれはこのことを、言語および言語共同体の Selbstverständlichkeit《ゼルプストフェアシュテントリヒカイト》［当然で自明であること］と表現した。近代科学としての言語学の精神にふれるということの特権は、通俗言語評論家がほとんど気づくことなく通りすぎて行ったその背後にある、こうしたあたりまえさにするどく気づく力を身につけていることであって、しろうとわかりのしにくい記号や用語で身をまもっていることではないのである。

二　ことばの議論にはむきになる

人間にとって自明であり、当然なはずの言語が、時とばあいによっては、はげしい論争のたねをつくり出し、和解しがたい敵対感情にまでみちびくことがある。

ことばが、何か客観的に存在する、一種の伝達手段として、たとえば外国語として学ばれるときには、こうはむき出しの感情はあらわれないものである。それはすでにでき上った、われわれにとって補正の余地のない一つの技術を、なるべく原型そのままに身につけることであって、そこには学習者の創造や改変の余地がまったくない。ことばの機能が伝達の手段という面に局限されてとりあげられる機会が多いのは、私たちのいわば外にあって、自分にとって痛くもかゆくもない、外国語の例をもって考えられているからである。

日本語の発音や書きかたについて、こまかい点までくちうるさい作家たちも、たとえばフランス語のあれこれの単語や表現はどうもかんにさわるから改めさせるべきだなどとは要求しないであろう。しかし自分自身のことばのことになると、ことばの議論はけわしい熱気を帯びてくる。言いかえれば、ことばの話題には人をむきにさせるところがある。

この、人をむきにさせることばの議論に、ほとんど顔をそむけて通りすぎているように見えるのが近代言語学、特にその記述主義と構造主義である。日常目にふれる場あたり的な思いつき言語論に世間が食あたりしているこのごろ、近代言語学の超然とした態度から、ことばを考える人びとはかえっていくつかの教訓を引き出すことができる。

近代言語学は、まず自分自身の言語のものさしで、他者の言語を測定し、それによって言語ごとの優劣あるいは美醜、快不快の判定をくだすことをしりぞける。言語学は数多くの、多様な構造をそなえた言語の資料に接した結果、特定言語をモデルとしたすでにできあいの文法学をもってすべての言語の記述をつくすことはできないと考えた。言語学の大きな仕事の一つは、それぞれの言語に内在する固有の原理をどのように発見するかという手続きの構築であり、そのために多数の人手と時間を費してきた。そのなかみは教科書にゆずるとして、非専門家はただ、言語ごとの優劣、美醜のちがいは相対的なものであり、それをはかる基準は言語ごとにちがっているのだというその認めかたを知っておくだけで充分なのである。言語学にとってはホメロスのギリシャ語も、極北の名も知られない少数民族の言語も等価なのである。この原則を日本語に適用するならば、首都の文化人が愛用する言語も、どこか、山間の寒村でひっそりと語りつがれている言語も、ひとしく等価なのである。言語学が文献学のもとから去った段階で、すでにそれは書かれない、少数者、下層者の言語の味方でもあったのである。

言語学は名のとおり言語を研究する学問であるから、はやりの日本語論や国語問題に、その専門的な博識を以てのぞめばよいと世間は思うかもしれないけれども、言語学は評論家や作家のように、あれこれのことばづかいや表現法のよしあしを判定はしない。あとで述べるように、それは規範の学ではないから、政策立案の学でもない。そのような、しろうとを夢中にならせるような議論に進んで入ることは、言語学のように学としての体系を重んじ、それにしがみつく学問としては、はしたないことと思われている。体系性がとりえである学問にとっては、現実は、その体系を維持し、強化してくれるかぎりにおいて顧慮される。かくて科学にとっては言語の現実よりも、体系がだいじとなるのである。

評論家的言語論のきままな思いつきが、言語への冷静な考察をしりめに天かける一方で、言語学は現実を捨象した――これがどういうなかみを持っているかはここでは問わない――美わしい体系の構築の中で、保証された虚構の夢を楽しむことができる。

しかし言語学はそうであり得ても、言語学者はそうはいかない。かれは人間であり、日本人であって、しかも、特定地域、特定階層の出身者である。「君のことばはなまりが強いじゃないか」と言われた人が、よほど鍛えられた言語学者でもないかぎり、快くはない感情が心をかすめ、しかもその感情はほとんど理性の制禦のおよばぬ、反射的なものである。なぜだろうか。ここに一つの経験を示したい。

あるとき、西日本出身の高名な言語学者に音声学の授業を聞かせてもらったことがある。この人は、おおむね標準的な日本語を話しているのであるが、その中にたまたま近畿式のアクセントが耳につくことがあった。私自身、東京で話されている以外のことばを母語として育ったおかげで、アクセントには敏感な方であって、何か耳にとまることがあると、すぐにそれを指摘しては人の話を中断するという悪いくせがある。またその頃習っていたロシア語の先生が、自分の読むロシア語のアクセントがまちがっているのに気づいた学生には一点ずつ点をまけてやるという方式で授業をやっていた頃だった。私はすかさず、今のは近畿式でしたねと言ったものだ。この音声学の大家は明らかに不意をつかれて、めがねの奥の視線が一種独特のうごきを示した。

この経験は私には忘れられない。つまり、アクセントや発音を客観的に聞きとり、自らそれを客観的な事実として実演できる音声学者であっても、それが自分自身の身についたものとなると、抱く感情はまた別である。もし私がその人だったら、たぶん同じようなとっさの反応を示すであろうと考えたとき、私はこの人にすこぶる人間的なものを覚えた。私はよく思ったものだが、自分の方言、つまり母語で演ずる芝居をやらされたら、どんなにつらいだろうと思う。他者を演ずることはできるが、自分自身を演ずることは、すでに演ずることではないからである。

言語学のいま一つの教訓に、人種と言語との峻別ということがある。人はどんな人種に生まれつこうと、置かれた環境のことばを身につけるから、ある言語と、それを話す肉体とは別であると教える。一見当然すぎるほど平凡なこの指摘に、ある新鮮さが感じられるとすれば、それが私たちの慣れている感覚を引っくり返すからである。人間であるかぎり、どんな言語でも、その言語が話される環境に育てば身につけられるという認識は、言語の優劣論（文字のではない）と人種差別に抗しうる重要な論拠である。しかし、たとえば私がドイツ語を母語とする人間だったら……と想像するのは、自分の皮膚や髪をとりかえることができたならと夢みることと同じであり、経験できないことを理論的になっとくしようという点で、すでに精神的冒険の域にふみ込んでいる。もはやできあがっている人間にとっては、ことばと肉体とは切りはなすことができるという理論上のなっとくと、現実の実感とは相容れない。鼻が幅広で低く、眼がねむっているように細く、色はまっ黒であるといったような肉体的特徴を、ある個人において取りかえることができないように、人は自分の身につけたことばの特徴をすっかり取り消すわけには行かない。

　こう考えてくると、ことばは肉体の一部であるという認識の方が実感に近いように思われるし——なぜなら、ことばは精神活動であると言っても、そのじつ、肉体の運動によって発せられるから——その人のことばをあざ笑うことは、その人の肉体的特徴をあれこれととりあげてさらしものにすることと効果はほとんどちがわない。

　それにもかかわらず、差別をにくみ、人間の解放のたちばに立っているようなそぶりを見せる文化人や評論家が、標準的でないとかれらが思うことばに悪罵をあびせ、二度と口がきけないほどまでに嘲笑するだけでなく、それを悪びれることなく活字にまでしているのである。ことばに対する、こうしたわくにはまった態度は、さきに引いた聖アウグスティヌスから千六百年たった今日にいたるまで、何一つ変わってはいないといえるだろう。この人たちのことばに関する特有の偏狭さ、独断、不寛容さは、この人たちの言語に対する認識、つまりは教養がいかに浅くひとりよがりであるかということをよく示している。

　それは、かれらが歴史的「かなづかひ」や大量の漢字を復活せよと自由化を求める一方で、自分の感覚を独裁者の地位にまで高めて誤用をしかりとばす不寛容な規範主義者だからである。したがってそこからの議論は「正しい国語」「美しい国語」のわくから一歩も外へ出ることができない。

三　美醜と規範の感覚

言語にとって「正しい」とはどういうことであろうか。その正しさは自然や必然によって与えられているのではなく、その言語を用いる社会の内部で認められた規範的な習慣にあっているかいないかである。ある状態における物質をミズと言わずユと呼びことは必然の関係によって求められているのではなく習慣の問題であることを、ソシュールをはじめ、近代言語学の巨匠たちは代る代る指摘してきた。ある動物をイヌと呼ぶことが適切であるかどうかは、ふつうあらためて議論にならない。もっとも、イタリアに旅して帰って来てから、あそこはいい土地だが、困ったことにウマのことをカヴァロと呼ぶ頭の変なやつが住んでいるところだと話してまわったという素朴なチロル人の言いぐさには、少し鈍感な人でもやはり感心させられるところがある。ちょっとできすぎた感じがしないでもないこの話を、はじめて私はマルチネの『一般言語学要理』（一九六〇年刊）で読んでひどく感心させられたが、その後、一九〇六年にフリッツ・マウトナーがすでにこの話を紹介していることを知った。そこではチロル人は、やつらがどんなにカヴァロだと言っても、おれたちがウマだと言っているのだから、絶対にウマなんだと頑張ったことになっている。そしてマウトナーは、「これほど頑固で素朴ではなくとも、私たちもみんな似たりよったりだ」とつけくわえている。言語的な正しさとはこのような性質のものであって、この「正しさ」は必ず「美しさ」を伴うはずではないのに、規範主義において、「正しい」と「美しい」はほとんど同義である。いなむしろ、美しさは正しさをこえて自立できるものではないから、美しさは正しさの範囲内においてのみ実現されるという性質が言語についてはある。つまり正しさとはいうまでもなく規範であり、美しさもまた、この正しいという規範から決して自立できない規範なのである。そして、必然でない規範が規範であるためには、それが権威を伴って現れなければならない。

いわば規範を教えるための御用学問としてのかつての言語術が、今では規範を相対化できる近代科学として生まれかわっているという事実は、教養ある人士にもほとんど気づかれないままである。なぜなら、文化人や教養人における文化や教養は、かれらのもとにおいて相変らず規範として作用しているからである。

サピアがそうであったように、言語学者は大変大切なことを、著作の冒頭でさりげなく言ってしまうくせがあるらしく、この点でアンドレ・マルチネも例外ではない。つまり、マルチネは、言語学が科学的であるということの意味は、プレスクリプティブでなく、デスクリプティブであると明快に説いた。プレスクリプティブとは、研究対象となる、ある言語現象が、かくかくしかじかであるべき、と前もって規範に指定しておくことを言い、デスクリプティブとは、何はさておき、目の前にある現象そのものを、規範の偏見にわざわいされることなく、あるがままの姿にとらえようとする態度を言う。じつは、言語現象のあるがままの把握などという企ては至難のわざであるのだが、その困難を知った上で、なおその目標にせまろうというのが、成熟した学問の態度ということになろう。

　ところでフランスは、科学的な言語学の知識が、日本に比べればずっと広くゆきわたっている国であると思われるのに、そのフランスにおいてすら、「今日でもまだ、一般のフランス人は、教養のある人でさえ、学校文法とも違いまた通俗時評家の規範活動とも違う言語活動の科学があることをほとんど知らない」とマルチネは嘆いているのである。

　ここに引いた、ちょっとしんらつな感じのする「通俗時評家」という名称は、chroniqueurs《クロニケール》 mondains《モンデーン》に訳者の三宅徳嘉さんが当てた適切な日本語訳であって、私のことばではない。著者みずから参与して作られたそのドイツ語版では、「通俗時評家」はとりさげられて、その代りに「『正しい』話しかたと『まちがった』話しかたの問題」と言いかえてある。ロシア語版ではここをлитераторы《リテラートルイ》つまり文士、作家という程の意味に訳しているが、この表現は、まわりくどさがなく、そのものずばりで、うまい感じがする。

　作家は決して民衆のことばを代表したり、それを擁護したりはしないのであって、たいていは自分の言語感覚のみをよしとしておしつける規範主義者、あるいは特定言語権威主義者として民衆に威圧を与えるもののようである。それが革命のさ中であっても事情は同じことであった。というのは、フランス革命のために、フランス語が「民衆のことばにふれて汚れるのではないかと心配した」のは、何よりも当時の作家たちであったとポール・ラファルグは述べている（『革命前後のフランス語』）。ラファルグが述べた、革命期のフランス作家の憂慮は、そのまま現代日本の作家のものでもあって、時代と場所がちがっても、同種の発言をいくらでも集めることができる。

たとえば「口語文とはあくまでも文語文のくづれ」であるという認識を持つある作家は、「現代の日本語は話言葉による専制的な支配の政体である。そこでは文章が会話に服従し屈服してゐる」と、右翼デマゴーグ的迫力で訴え、また「方言が不当に大きな位置を占めてきてゐるのは残念なことである」と嘆くのである（丸谷才一『日本語のために』新潮社刊）。これはどうやら、書くことだけで生活をたてている人の独善のようであって、すなおに考えればだれでも、生まれてきてすぐに「文語で話した」人間はいないのである。文語は学校その他で、肉体労働から解放された特別の人間だけが時間をかけてやっと手に入れた地位の象徴である。「平素は随分米味噌の話もする者が、いざ文章を書く段になると、忽ち其態度をよそ行きにした」のは、「文字の利用が少数の所謂文人によつて独占せられた」（柳田國男）からであった。

フランス語もイタリア語も、もとはといえば、ラテン語という文語文のくずれであり、方言であった。ラテン語の権威をはらいのけ、くずれた俗語で書こうという強靭な精神の出現なしに、フランス語もイタリア語も成立しなかったのである。男のエリート、出世官僚が漢文の才を競うなかにあって、ひとり女、子供の俗な文芸活動が、とにかく日本語を漢文に食いつくされぬうちに我々のもとにまもりとどけてくれたのではなかっただろうか。日本語のまもり手は、エリートではなくて、女と子供だったのである。

四　規範の諸相

さかんなことばの議論に対して一つの見識を示そうとしてのぞんだらしい『朝日ジャーナル』が連載する「日本語攷」によって、「日本語ブーム」ということばがあることを知った。その号の執筆者で、このことばを紹介した木下順二自身、「（あまり好きでない言いかただが）」とことわりをつけているのだが、私にも同様、このことばはいい感じがしない。たぶんそのわけは、これがふつうの人のあまり口にしないことばであって、これを書かせれば、あるいは書けば、たぶん当たるだろうと考えている編集者や文筆家が仲間うちで不用意に定着させせた、いわゆる出版界用の業者ジャルゴンであって、そこに何かものほしそうな感じがつきまとっているからであろう。ふつうに日本語を使っている人間にとっては、ブームか否かを問わず、日本語の問題はたいせつなのだが、それはおそらく文筆家たちが書く、あってもなくてもいいようなついでばなしとは論じる方向がちがっているはずである。

ふつうの人間にとって、ことばは芸術的であったりする前に、なるべく話しやすく書きやすく、自分の言いたいことが気がねなく表現できるようなのがよいのである。しかし作家たちには、みずから「日本の文学者は日本語の最上の教師」（丸谷才一のことば、「〈対談〉日本語を考える」『図書』一九七五年五月）だとたのむところがあり、この人たちの言語感覚を基準にして、お前のことばはなっていないときめつけられれば、よほど勇気のある人でないと抗弁はむつかしい。

この日本語の最上の教師としては、「たとへば鼻濁音ぬきの発音で翻訳劇を演ずる新劇役者」が「いつぱし玄人として通つてゐる」ことがたいへんおもしろくないようである。ところが私はといえば、申しわけないことに、鼻濁音を知らない方言を母語としてきた。これは私の罪ではない。戦時中、国民学校で、気どった女教師がこの音を出す練習を教室でやらせたのだが、生徒はげらげら笑い出してしまった。むりやりにやろうとすれば語中のみならず、語頭までがどうしても鼻にかかってしまうからである。ガ行鼻濁音はそれほどむつかしい発音ではないが、これを母語として持たない人が発音の際におぼえる異様な生理感覚は、そうでない人には理解できぬかもしれない。ずっと前に読んだトルストイの小説に、ロシア語の舌先ふるえ音[r]のかわりに、パリののどひこふるえ音[R]を使ってロシア語を話す、きざな貴族の娘のことが描かれていたが、私は鼻濁音の発音を聞くのは、時にこころよく感じることがあるとしても、自分がそれをやるときには、この貴族の娘のきざさに自分も感染してしまったかのような感じにとらわれる。それは、ある屈辱的なポーズをとるよう命じられたときに感ずる敗北感にさえたとえることができよう。そしてことわっておくが、私自身は非東京語を母語としつつも、知的職業につく人間の例にもれず、自らの母語を中央文化むきに矯正しつづけてきた人間であるということだ。それでもやっぱり私は鼻濁音愛好家にどんなに不快と思われても、これだけはとりかえる気にはなれない。思うにむかしの新劇は、鼻濁音を母語とする言語地域の出身者によって創始され、発展させられたのであろうが、ちかごろはそうでない地方の出身者も新劇役者になろうと思えばなれるありがたい世の中になっているのである。

先日、めったに見ないテレビに、たまたま仁科明子という女優さんがインタヴューしているのを見たが、この人のことばには鼻濁音がなかった。それを私は特にいいとも悪いとも思わないが、出身地によって人は差別されない方がよいし、何よりも、私と同じような発音をしている人にも芝居がやれることに先ず安心し、次には、心ならずも他の言語に屈服するような役者にいい芝居がやれるはずがないと心の中で叫んでしまった。

「近頃は方言といふやつがむやみに評判がいいし、また、標準語といふやつが変に旗色が悪いのである」という「丸谷才一の」ことばは、みずからたのむ「日本語の最上の教師」が書いたものとしては、あまり質のいい表現ではないが、それはいいとして、ついに、諸外国語の講座と並んで、日本語の「標準語講座を開くことがＮＨＫの使命なのである」とまで言ってしまった。こうしたことばづかい自体、私には戦時中が思い出されておそろしい感じがするのだが、日夜そんなことばで育てられてきた世代としては、これもやむを得ず背負わされた伝統のひとつかもしれない。私たちがアナウンサーの口から聞いていることばはたぶん標準語あるいはそれに近いものであって、これが放送の大きな部分を占めている。私はしばらく前まで四年間岡山市で暮らしていたが、岡山語だけのドラマが放送されることはなかったし、中国山地で牛を飼っている人も、瀬戸の小島でみかんを作っている人も、「いいこと?」といったような、この辺の人が決して使わぬ女ことばなどを聞かされているのである。これでは、自分のことばの中での発見は何もないのである。

「方言といふやつがむやみに評判がいい」というのはちょっとひがみすぎであって、テレビ・ドラマでせいぜい五分かそこら話された方言が評判になるほど、それはひかげに追いやられているのである。

私は思うのだが、標準日本語講座をやるのもいいけれども、いっそ、日本各地の特徴的な方言を、切り花のようにではなく、生きた姿のまま放送する時間を作ってほしい。人間がことばに深い考察を加えることができるようになるには、多様な言語の存在とその背景についての知識を前提とする。言語的単彩の日本において方言の存在は私たちの財産である。標準語という、近代日本の上昇志向にとっての必要悪がふみしだいて行った、私たちの、各地の祖先の生活のあとが、すっかり消え失せないうちに、いまこうしたことばと知識のひろがりを掘りおこしてみることの方が、標準語講座よりもずっとさしせまっているように思われるし、またそれが私たちの求める標準語のための養分にもなろうというものだ。

「標準語」は「共通語」とちがって規範を含んでいる。そしてこのばあいの規範、つまり正誤の基準は非方言的か否かということになるのだが、一般に、ある言語表現がことばの用法として誤まりだと言われるばあい、それが方言的特性にもとづくものであるか否かを決めることは非常に困難だと思われる。というのは、方言は文字に固定されないため、ある流動的な部分が必要に応じて人々の気づかぬ間に採用され、定着する場合があるからだ。こうした観点から、「「見れる」「出れる」というしゃべりかたが、やや大げさにいうと猖獗《しょうけつ》を極めている」（『朝日ジャーナル』一九七六年七月九日）と感じ、それを不快と感じた木下順二の指摘をとりあげてみよう。ここで、木下さんといえばことばの達人と聞いていたが、この紋切形の表現はいったい何だろう――といったような感想はこれ以上述べない。

木下さんは「見れる」「出れる」を許容していいかどうかとためらっているところだが、丸谷さんはもっと積極的にこの用法を誤まりだと断定している。野球解説の別所毅彦さんの日本語は「よろしい」のだが、「ただしこの人は、「見れる」「来れる」といふ類の言ひ方をするのが唯一の欠点だけれど。言ふまでもなく、「見られる」「来られる」が正しいのである」そうだ。

私にとってもまた、「見れる」「来《こ》れる」（これはことによると「キレル」と発音する人もいるかもしれない。私の知っている人で東京の下町育ちのある大学教授は「行って来《き》よう」と言うからだ。丸谷さんはたぶん「これる」と読まれたいのだと思って、かなを振っておいた）という言いかたは自然ではないような感じがする。このようなばあい、規範主義者ならば、ここのところをつかまえて、国語が乱れているといきり立つのであろうが、言語学者であれば、何故そのような言いかたが「猖獗を極めている」のであろうかと、一歩引きさがって考えるであろう。あるいは、方言学者ならば、「見れる」「来《こ》れる」を常用する言語を母語とする地域を即座に思い出すかもしれない。とすれば、この「見れる」「来れる」人種にことばを受け伝えた母親たちもまた、「見れる来れる」語を話していたかもしれない。

木下さんは、続いて、日本の某歌劇団が海外公演に出かけて行って、「日本食を食べれるし」云々と報じた新聞のことをとりあげ、この言いかたが活字にまでなったと驚いている。木下さんにとって、これは規範から外れた、いわば病的な言語現象と受けとられたのであろうが、ことばを本気で考える人だったら、その病気の根源をさぐって見る必要がある。それが科学と民主主義の精神というものであって、医学は病人をけぎらいして、健康人の目につかない所へ追放しておけばよいのだという態度からは生まれてこなかったのである。

もとにもどろう。日本食が「食べれる」の「れる」を不快に感じる人でも、たとえば次に、日本の風呂に「はいれる」の「れる」は不快と思わないであろう。また似た例で、日本酒が「飲める」のであって「飲まれる」のではないだろう。少なくとも私のことばではそうである。なぜか。この先はもう書く必要がないほど、少なくとも文筆の人には明らかだが、問題は、なぜそのような言いかたがあるのだろうかと現象を冷静にしらべてみる心のゆとりである。文士はことばの裁判官としてふるまうとさきほど述べたが、裁判官というものは、判決をくだす前に、状況をあれこれとしらべてみるのである。ところが文士によることば裁判の方は弁護人もつけなければ釈明に耳もかさない、おそろしい所だ。

話の順序として、やはり「れる」について、私の解釈を示しておかねばならない。「食べる」「出る」「見る」に「れる」をつけるのが規範意識をさかなでし、逆に「はいる」に「れる」をつけるのが合則と感じられるのは、はじめのグループがそれぞれ、下一段、上一段に活用する動詞であるのに対し、「はいる」は四段活用の動詞だからである。「れる」と「られる」のどちらを選ぶかは、上に立つ動詞の活用型が自動的にきめてしまうのであって、意味の点では何らかかわりがない。

ところで「れる」と「られる」が自動詞につくばあい、尊敬と可能の二つの用法がある。カ行変格活用に属する「来る」には「られる」がつくのが規範的であるから、丸谷さんが、「来れる」をおかしいと感じたのは理由がある。しかしたとえば「あなた来られますか」と聞いたとき、これは可能とも尊敬ともとることができる。いずれにとるかは状況がきめる。そこでこの二つの用法のちがいをきわ立たせ、区別するためには、「来れる」を可能に、「来られる」を尊敬にと、用途を分化させようという智慧がはたらくのが言語の原理であって、それは、必要が規範を破るということなのである。「れる」「られる」のこのような分化を進化であるとまでほめそやす必要はないが、その分化は少なくとも有用である。そこでこれを他の動詞にもおしひろげて、「見られる」を尊敬に、「見れる」を可能に用いれば、この有用さは、さらに一般化される余地がある。といっても、言語は設計ではないから、必ずそうなれと、誰も命令するわけには行かない。言語における決定権はとりたてて政治的でもなければ文化的でもないいわゆる民衆の手中にある。

ところで、ここで私の本意は、ありきたりの国文法を復習することではない。およそ言語の現象というものは、あらゆる部分が全体と分かちがたく結びついているのだから、この説明で満足してきりあげる前に、「られる」を敬語法専用に引きたてることによって、「れる」を可能法に独立させた、もっと根本的な力が背後にあることに気づいておく必要がある。問題はほかでもない、敬語表現は、日本語の地域、階層によって一様ではないということである。

敬語が正しく使えないという、若い世代に向かっての歎きもまた、文士、評論家的日本語論のおきまりのレパートリーの一つである。丸谷さんが言っているように、「西洋の言葉には敬語などない」とほんとうにだれかがそう言ったとしたら、その人はたしかにそそっかしい。だが、同じ一つの言語の中でも、敬語好みの濃淡というのはやはりあって、たとえば、ドイツ語で敬語的な役割りをはたす接続法の使用は、スイスの山の中の牧歌的地方になると、ずっと稀になるということである。

同じ日本語でも、私の母語には、それなりの敬語的表現はあるが、標準的敬語法とはかなりちがっている。標準語的環境のもとに育った人にも敬語はむつかしいとすれば、非標準敬語を母語とする人が標準敬語を使うことはもっとむつかしい。

敬語は単に客観的事実の叙述のためにはなく、人間の感情を、時にはたとえ不本意であっても、ある形式のもとに表現する方法であって、その意味ではウソを強要する形式でもある。決して用いたくない相手に対しても用いなければならないところの、感情的抵抗の強い形式であるから、相手にそれを使用させることは使用させた方が勝ちであって、使わされた方の負けということになる。だから方言矯正において、一つの敬語体系から、別の敬語体系への移行は、デンデンムシをカタツムリと言い換えるように、こだわりなしには行かないのである。

さて私の母語——母国語つまり国家のことばではなくははのことば——には、「来る」に対するイラッシャルあるいはオイデニナル、「見る」に対してゴランニナルというような敬語専用の動詞がない。ここでカナ書きにした語の使用はこの言語の話し手たちにとっては最も苦手であり、また他方、「来る」も「見る」も落度のない日本語であるから、この使用を遠慮する必要はないので、いきおい、それをそのまま使用してラレルを接続する、言語学の用語で言うところの分析的手段に訴えるのである。岡山ではこの「られる」に命令形さえ置いて、「一度岡山へこられい」というように用いる。かくて「れる」の

「誤用」は、標準敬語語彙を母語に持たないため、「られる」の多用に頼る人たちによって、「猖獗を極める」ための一層確かな客観的地盤を持つことになるのである。

五　恥の日本語

日本人の大多数はもともと方言を話していたのであって、「方言は言はゞ未来の標準語の素材」(柳田國男)なのであった。ところで明治以来の、方言から標準語への統合過程は、この素材を恥と思う感覚をてことして行なわれた。人前できちんとものの言えない田舎出の人間——じつはかれらには言わねばならないことが山ほどもある——の口を重くしているのは、かれらの母語が恥の方言だからである。知識人であって、かれがたまたま首都の大学の教師であったりしたら、この人物が方言、つまり母語を話すことは例外中の例外に属する。その母語の価値が低く、それで話すことは自らの品位を落とすおそれのあることを知っているからだ。

ところが大学教師にして、なおかつ、自らの母語を手放さず、しかもそれをためらいなく鮮明に力づよく話すロシア語学者がいて、NHKのラジオ講座に出演したときも、いつもに変わらずそのことばで話した。たまたま奥さんと一緒にロシア語をはじめるつもりでこの放送を聞いていた清水幾太郎という人は、この大学教師の日本語にびっくりして、次のような感慨をもらした。

> これが日本語であろうか。いかなる土地の方言か知らないが、彼の喋る日本語は、アクセントもイントネーションも私たち自身が恥ずかしくなるようなものばかりである。……日本語についてこんなに無神経な人物が、ロシア語の発音などについて敏感正確であり得るであろうか。……日本語を粗末に扱う人物に腹が立って来た。(「思想の言葉」『思想』一九七二年二月)

この文章に示されている気持は、日本における方言撲滅、標準語統合過程の心理をうまく言い表わしているので、近代日本語史を書く上での資料として今後大切に保存し、教科書にものせるとよいと私は思っている。

まずおもしろいと思ったのは、東京育ちの清水さんが、すぐ隣りの茨城のことばを知らなかったという事実であり、さらにその知らないことばのことを恥ずかしいと感じたのはなぜかということである。そうではあるまいか。

清水さんは、たぶん一度も耳にしたことのない、エスキモー語とかアレウト語などを聞いたときに恥ずかしいと思うだろうか。恥ずかしいと感じたのは、それが自分のとは全くではなくて、多少毛色がちがい、その上、劣ったことばだったからである。ではそのことばが劣っていて、恥ずかしいと感ずることができたのはなぜかといえば、それが自分にも充分よく理解できる日本語だったからである。こうして、話し手本人が恥ずかしいと思う以前に、「これが日本語であろうか」ときめつけ、自分のことばとちがった別の日本語を恥ずかしいと思ってしまったこの心理を解き明すには、日本人そのものを知るためにも、もっと時間をかけてみるねうちがあるだろう。

方言の話し手に向かって、自分たちの言語には未来がないと覚らせること、これが標準語に乗りかえさせるための最も有効な手段であって、日本語の上昇志向的標準化とは、決して法による禁止や武力によるとりしまりではなく、じつに自分の母のことばを、つまりは自分の土地と生まれを恥ずかしいと思う気持を植えつけることだったのである。

ここに見た清水さんのある正直さは、このように、私たちが日本語と日本について考えを深めようという場合に、大変役に立つ。ところが、作家の次のようなうわずったアジテーションは、この点で何一つ役立たない。

「国語教育における教材としての詩の重要性は、まづ何よりも、日本語がこれほど力強く、鋭く、匂やかで、豊かで、一言にして言へば美しい言葉であることを、意識的、無意識的に感知させるといふ点にあらう」(『日本語のために』、傍点は引用者)。私はまず、そらぞらしさの方に圧倒されてしまい、「それホント?」と思わずつぶやいてしまった。というのは、ここでもやはり、負けそうな戦争を、決して負けないと言いくるめて引っぱって行った、危険なことばの使いかたが感じられるからだ。どんな言語でもいい所ずくめではない。あちら立てればこちら立たずというのがむしろ言語の真実であって、たとえばスイスの言語学者シャルル・バイイが、ドイツ語との比較において、フランス語の否定面を冷静にあらいだした著作などを思いあわせてみるべきである(『一般言語学とフランス言語学』岩波書店刊。ただしこの訳本の通読には内容の深さもさることながら訳文の不親切さのせいで忍耐を要する)。私には、日本語が、ある場合にはぎごちなく、弱々しく、不自由であると感じられることもしばしばである。それを、目かくしを当てたまま、「一言にして、美しい言葉」だなどと「感知」させようというのは、おそろしい言語教育である。

誰しも不思議に思うだろうことは、日本語とはじつはさまざまな方言、話しかたを養分として成り立つ高度の抽象概念であるが、「日本語」をかくも讃美する同じ人物が、同時に「各地の」日本語をはげしくせめる、日本語の罵倒者でもあるという点である。そして、恥の方言を土台とする日本語が、「国語」になったとたん、なぜ恥の言語ではなくなったかということも興味ある研究テーマである。

いずれにせよ、大事なことは、日本人は、みずからの日常の母語をはずかしいと思うように訓練されてきたという事実であり、母語では学問も出世もかなわないので、ひたすらそれをかくして、よそ行きの標準語にのりかえるようにしむけたのが、日本の国語教育であった。ことばは土と生活に結びついていればいるほどはずかしく、そのにおいをぬき去った中立のことばとして、数多くの漢語が、土着日本的表現を食いつぶし、そのあとをおそった。このような成立ちをもつ標準語漢語まじり日本語が、また日本の思想も学問をも決定することになったのである。

生みの母のことば、故郷の文化の表現であるそれぞれの土地のことば、それらをはずかしめるところの恥の「国語」における「国語愛」とはどのような質のものであろうか。

六　はははのことば――母語の復権

ここで私たちはどうしても、「国語愛」の対象たる「国語」の正体をつかまえておかなくてはならない。柳田國男はずっと以前に「国語といふ言葉は、それ自身新しい漢語である。是に当る語は、古い日本語の中には無いやうに思ふ」と指摘しているし、亀井孝もまた、この語が天皇制国家の確立に対応すべく作り出された次第を実証的に示した（「「こくご」とはいかなることばなりや」吉川弘文館刊『日本語学のために』所収）。

少なくとも学校の外では定着しはじめたらしい「国語」に代る「日本語」の方を好もし

いとする理由は、たとえば木下順二によって説明されているように、「どうもそれらには〝国学〟などということばとつながるナショナリズムの臭いが感じられるから」（『朝日ジャーナル』一九七六年七月一六日）であったらしい。ナショナリズムに、私は国家的支配をくつがえして、民族の独立を回復しようとするナショナリズムと、国家の名により、諸民族の権利を剥奪するナショナリズム、すなわち国家主義とを区別するが、とにかく木下さんは、この「国家」のニュアンスを拒否するためであろう、「自国語のことをnational language なんかと称している国は、……世界中にないのではないか」と述べている（ところが、ナショナル・ランゲージ、「国語」のふるさとが、革命期のフランスだったことについては、『言語からみた民族と国家』岩波現代文庫　第Ⅴ章を参照）。

しばしば話題にのぼるこうした議論の一面性に気づくために、ここのところは多少検討しておかなければならない。というのは、ことばというものは、それが「親と家庭の長者とは、各〻意識したる国語教育の管理者ですらもあつた」（柳田國男）時代から、すでに国家の管理の時代に移った以上、ナショナルということばが拒否できるほどに自由でのびやかな時代はとっくに終わっているのである。

ことばには、家庭内の親子兄弟の日常的会話語から地域の言語や、国家機関が軍隊や学校を通じて教える言語に至るまでのさまざまな段階のことばがある。また一つの国家の中に複数の民族語が用いられているばあい、国家はそれらの民族語に対していくつかの異なる方策を用意している。

たとえばソビエト同盟は、百をこえる諸言語のうち、特定の一言語に国家語という特権的地位を与えることを避けて、「国家語」を定めなかった。この方針は、カウツキーに倣ってレーニンが厳しく禁じた原典に発している（「強制的国家語 государственный язык は必要か？」を見よ）が、今日では族際語（諸民族共用語）межнациональный язык が、現実には国家語の役割りを負うことになっている（『言語からみた民族と国家』第Ⅳ章参照）。

あるいは言語的平和のモデルと考えられていきたスイスは四つの国家語（Nationalsprache）のうちから、話し手人口が一パーセントにも満たないレト・ロマン（ロマンシュ）語を除いた三つの言語を官用語（Amtssprache）に指定している。

官用語の最も顕著な機能は何かといえば、この言語によって裁判が受けられるという点にあるのだが、かつて北海道の法廷で、アイヌ人の被告が度重ねてアイヌ語による発言を求めたところ、裁判官は、その都度、「許さない」「いや、許しません」と言って制止したという。あとでこの裁判官は、「法廷で用いるのはすべて日本語」という裁判所法七四条の規定を引いてその理由を説明している。日本語の使用について法的な規定があるという事実は、ここに見られるような、アイヌ人の思いもかけない要求がないかぎり、ふだんは表面にあらわれないものである。もともと日本国憲法が国家語も官用語も規定する必要がなかったのは、わが国の言語がアプリオリに単色の「国語」だったからであり、日本列島にアイヌ人の存在を認めたとたん、「国語」は「日本語」と言いかえなければすまなくなる。このことから、「国語」はアイヌ人の存在も、アイヌ語の存在も、また土着の日本諸語をも見えなくしてしまっているということに気がつくのである。

国家語の重圧は、言語的中央専制国家の長い伝統を持つフランスで、今日おそるべき力を発揮している。たとえばあるブルトン人が自分の子供にブルトン風の名前をつけたため、二十年間も出生届けが受理されず、そのためこの青年には入学試験、運転免許証、銀行預金、旅券の入手などの市民的権利が拒否されていた（『南ドイツ新聞』一九七六年一月一四日）。

「国語」すなわち「国家語」とは、単に伝達手段としての言語にとどまらず、その尊厳をまもり、服従すべき倫理的概念でもあって、アイヌ語の供述は、この国語の語られる法廷と国家への反逆を感覚的に含意したのである。この種の事件は、国語の名のもとに、その背後にある、それぞれ目鼻だちのはっきりした一つ一つの母語の存在をあらためて気づかせてくれる機会でもある。

ここで、「国語」にナショナリズムを感じとった木下さんが、それに代わって思いついたのがmother tongueという英語であったが、それに応ずる日本語をかれが考えたとき、〝母国語〟になってしまったということを、私は多少のおどろきを以て受けとらざるを得ない。

母語ということばの使用の伝統については、私の『言語の思想――国家と民族のことば』にゆずるが、母語とは文字どおり、母から子へと乳を含ませるように、口うつしに伝えられたところの政治や国家とは対極にある、いわば生物的次元の言語であって、「我々は一人残らず、始めて日本語を学んだのは母からであつた」(柳田國男)という意味における母語のことである。

このははのことばが、「国語」の「国」を嫌ったその人において、せっかく発見された「母」と「ことば」の間に、またもや「国」を介入させられてしまったのである。「国語」への嫌悪を示す人にすら避けられぬ「国語」への強い復元力は、まぎれもなく、近代日本語が国語をおいて他にないということを文筆家たちが暗黙の了解事項としていることをものがたっている。

どの近代国家においても、国家的備品、国有財産としての「文学」の管理者としての作家は、すでに早くから母語に敵対する国家語の擁護者としてあらわれている。このことを目ざとく見ぬいていた柳田國男は、不幸にも、国語学・国文学が発達し、何の為に国語を読むかを少しも考へずに、読む者は読む事それ自身が出世や人間完成の道であると考へ、余す所なく古い文学を読む。確かに暇や趣味のある人、野心ある人には、一生を費しても可い学問、事業であるが、万人がその通りにやる必要はない。(「国語史論」〔現・『柳田國男全集21』(ちくま文庫)所収〕)

と痛憤の思いをこめて指摘している。

思想にせよ芸術にせよ、規範言語には規範思想や規範芸術しか生み出せない。もし作家や思想家であって、なお、母語の話し手たちの言語的解放に共感する者があるとすれば、かれは、母語の話し手たちに対する社会的リンチに加わることをやめて、近代日本の標準語舗装道路の下に塗りこめられた、母語とその話し手たちの言語生活のことを思いやってみるべきであろう。

(『展望』1976年9月　筑摩書房)

【二〇一八年のあとがき】

この一篇は、『言語からみた民族と国家』(「岩波現代選書」一九七八年)に収めてある。それは九〇年の七刷をもって終わり、ついで翌九一年に「同時代ライブラリー」に加えられるにあたり、「恥の日本語」は十分な役割を終えたので「敬意をもって退役させる」と述べて省き、代わりに「ソビエト・エトノス科学の挑戦と挫折」を置いたのである。

しかし今これをもう一度読みなおしてみると、書かれた一九七六年は、日本におけることばの状況が大きく変わりつつあった節目であり、その状況をもの語る記念的一篇ではないかという思いがますます強くなって来るのである。このような論文をのせてくれた雑誌『展望』が消えてしまったのも、日本の読書界、言論界を変える大きな事件の一つに数えるべきだろう。

今は、四十年前のこの一篇に、退役から目ざめて、再び登場していただくことにした。

「読む」ことと「見る」こと

現代詩への一考察

詩をその他の言語作品から分かつ基本的な特性の一つとして、私は暗黙のうちに、音楽性というものを考えていた。言語も音楽も、ともにオトなしには存在しない形式であるが、言語はこのオトという媒体から、機会さえあれば手を切りたいと思っているらしく見えるところがあるのに、詩だけはオトという言語の始源から去ることはできないのであろうと。

しかしこの諒解は、本稿のささやかな引用があとで示すように、現代の「現代詩」のたちばからすれば、伝統によって押しつけられた、いわれのない特性であるのかもしれない。もしそうだとするならば、言語という資料の面から、ポジティブに詩の原理の分析に向かおうとするポエティクス、詩学などという領域は、はじめから存立の基盤を失っている。そこで私は、ここで思いあがった神秘的な議論によってひとの目をくらますという方式をさけて、やはり、やぼなやり方ではじめざるを得ない。

詩は散文をも含むかどうかという問いに一義的に答えることはここでは慎重に避けておき、詩は散文よりも、より韻文に寄っているというふうにぼんやりと規定しておくことにする。少なくとも、散文の作品であれば、ことにそれが長篇小説であったりすると、声にもどして読まれることはめったになく、だまって読まれるのがふつうである。私は人が資本論やドイツ・イデオロギーを朗吟したなどという話はまだ聞いたことがないが、共産党宣言ならもしかして朗唱されたかもしれない。だから私の観念から言えば、

ヨーロッパに
一つの幽霊が
徘徊している
共産主義という
幽霊が

などというのは、すくなくとも資本論よりはずっと詩に近く、もしかしたら、ヘタな現代詩よりははるかに詩なのだろうと思う。

ところが、この音楽性を詩の属性と考えるなどということは、すこぶる旧弊な遺習であるらしいということを経験から学んだいま、いったい、詩を他の言語作品と分かつものは何かという問いには、もっと次元をさげて出なおさなければならない。

私はこの言語作品という用語を、必要とあらば定義の装備を示すことのできるものとして意識して用いているのであるが、この語の効用はたとえば、詩を文学作品の一種だなどと規定するよりは、より危険が少ないところにある。一人の人間が生まれてから死ぬまで、どれだけのことばを口から吐き出すかという総量をはかった試みはまだ一度も無いだろう。ある個人から発せられたことばのすべてのうちのごく一部だけに対して、本人もまわりも、「作品」の資格を認めている。現代では、ことばが活字になったときに、それが作品であるとほぼ認めてよいかもしれない。しかし、いまは活字のはなはだしい濫費が許されている尋常ならざる時代であって、このことを思いあわせると、文学だの詩だのの高尚な精神活動も、印刷技術と、それを濫費し、商品としての詩を手に入れることができる豊かさという、物質的基盤にささえられていることがわかる。そうでない時代の、平凡な人間の日常生活における言語作品は、たとえば、むかし、ひいじいさんがこう言ったというたぐいの言い伝えやひとくちばなしであったろう。つまり、言語作品とは、作品というかぎり、一回きりで消えてしまうものではなく、くり返しよみがえらせるものとして、記憶の中に、おそらくは共同体の共有財として蓄えられていたにちがいない。そして、この作品が作品としての姿を現実にとるのは、声となって口から出てくるときであった。声がことばを運ぶとき、そこには意味があらわれるのだが、意味はかならず音をともなってあらわれる。そして、音は作品としてあらわれるかぎり、音楽性を帯びずしてあらわれることはない。その後、近代における散文の発達は、言語表現が音楽性からの解放をたたかうみちすじのなかで遂げられた。ところが詩という作品領域は、音楽性を維持した上でその新しい可能性を開拓するという、じつに緊張に満ちた作業をみずからに課したのであった。

したがって、詩という言語作品の一形式が、言語文化の発達のどの段階であらわれたかといえば、それが散文を主体とした他の言語作品に先行して、はるかに古く、原初の時代に起源があったことはたしかである。散文は体制が成立して論理と規範を求める律法や学問の必要が生み出したものであったのに反し、詩の方は、人類が、いわば鳥獣のごときさえずりをしていた時代からあったのだ。

ところで、すくなくともわれわれの時代のことばは、先ず第一に情報を伝えることを最大の機能としている。情報はことばのかたちではなく、なかみだけを求める。ことばのかたちといろつやや、要するに音楽性は情報のじゃまものであり敵である。

ことばの情報性の対極にあるのがことばの魔術性であって、近代に至る言語表現の発達の一つの路線は、この、ことばの魔術性とのたたかいでもあった。ことばはもともと、何かをわからせるためにだけあるのではなく、聞き手をいっそうの混乱に導き、わからせなくするためにも大いに力を発揮する。この混乱の中で情報の配列の組みかえが生じ、新しい価値の枠組があてがわれる。ある意味で、ことば、言語作品が独自の世界を確立することができるのは、ことばという、たてまえは分明な手段によって、わからない領域を安全に確保するところにある。そして、経典や律法の文章は、日常の言語とは区切られた言語的隔絶性によって、必要とするプレスティージを手に入れる。言語作品のプレスティージが、情報量の多少によって決せられるものでないのはそのためである。

以上によって、言語における音楽性の史的位置を示唆したことにして、いまは大急ぎで、詩における音楽性という書き出しのテーマにもどろう。言語における情報性という機能からみるとき、音楽性は、ことばが音声という形をとってあらわれるときにだけ登場する、いわば随伴現象である。音楽性を身上としなくなった散文に対して、詩はやはり情報性に依存することが許されないという、じつに尖鋭なたちばに立たされている。

つまり詩にあっては、たとえば俗に、文章はあらいがプロットの組みたてが綿密に計算されていて、よくかけているなどといった、部分的評価を期待したり、それに甘えることはできない。しかしこのことは、散文における情報性の評価が、詩にあっては大目に見られ、情報的な意味の追求から逃れていられる、かくれがをさし出すことにもなる。現代詩はこうして、一見すこぶる現代的なよそおいをとりながら、必要とあらばことばの本来の魔術性に逃げこむことのできるずるいジャンルを形成している。

活字以前の時代にあって、ことばが作品となるためには、情報性をぎせいにして、音楽的原理にもとづくパターンとなって記憶にたくわえられなければなかった。散文は排泄にも似た一回きりの行為であり、その場かぎりの消耗品であり、まともな作品になりそこねた、いわば屑であり、行為の代用品であった。記憶にたくわえられ、行動の代替物以上の意味を持ち得るのはことば音楽つまり韻文だけであり、韻文だけが作品と呼ぶにあたいするものであった。文学がまだ民族誌的な記憶をとどめている諸民族にあってはどこでも、かれらがみずからの作品を、近代的というか、西欧的な「文学」のわく組みの中に従わせようとするとき味わう苦しみの一つは、ことばが散文になることを強く押しとどめる詩的伝統の強固さであった。

当然のことながら、ことばは見るものとしてではなく、聞くものとして生まれた。「耳はことばの最初の教師」（ヘルダー）だった。そして、耳が受けとめる音は生理的感覚の世界に属しながら、この生理の現象が理性の世界とむすびつくところに、解き明かしがたい、ことばの深い秘密がやどされている。

韻文とは言語音の音楽的構築のことであるから、内容ではなく形式による名づけであるが、情報を目的とした散文は、生物としての人間にやどる根源的な生理感覚をことばから剥ぎとるという、いわばできそこないの言語作品の誕生のきっかけを作ったのであった。

ことばが音楽となるための一そろいの手段は、それぞれのことばの中に、それぞれの方式によってそなえつけられている。音節形成における子音と母音との組合せのぐあい、音節の長短、アクセントの高さ低さ、強さ弱さ、同じひびきのあわせとくり返しなど、韻文の原理は、はじめの一項を除いては音楽の原理と何一つちがうところがない。それぞれの言語あるいは方言は、生物としての人間に普遍的に与えられていることば音楽の手段の中から、それぞれのしかたに従った選択を示している。そして、その選択の結果から言えば、われわれの日本語は何とひかえ目で禁欲的な選択しか行わなかったのだろうかと驚くばかりである。そのうえ、この選択の決定にあたっては私自身関与していないのであるから、私の責任ではないといっても、ことばの範囲で詩をかく以外にないのであるから、したがって、私のばあい、日本語の外には出られないのである。そして、日本語の詩の音楽性をくみたてるほとんど唯一の原理は、結果としては文字の数に還元されるところのモーラ（拍）でしかない。つまり、五とか七（ばあいによってはその下位単位としての四と三）とかのセグメンタルな単位の配合のわくを出たものには、日本語が音楽性を感じとることはほとんどないのである。これにはことばの構造の問題と、伝統の問題との両面があるように思われる。

日本の近代の詩作の冒険が、日本語の音楽的手段の、このほとんど唯一のたくわえを破って表現の可能性を求めたときに用だてられたのは、いわゆる「詩的な」イメージをかもし出すことのできる特定の専用語彙であったり、文字であった。詩人という、ことばに貪欲な人たちが——といえばほめすぎであって、単に表現に貪欲と言うべきかもしれない——、詩が文字であらわされるようになった以上、文字の効果をすてておくはずはない。詩専用の語彙とともに、我が国の詩的伝統の好みによって愛用される文字もあらわれる。文字によるイメージの喚起力は、しかし何も漢字にかぎったことだけではなく、ヨーロッパにも例があるようだ。たとえばポール・クローデルにとっては toit（屋根）の「両端の」二つの t は家の二つの切妻であるし、locomotive（機関車）という綴りにはちゃんと煙突や車輪がとりつけられている（シャルル・バイイ『一般言語学とフランス言語学』）。しかし文字へのうったえ、依存は、詩人としては、やむなくとらざるを得ない次善の手段であると言うべきであろう。詩の起源は、もともと歌にあり、うたわれる音としてあったはずだ。詩が「見る」ものとなったのは、印刷文化の登場以来のことであり、それはことばに貧困な詩人たちの菲才をおおいかくすありがたいかくれみのになった。

詩の欠かせぬ資格の一つが、ことばの音楽性にあるとするならば、「音楽の翻訳」とは抱くことのむつかしい観念であるゆえ、詩の本質部分は原理的に翻訳不能である。そこで、たとえばつぎのような詩があるとする。

屍に似た数多くの書籍が古代の木乃伊《ミイラ》のやうに眠る、埃まみれの河岸の古本屋の店《たな》ざらしの人体解剖図の中に、主題こそ陰鬱だが老芸術家が学識と気魄を打ち込み、美の息吹きを通わせた数枚の絵図がある。
（傍点、ルビはすべて原文）

これが詩であると納得するためには、まず八行に書きなおして上と下とにたっぷりと余白をとり、ボードレールという名高いフランス詩人の『悪の華』の一部だという知識を添える必要がある。このようなズンベラボーのことばのつらなりを詩であると強弁しなければならないのは、決して訳者村上菊一郎だけの責任ではないとは思う。

詩とそうでない言語作品との区別は、前者が短かく切って改行し、ページに余白が多く残してあるということでしかなくなる。だがこのような形の「詩」は翻訳ばかりとも言えず、日本人のオリジナルな作品にも次のようなのがある。

母つて云ふものは不思議な強迫感にも似た、かなしいもので　私の意識の底ではいつも痛みを伴つてゐる。母はほんとに貝殻みたいにもろく、こはれやすく　しかも母の影を負つて生れたことが、私にはどうすることも出来ない。

（永瀬清子「母」）

この作品は、中央公論社刊「日本の詩歌」シリーズ第二六巻『近代詩集』に収めてあるのだから、選ばれた、公認の近代詩なのであろうが、このような例を見ると、小学生が詩と称して、ずんべらぼうのことばのつらなりを、適当に短かくちぎって改行する、例の「詩作」が思いあわされるのである。ページの上下に余白をたっぷりとりさえすれば詩だと思う人は、ツルゲーネフの『散文詩』をもし原文で読んだら赤面するだろう。『散文詩』とは、もとのことばでは「散文の形をとった詩」という、おくゆかしい表現をとっているが、散文というには惜しいうっとりするような音楽性が全篇にみなぎっている。これに対置してみるとき、我が日本の現代の作品などは、「作者が詩であると言い張っているところの散文」→「詩散文」ともじって名づけるのが適切であるような気がする。

そもそも詩の行がえをはじめとする、表記上のさまざまの工夫は、詩にとって手段でしかない。何のための手段であるかといえば、そこに音楽的流れのきれめ、あるいは生理的ないきのきれめに対応する意味のきれめがあるからにほかならない。活字はイントネーシヨンや音声的な強調を伝える手段をもたないから、「?」、「!」や傍点などに頼らざるを得ない、つまり、これらの記号はコワネの図形的移転もしくは翻訳である。このような常識をもって、次のような工夫を目にとめると、現代詩の外形的な特徴である「短かさ」、「舌たらず」というような表記上の特徴にくわえて、意識的な「読みづらさ」のための考案を数えねばならぬという気がする。

………
の女とか（残酷な女たちだよ）何でも
ないと思おうとしても（子供心に刻まれてしまって）鶴
田浩二の心境になって　し
まうんだなー《モウスグ　ハー　ルですネへ》か

あるいは

………
こんでいる人間がい

る　精神病院の鉄格
子を練馬の畑のなかに見て慄然とし
たこともある　関東バスに乗っている八木忠栄よ
（いずれも『現代詩手帖』一九七七年三月号の飯島耕一の「詩」）

いずれの引用も、冒頭の部分が半かけになっているわけは、あとのすべての行が半かけになっているのを見れば明らか、つまり順おくりの半かけのせいであってこれもやむをえないとわかるだろう。この詩人はなかなかたくらみ深く、中途からはんぱな引用は許さぬぞという決意のかたさをあらわに示し、そのための手をちゃんと打っているということが、引用しようという段になってよくわかる。しかも各行末の欠けかたがこれも意外で、次の行へのかかりぐあいを予測させない。たとえば、はじめの「何でも」は「ない」を予想させないだけでなく「鶴」というトリの普通名詞が、思いもかけぬ「タコージ」につながるとはうまいもんである。しかし、「し」――「まうんだなー」は「タコージ」のつづきぐあいに比較すると、すこぶる凡庸この上ない。

さて、くりかえし言うが、私は詩は指先から出るものではなく、口から出るものと思っている。口から出たオトのそっくりの文字化へは到達不能であるから、様々の考案がなされている。この考案を好みによって独創的に用いる意欲はわかるとして、この詩を作った人は、我々の前で、これを、どういうあんばいに読んで聞かせてくれるのであろうかとまず思う。「ツル」とか「タコージ」とか、「ナッテシ」とか「マウンダナー」は弁慶のギナタ［「弁慶がなぎなたをもってさしころした」という文の文節を切りまちがえると、「弁慶がな／ぎなたをもってさ／・・・」のような意味の通じない文になるんだぞと、戦時中、国民学校の教師が教えた。このギナタ文の話は全国どこでも通じると思ったが、時代色、地方色があるようだ。編集者の指摘によって、あえて説明を加えた］の先例もあることだから、ちょっと破目をはずしすぎたうらみはあるがおもしろいあそびであると諒解できる。しかし、「テッカク」は次の行に至ってはじめて「テツゴー」と発音することに気づくというあんばいである。

たしかに、詩のことばと形式が、日常的凡庸と自らを区別することが次第に困難になっているとするならば、詩の書き手は、それを作品と称して人に見せるには、ありとあらゆる表記上の可能性を総動員して衝撃性を高めざるをえない。しかし、だからといって、こうした幼稚な機械的手段に訴えての新奇の演出には、底が見えていて、読む方もはらはらひやひやして、とても心を感激の思いでひたしていられる余裕などない。

ことばを意外なところでちぎってふりわけるのが詩の技法ということなら、ひっくり返し、でんぐり返しにならべたって、これもまた技法の一つではないかと思っていると、果せるかな、同じ号の「わが出雲」では、鏡の裏からのぞいて見たようなあんばいに印刷したのに出くわした。

印刷は絵であろうが、ことばであろうが、同じ一つの行程で行なわれる。しかし絵を見るのには、動物園の路順矢じるしのようにどこからどう見なければならぬというきまりはない。絵はいわば全体を、前後関係なしの一つのゲシュタルトとして一度に見るのであるが、ことばは時間の軸に沿って展開される以上、レコードを逆にまわしたり、裏から読むようなわけには行かない。「わが出雲」は、三、四、五のモーラをたくみにつらねた詩だ。うまいもんだと思うが、この、鏡の裏からのぞかせる詩は、ファッション用具の包み紙のデザインではないのだから、これを作った人はどう読むのだろうか。ひとつ声を出して実演してくれないだろうか。このような実験的な試みを掲載する編集者は、やはり付録にソノシートを添えるくらいの商業道徳はまもってもらいたいものだなどなどといろんな非詩的理念が湧いてくる。

むかしモスクワを歩いていたら、公園のプーシキン像の傍で、聞こえよがしに詩を朗読している男がいた。それは何ときざなと思わせる思わせぶりであったが、ロシアではマヤコフスキーも舞台で詩を読んだらしいから、これをきざと思うのは、詩人がステージで詩を読む習慣のない日本人のひがみであるかもしれない。ところで、「わが出雲」の詩人は、このひっくり返しの詩を、どのようにして声に出して読むのだろうか。私が思うに、たぶん、ステージの上で逆立ちになったり、宙返りになったりして、肉体に「ものを言わせる」ところまでたどりついてしまうのではないだろうか。

詩とはことばの芸術だということになっていたが、たすきがけや六角形の幾何学もように印刷されているのを見ると、これはもう視覚的な印刷デザイナーへと

しだいに
遠
ざ
か
つ
て
行
く。

これらの諸状況から察するに、現代詩は「うたを忘れたカナリヤ」となって、うたごころを去り絵ごころの方に一層心を寄せているらしい。そのあとを埋めているのは、「男は黙って」式の奉公作品か、「忘却とは忘れ去ることなり」のようなじびきまがいのポエジーかである。

人がことばの作品を作るのは、自分だけのための、想念をとにかく対象化するために自己目的的対象化の内的衝動につき動かされてのことでもあろう。しかしそれは動機の一面だけを語るにすぎないのであって、そのような衝動が、ついに無傷のまま印刷にたどりつくということは考えにくい。それはやはり商品生産という端子につながっている。だが商品という点から見れば、詩という作品はあまりにもみみっちいではないか。それはもしかして、それ自体の味わいによるのではなく、詩や文学であるということそれだけで価値を帯びる、低俗な権威づけに依存しているが、じつのところは汽車弁の中にあしらわれた、プラスチックの模造の葉っぱにすぎないかもしれない。このようなたとえは、ミューズの神に己れを捧げたと信じている人たちの憤激を買うかもしれないし、他方ではまっとうな商品の生産にたずさわっていないという自覚をひきおこすような作業は当人にとって身の毛のよだつようないとなみでもあろう。

（『現代詩手帖』1977年7月　思潮社）

地域と言語

一　「共通語」の偽瞞性

地域主義とは、文化的概念としての地域が帯びる、あらゆる意味での独自性に価値と必然性を見出し、その価値に対して、有形無形の圧力をもってのぞんでくる中央的価値観を相対化し、さらには一定の領域における政治的決定権を中央から奪取しようとする、いわば「地域自決」を求めるたちばのことを指すものと考えることにしよう。ここに言う「地域自決」という表現は、もちろん「民族自決」を下敷きにしたアナロジーではあるが、地域自決が民族自決とまったくパラレルに行かない最大の理由の一つは、前者が、その属する国家の言語に対立する、固有の言語を所有していないのに、後者はそれを所有しているという点に求められよう。

民族自決の主張は、しばしば固有の言語を所有していることを一つの原理に置くほどであり、さらに、その言語における「固有」の度が低いと思われるばあいには、その言語を隣りあう言語から可能なかぎり遠ざけることによって固有性を附与するのである。ウクライナ語はロシア語から、モルダヴィア語はルーマニア語から絶えず距離を保っておく必要があるのはこの理由による。だが、少なくとも日本における地域は、こうした自決のための原理を欠いている。もっと正確には、この表現を逆の方向にむけて、積極的に言いかえなければならない。すなわち、近代における地域に特徴的な性向があるとすれば、たといその地域に特色ある言語が伝統的に伝わっていたとしても、それをかくし、矯正して、中央語に同化させようという絶えざる努力の方にむしろ認められるのであると。そして、言うまでもなく、この努力のおかげで、中央を介して導入された近代的な思想や文化を、山間僻地にまで送り込むための強力なチャンネルが敷設されたのである。

この点で、日本において、かりに地域主義という志向や運動が現れたとしても、それはヨーロッパにおける、国家の原理に対抗してきた、それ故に、反革命的な方向を帯びることのあるレジオナリスムとは根本において異なるところがある。たとえばフランスにおけるブルターニュやオクシタンの——大革命の当時、ここで話される言語は反革命的と見なされた——、あるいはアルザスにおけるような地域主義は、言語の相違、したがってエスニック（民族的）な相違に対する自覚をささえとしている。この例での前者、すなわちブルターニュやオクシタンのばあい、そこで話される言語は、地球上のいずれの国家によっても採用されていない、いわば「屋根なし」言語であるのに対し、後者、アルザスのばあいには、ライン河の対岸にはドイツ語という屋根がある。屋根があるか否か、あるいは無いばあいでも、もし屋根をかりる可能性があるとすればどのようなものとして構想できるか、等々の条件のちがいによって、地域主義のとる様相はちがってくる。

このようにヨーロッパの地域主義と比較するならば、日本にはそれに比せられる原理にもとづく運動や、アイディアそのものの生ずる基盤を欠くことになる。少なくとも、我々には、地域を問わず「単一の日本語」を話しているのだという共通の知識（だが認識ではない）がある。しかし、この「単一の日本語」という概念そのものは、経験的に検証された結果として現れたのではなく、イデオロギー的な先行概念である。たいせつなことは、各地域語の文法や語彙を編んだ上で、それらのつき合わせから「単一の日本語」を証明する必要はまったくなく、「単一の日本語」という観念が、各地の言語意識をしばるということなのだ。こうしたすじ道のたてかたは、何もことばにかぎったことではない。日本の文化論、政治論がとにかく、まがりなりにでもすすめられて行くための、欠くべからざる作業仮説でもある。それをいま、異なる言語と接する国境を持たないといったような地理的環境を引き出して説明する必要はない。こうした要因は、相対的な説明でしかないからである。

固有の内的言語学のたちばから発言しておくべきことがあるとすれば「〇〇語」という

表現は、決して言語の科学の必要が求めた名称ではなく、たいていは、国家その他、それに準ずる機関の求めによって生まれた用語であり、その意味では政治化した概念である。もとをただせば集落ごと、地域ごとに異なるそれぞれの言語は、超地域的なシンボルとしての「日本語」の前に、それからのずれにすぎないものと意識されるにいたる。そこで、われわれとしては、この「日本語」について「共通語」というような、偽瞞的な表現を用いることはどうしても拒まねばならない。なぜなら「共通語」は制度としての日本語が、あたかも経験的に公平の原理にもとづく合意を含んでいるかのような幻想を人々にあたえるからである。それはたとえていえば、天皇は選ばれることなくして天皇であることが必要であるように、共通語としての日本語は、決して地域の合意にもとづいて選出されたのではない。「共通語」は結果ではなくして原因である。

二　超日本語と部分日本語

では、観念の中での「単一の日本語」は、現実の中ではどのような役割を果たしているだろうか。今日、地域の言語、いわゆる方言の相違は、通常の意味でのコミュニケーションをはばむほどいちじるしいものではなくなった。過去一世紀のあいだに、超地域的な言語的均質化政策が達成した成果はめざましいものであった。その結果、標準的、すなわち中央規範の言語感覚が要所をおさえてしまった。言語の相違は単なる相違としてではなく、ずれ、偏向として受けとられ、多少でも耳なれないひびきの「日本語」を聞くと、反射的な嫌悪感が感じられるようになった。ふしぎなことに、耳なれないエスキモー語とかアイヌ語には決して感じられないはずの嫌悪感が、それが日本語だという理由で感じられるのである。

すでに引いた話なので多少気がひけるが、これほど適切な例も他にないので、今回もそれを使わせていただく。ある時、NHKのラジオでロシア語を講じた出演者が、かなり鮮明な方言発音を用いるのを聞いた清水幾太郎という人は、「これが日本語であろうか」と思ったことをある雑誌に書いた。ロシア語を勉強しようという気持は、いうまでもなく、言語への関心から出ている。だから、ロシア語の方はともかく、日本語にもこんな話しかたがあるんだと知っただけでも、ことばに関心のある人には勉強になるはずだ。しかし、清水さんはそういう気持で感嘆したのではなく、じつは「彼の喋る日本語は、アクセントもイントネーションも私たち（清水さんとその奥さん）自身が恥ずかしくなるようなものばかり」だったという恥の感覚とむすびついていたのだ（拙著『言語の思想――国家と民族のことば――』NHKブックス二〇三ページ、岩波現代文庫二二三ページ参照）。この感慨からさかのぼって「これが日本語だろうか」という思いをふたたび味わってみると、それはむしろ「こんな日本語はあってはならぬ」という非中央語――地域語への忌避の心理の表現として読むべきことが理解される。

言語学は「客観的」(これが、戦後の一時期、日本の言語学を支配した、行動主義的科学イデオロギーであった)になればなるほど妙な発言をせざるを得なくなる。というのは、科学という営みは、人間の現象を偏見なく客観的に把握しようという試みのはずだが、言語に対しては、社会科学者でさえも、たちまちにして非分析的な直観美学に足をすくわれてしまうところがあるからだ。だから、社会科学もことばで作られている以上、社会科学者はただちに次のことを実行しなければならない。地域と言語の問題を考えるということは、つまりは、この直観美学の感覚を、さまざまな局面において追体験し、知識そのものの根源にひそむ規範意識に気づかねばならないということだ。

交通の便宜と中央への人口集中によって、各地の人間は相互に接触する機会が増え、したがって客観的には地域のことばどうしが相知りあう機会も増えてきた。それにもかかわらず、東京育ちの文化人に、すぐ隣りのイバラキ語を、「これが日本語だろうか。いかなる土地の方言か知らないが――」といぶからせたように、人口移動の自由さは、かえって方言を見えなくする作用をはたしていることになる。こうして、超日本語の隆盛は、ますます部分日本語の存在を意識の中から追放して行くのである。

三　恥ずかしい地域語

では、国家語としての日本語は解体されねばならないのか。かつてのようにツガル人とサツマ人が相互にことばを通じ合えないというような、言語的なへだたりの温存を私は好もしいと思っているわけではない。一九世紀の末頃から、人は言語の分立をなげいて、国際語の考案と普及に情熱をかたむけてきた。諸言語の分立は人類の知慧をつくして乗りこえられるべき目標であるという認識は、決して一部の人だけのものではない。いわんや、一国の中で言語に障壁があることは、中央にとってというよりは地方にとってこそ不利益である。フランス革命の「平等」は、とりわけ言語の平等を含むものであったから、国民はひとしく中央フランス語の恩恵を享受すべく、地域語は滅ぼされねばならなかった。地域語の維持は、この言語的平等理念への公然たる敵対以外のなにものでもない。およそいかなる近代国家も、国民に対しては、国家語の普及と地域語の絶滅のための強力な施策をすすめる義務を負うていることになる。単一の国家語は、国のすみずみにまで道を通し、橋をかける恩沢に比せられる。言語を、いつまでも具体的な個々の言語を超えた抽象概念として、観念の中だけで操作すれば常にこのような構図にたどり着くであろう。

ところがこの到達点が、じつは言語の本質という一見古めかしい哲学的問題へと道をひらく窓口であり、さまざまな思弁が介入してくる場所である。かりにことばが衣服を着かえるように、瞬時にして容易にとりかえられるのであれば、度量衡、交通規則などと同様に技術のレヴェルで変更が可能であり、そのようなものにおける多様さは混乱でしかない。だが、ことばは一度身についてしまえば、その基本的な特徴は終生消し去ることができないという意味で、肉体に刻まれた特徴の一部になる。われわれが問題とするのはその先のことである。すなわちこの生理にまで達する特徴は、地域と階層という二つの社会的要因によって決定されているのである。人はその最も自然で身についたことばを、生まれ落ちて育つ環境からじかに身につけるのであるが、その生理の過程が社会的限定の中で行われるというこの点に、まさに言語の本質に関わる固有の問題がやどされているのである。

この社会＝生理的な深い刻印を消して、別の溝を刻み込むためには莫大なエネルギーが必要になる。その現れかたの一つは、外から加えられる社会的制裁である。近代国家の学校は、この制裁を最も組織的に利用した中央言語の伝道者であり、地域の言語にとって抗《こう》すすべのない敵であった。学校はムチを用いて地域語をたたき出す場所（F・マウトナー）であった。

だが方言の消去にとって、外的な制裁それのみではまだ徹底性は足りない。言語の弾圧がしばしばかえって言語ナショナリズム（あるいは言語地域主義）を一層強化する方向に追いやる例は決して少なくない。重要なのは、この外圧が話す主体の願望そのものへと転化することだ。地域的なことばを話すことは行儀が悪く、粗野でみっともなく、恥ずかしいことだという恥の感覚は、人を地域からきりはなすうえに他の何物にもまさる力を発揮する。そうなれば、外圧のあるなしにかかわらず、話し手の内からあふれ出してくる、言語的中央志向は自ら急速に回転しはじめ、そこから放たれる奔流はもうどんな方法をもってしても押しとどめることはできない。舞台発音の伝道者、ある種の作家、中央文壇等々は、この奔流を自在に利用しつつ、いっそうそれを強化する。種々の文学賞がはたす役割も無視できない。

国家的規模における統一言語の所有は、国家における統一市場の形成と符合する、近代国家の特徴づけとして、しばしば言及される。このばあい、言語の統一は、あたかも、この統一市場の形成という、個人の外で、社会的レベルにおいて進行する過程に対応する現象として、ひたすら外的にのみとらえられることが多い。だが、地域を単に物質的概念によってとらえるのではなく、文化的空間としてみたばあい、そこにおける個人の中で、どのような意識過程が進行しつつあるかに注目しなければならなくなる。

近代言語学の崇高な客観主義は、こうしたとりとめのない意識を除去した、言語そのものだけを真正な対象として残したために、言語の科学は、言語を意識にのぼらせるそもそもの契機を見て見ぬふりをして偽善的に排除してしまった。ところが、そのような文法や辞書だけを通してみる、むき出しの言語はどこにも存在せず、言語はかならず豊かな文化や貧困な社会や、洗練された上流社会の香気などと一体になってわれわれの前にあらわれている。少なくとも、言語はその伝える内容を盛る無色のうつわではなく、その外被、形式そのものが、話し手の社会的地位や地域的な出身を喚起するという伝達力をもっている。

つちかわれた地域的言語への卑下の気持は、地域にまつわる一切のものからの離脱の願望をかきたてる——この表現にはほとんど誇張は含まれていない。なぜなら、清水さんが「恥ずかしく感じる」ようなことばを口にすることを自らも恥ずかしく感じるところからでなければ、趣味のよい学問や芸術は生まれようがないからである。

四　地域からの脱離

ことばには階層と地域によって特定の色やにおいがついている。おくれた地域はおくれたことばを話し、またそのようなことばを話す人たちは粗野でおくれた人である。さらにすすんで、おくれた人だからこそ、おくれたことばを話すのであり、そのようなおくれたことばを話す地域だからそこはいつまでもおくれているのだという、地域、文化、言語という三つの項目は、それぞれを切りはなしてとり出すことができないくらい、相互に依存しあい、相互に規定しあうという、興味ぶかい関係の中に埋め込まれている。

言語学がいまだにそのしぶといしこりに悩まされているのは、近代以前から今に引き継がれ、なかなかの知識人のあたまをも支配している、近代以前からのことばの学問の伝統である。そこでは学問の任務は、すぐれた地域、すぐれた文化を背景にもつ洗練された言語に、それ以外の言語の話し手がいかにすれば近づくことができるかという、その技術を授けることであった。文法を書き、辞書を編むのは、あることばの現状をあるがままに記述するためではなく、かくあるべしとの規範を示すためであり、経験的な現実から出発する科学の精神とは似ても似つかぬものであった。しかしこのしこりは言語学にとって重大なのではなく、むしろ社会科学全体にとってもっと重大であることを知らねばならない。

自らの肉体と意識をそだてた、最も身近な環境からの離脱こそが向上なのだという、日常的な深層にまでくい込んだ離脱本能は、じつは近代日本の政治、学問、文芸にわたる出世エリートの骨格を形づくっているのであるが、言うまでもなく、これは地域の固有の価値を発見し、主張するところの地域主義の対極をなすものである。日本人の向上心というものはこうしたはずみを取り去っては考えられないほどになっており、マルクス主義でさえ、ことによると地域主義そのものが中央エリート＝脱地域出世主義のはずみなしにはなり立ちえなくなってしまっているかもしれない。

この意味において、こうした中央、地方の意識は、日本の国家的発展に絶えずエネルギーを供給しつづけ、恒久的に支えてきた天皇制におとらぬイデオロギー的国有財産の一つになっている。こういう風土の中では、学問もまたこの習性を含んで形成されたため、中央、地方の固定された流れを強化するようなかたちで設備され、維持される性向を持つ。

地域とは、単純に地理的、経済的な、要するに物質や財にかかわる概念ではなく、じつは意識としての上部構造にむすびついた、文化的、政治的概念であって、決して土地、水などの自然によって規定されているのではない。もう少しくどく、象徴的に言えば、中央の文化人から、「これが日本語であろうか」と、かぎりない侮蔑の念をこめて見さげはてられることばを話す人々の住む土地のことである。こうした地域に貼りつけられた偏見のレッテル——普通のレッテルは貼りかえることはできるが、地域の帯びた歴史的レッテルは貼りかえはきかない——は、物質的手段のみによっては決してはがすことはできない。このような意味で、地域とは観念であって、あらゆる差別がこの観念の上に成立している以上、この観念の由来をあきらかにするのでなければ、科学は地域の問題に貢献したとはほとんど言えないのである。

五　アカデミー主義の解体

言語による差別が生じるのは、言語そのものに差異があるからだ。しかし、この差異は文化をはかる尺度をあてがわれることによって、はじめて差別となるのであるから、差別は文化に対する価値判断の操作そのものに由来している。前節で示した、日本におけるこのような操作のタイプは日本特有のものではなく、この国の偉大な達成はほとんど外国にモデルがあるように、これもまた外国から持ち込まれた。その出どころは一七世紀に発祥するフランスの言語アカデミーである。絶対王制下に誕生したアカデミーはフランス革命を経て、一層強力に機能するようになり、地域語の話し手は、国家＝革命政府に公然と反抗する反革命の手先きだとすら見なされるにいたった。この言語アカデミーは地方語から見れば、実は言語裁判所であったのが、日本のエリートはそれを知ったとき、この文化統制機関を賛嘆し、その長い伝統を一様に羨んだのである。

ところで、言語の審判には、真の意味での客観的基準はない。しかし一七世紀から革命までの間に、基準における進歩はたしかにあった。王のことばから、中央エリートのことばへである。だが言語アカデミー体制をひろく近代国家に必需の備品としてひろめたのはフランス革命であった。まことに、言語に対しては右も左もないのである。

では言語アカデミーの独裁方式に対置できるどのような名案があるのか。われわれはここでどうしてもノルウェーの、一種、地域代表方式とも呼ぶべき制度のことも考慮に入れておかねばならない。ノルウェーは一九世紀の中ごろまで、俳優の舞台発音もデンマーク語であったが、独自の国家語を求める過程で、クヌートセンとアーセンの二人によって二つの国家語が提案された。一つはよりデンマーク語に寄った上層言語であり、もう一つは下層農民の話しことばを土台にとった。思いもかけぬ都市化の進行のために、アーセンの農民的国家語はますます退潮に追い込まれている。しかし、これら二つの国家語の調整のために、政府が設けた言語委員会は、三十人のメンバーの半数ずつを、それぞれの国家語の話し手に割りあてている。

　ここで思い出さねばならないのは、わが国の国語審議会である。この会のメンバー五十人は「学識経験者」から選任されていることになっているが、ほんとうのところは、学識も経験もほとんど必要ないのであって、エリート的な高尚な趣味だけを断乎として主張しさえすれば見識があるということになるのだろうと思われる。言語に関するかぎり、言語学者以外の学識者の学識は、脱地域出世エリートの言語的専制をますます強化する方向にしかはたらかないのが常である。経験について言えば、たいせつなのは超日本語経験ではなく、各地の具体的日本語の経験である。この真の日本語経験を欠席裁判にかけるような審議会であるとすれば、その審議は審議の名にあたいしないのである。

（『地域主義――新しい思潮への理論と実践の試み』1978年　玉野井芳郎・中村尚司・清成忠男編　学陽書房）

「エッタ」を私はこう読んだ

一

韻文であれ散文であれ、文学と通称される言語作品を私は最近ますます読まなくなっている。だから、「エッタ」は私の読書の中ではちょっと変った経験であった。この小さな古賀さんの詩をめぐって議論が起きていること、『新日本文学』誌上にも「エッタ」批判の文章が出ていることなどを教えてくれたのは、新日本文学会が主催する横浜文学学校に私を招いて話をさせた、事務局の本城徹さんだった。そこでさっそく、このわずか五ページのために、現代詩手帖のバックナンバーを買いに出かけた。以上のようなしだいであるから、文学学校とかかわりを持つことさえなければ、私が古賀さんを読むことはなく、この文章も書かないですんだはずである。

その後、本誌編集部は、この問題について、私が感じたことを文章にして発表するようすすめ、また、そのための勉強の助けになるようにと関係資料を送って来た。これらの資料の一つ、解放新聞は、上下二回にわたって、「古賀忠昭の詩『エッタ』の確認会の経過とその差別性について」と題する文章をのせ、その末尾を、「つまりは、この詩は、差別作品である」とむすんでいる。ここに言う「差別作品」とは、文脈から見て、単に「差別の問題を扱った作品」といったような意味ではなく、「差別をいっそうすすめるのに役立つ作品」という意味であることは明らかだ。しかも、このような意味での「差別作品」という判断は、署名によって、ほかでもない、部落解放同盟中央文化対策部の公式見解であることが明らかだから、非部落人が、被害者である部落人の総意をまとめた公式見解を批判する余地は最初からないわけである。当事者の公式見解によって「差別作品」と断定された作品をあらためてとりあげ、その作品について、なおも人々の好奇心をあおりたて、じゃ、おれもひとつ読んでみようかという気を起させる効果をもつような言動や文章は、それ自体、間接的な差別行為、差別発言であることはたしかだ。とすれば、本誌が、文学学校で、たまたま、ことばについて短い話をしただけの私に、あらためて「エッタ」を読んだか、だったらそれについて書いてみろなどというすすめは、私に差別行動をすすめていることになるのではないかとまず思った。新日本文学会は、おそらく差別には反対の団体であると思うが、とすれば、その文学会が、「つまりは、この詩は、差別作品である」という、すでに統一見解の定まった作品に私の感想を求めたわけは、古賀詩がいかに「差別作品」であるかをいやが上にも示すしごとを私にゆだねることであったにちがいないと思われる。そこで、いま一度解放新聞を読みなおしてみると、「とにかく、誌上論争がおこなわれていることは、一定評価してよい」と述べているので、この「差別作品」を論ずること自体は、「中央文化対策部」も許していることがわかった。しかし、「つまりは差別作品」との判断が出ている作品について、「一定評価」されうる議論を行うということは、やはり私の考えたとおり、この作品がいかに差別を願って書かれているかを論証する以外にやるべきことはないということになる。じじつ、解放新聞の文章は、「この作品が、なにゆえに、差別作品であるかを文学的に（強調は引用者。以下同様）あきらかにする、作業をおこなうよう要求していく」と述べている。この要求に沿って作業するかぎり、まずはじめに古賀詩が差別作品であるという断定から出発しなければならなくなる。しかし、作品を読むまえにこれは「差別作品」であるぞよという予断を持つことは、そもそも、「文学」のいとなみとは別の原理に身をゆだねることになる。差別反対の原理と文学との原理はいったい両立するのか。かりに両立しないとするならば、差別反対のたちばから「差別作品」と判定された作品を文学的に論じることはほとんど無意味な作業となる。では一般的に差別反対の原理と文学の原理とのいずれが優先するかといえば、私の考えではもちろん前者の方である。つまり、文学の名がついてさえいれば、いかに差別を助長してもいいかといえばそうはならないと思う。しかし、じつはこのように、文学のいとなみと、差別の問題とを対立させて考えるところに根本的な誤りがあると思われる。人は差別するものの優越感やよろこびに身をまかせ、こころゆくまでそれを楽しむことによって、深い文学的感動を味わうことはできない。文学はその本質に、差別をにくみ、人々を解放するねがいを宿している。しかし、ある差別の外に居る読者に差別の実体を覚らせるには、読者を差別される側に立たせてみるのみならず、差別する側の人間にもならせてみなければならない。人間には、思わず醜悪さから顔をそむけるという、極めて人間的な行為があると同時に、その醜悪さを徹底的に見きわめてやりたいという、これまた同じように人間的な気持がある。ところが、その醜悪さの徹底描写がことによると、差別反対の政治的カンパニヤとうまくそぐわないという事態が生ずることがある。その点だけからすれば、文学と差別反対とは相異なる原理として対立しているかに見えるのだが、さきにも述べたように、この二つは必然的に一つのものであるはずだ。文学としては正しいが、政治としては誤まっているとか、あるいはその逆に政治としては正しいが、文学としては誤まっているとかという言いぐさには、どこかに不徹底さからくるごまかしがある。つまり、いずれの側から出発しても、同じ一つの人間的なねがいに根ざしている以上、同じところで出あわなければならないはずだ。ではその同じところで出あうところに意味をもたせている真の理由は何かといえば、それぞれの出発点がちがっているというところにある。だから、政治は決して文学の代用になれないし、その逆も真である。古賀詩を差別作品であると見るところから出発するのが政治のたちばであるからといって、その同じたちばから文学の論を出発させてはならない。それは文学をねじ伏せた政治の汚点であり、政治になろうとした文学の敗北でもあろう。

二

私の友人に、ある作品を読むのに、かならずその巻末の解説からはじめて、次に本文に入るという秀才がいた。しかし私は、解説はどんなに見たい誘惑にかられても、原典を一通り読み終えるまえには、解説のページの一字でも見ないようにつとめている。それは、私が大変性格のよわい人間で、人に簡単に説得されてしまのではないかというおそれがあるためであり、このような人間が、解説からはじめることは原典への冒瀆だと思っているからである。解説は、たいていは、あたまからひいき目に見ているか、あるいはけなしてかかろうとかまえているか、いずれにせよ偏見に満ちたものであるという偏見が私にはある。早い話が、裁判も、判決から先に読んでしまったのではちっともおもしろくはないし、裁判の公正な観察者であることはむつかしい。

そういうわけで、私は何よりもさきに「エッタ」と題する原典にまずとりかかり、次いで土方鉄さんの「……走り書き的問題提起」（本誌一九七八年五月号）にうつり、さらに、岡庭昇さんの「……詩をめぐる断片的覚書として」（同一九七八年六月号）を見た。たまたま先に手に入ったこの二つの論文を見ると、どうやら議論は、土方、岡庭を両極としてすすんできたらしいのだが、当惑してしまうのは、この中心にたつ、問題の二人の立役者が、まるで申しあわせたように、一方が「走り書き的」と言えば、他方は「断片的」だと、いやに当座的ないい方をしていることである。いったい、こんなにはげしい議論を起しておきながら、その問題を扱うのに「走り書き」や「断片」ですませるのはひどいではないか。二人とも、忙がしくて、よほど時間がないのか、あるいは、当面は何かのつごうで、走り書きやら断片しか書けないが、ほんとうはもっとうまく、みんなをうならせるほど、みごとな論理が展開できるのだぞ。まあそのうち決定版を書いて見せるから、いまのところは、さしあたって、この程度で満足してほしいと、二人が申しあわせて弁解しているようにも見える。ところが、また読んでみると、この両極たるや、この種の議論においては、経験豊富なベテランであるらしい。そのベテラン同士が、走り書きや断片で当座をしのがねばならないのが、いわゆる差別語とか差別表現と言われるおそろしいテーマが置かれている雰囲気なのであろうか。

さて、さきに述べたような理由から、私はまず、古賀さんの原典、「エッタ」を読む。

ここに書かれている方言は、私の親しまない形なので、すらすらとは読みにくいが、意味はよくわかり、なんとその迫力には圧倒された。全く「やりきれない」と思うほどイメージは鮮烈で、この少年の独白は私の共感を強くさそった。あとで土方さんのや解放新聞の説明を読んで、文学作品の鑑賞の態度としては、私は、そういうものを読まずに、いきなり、原典に接したことを読者としてまず幸運だと思った。世の中には、解説してもらわないと文学も音楽もさっぱりわからない人がいて、そのたぐいの人は、解説してもらっても、所詮はなにもわかったのではなくて、権威に対してすなおであったにすぎないのである。どうせ文壇に名のないヘッポコ詩人のたわごとだから、何々さんの解説とか、何々新聞のという権威ある論評さえ読んでおれば、原典は見なくともいいんだというのは、政治的には誤まりでないとしても、文学鑑賞としては何もしていないことになる。

そこで、文学に親しまない私の最初の感じを素朴に表現すれば、この詩は「やりきれない、もうやめてくれ」というふうにでもなるだろう。これを土方さんのことばで言いかえれば、「いいようもない嫌悪感」ということになろう。しかし、人間という動物は、「いいようもない嫌悪感」をもよおすような残虐を日々実演しており、しかも、同じく人間のいとなみである文学はこのいいようもない感じを、あえて、ことばにして言ってのけることを特技にしているのであれば、「いいようもない」ことをことばで言い得ている古賀さんの詩は、それだけで大した技倆だということになろう。そもそも、差別ということ自体が、「いいようもない嫌悪感」をもよおさせるものだとすれば、その差別をにくむ者は、そのいいようもないところを、ますますことばによって実体化しなければならないことになる。嫌悪感をもよおさせる原因は、古賀さんの詩の中にあるのではなくて、差別そのものにあることを誰が否定できよう。嫌悪すべき対象を美しくかざり立てて人の前に陳列するのはウソの文学であり、マコトの文学は、嫌悪すべき対象のそのみにくさをひしひしと描き出すからこそ、文学はデカシタと尊敬されるのである。古賀さんはその言いようのない嫌悪感を表現するのに、あのようなシーンをあてがったもののようである。

そういうわけで、私の「やりきれなさ」はこの詩を読んで後何日も続いたし、二度とそこを開いて読みかえす気にもなれないほどのやりきれなさであったが、それでもまた気を張ってとり出してみると、その迫力は、最初のときにまさった新鮮味を帯びてくるではないか。そして、ここでまた「ひどい」、とつぶやいた。このひどさは、ヒロシマ、ナガサキでの被爆によって、体からぶらさがった皮や、ケロイドの大写しを見たときのようなひどさに通ずるものがあったと言っていいだろう。ではその無残な傷あとがひどいからと言って、いったい傷は人目にさらしてはならないのだろうか。そのひどさをことばであらわしてはならないのだろうか。

私は申しわけないが、近ごろの詩は、あってもなくってもかまわない空文句が多くて、あまり好感をもっていない。そこへ行くと、古賀さんの詩は、決して重役室むきの、あるいは待合室のかざり絵としては使えない。この詩は、耐えがたく、胃袋の底をつきあげてくる、こみあげるような屈辱感、くやしさ、敗北感の奔流を作り出している。だから、「母ちゃん、なめるな！　絶対なめたらでけんぞ」と、私も少年とともに心の中で叫んでいたのだった。それだけに解放新聞の論評の書き手が、「少年は、キレイな場所に立っていて、差別そのものは、なにも撃ち得ていないのである」と書いたとき、少年がほんとうに、「キレイな場所」にいると、本気でそう思っていたのかどうか、まったく不思議な気持になるのである。いったいこの少年が、どんな「キレイな場所」に立っているのか。この少年ほど、キタナイ場所に立っている人間は他にいないではないか。もっとおかしなことは、前記、土方さんの「……走り書き的」にも、この解放新聞と同じ表現がある。いわく「少年は、キレイな場所に立っていて、差別そのものは、なにも撃ち得ていないのである」ついでに言えば、解放新聞はそのあとにつづけて、「したがって、古賀は、この作品では、傷つくことも、血をながすこともないのである」と述べているが、この部分も土方さんの文章と全く同じである。時間の前後関係から言えば、土方さんの「走り書き」の方が解放新聞より四か月早く書かれている。ある個人の「走り書き」が、四か月を経た後も、なお「部落解放同盟中央文化対策部」の公式見解としてそのままくり返されている（あるいは全く偶然に一致した）とすれば、土方さんの文章は、「走り書き」のままで、ゆるぎない古典的地位を得てしまったのであるが、せっかく文学的にやるならば、中央文化対策部は「キレイな場所」がなぜキレイなのか、もうちょっと議論をつめて、その後に続くべき「文学的にあきらかにする作業」の模範を示してほしかったと思う。

次に、少年はほんとに「差別そのもの」を「なにも撃ち得ていない」のだろうか。差別に命中弾をうち込んで、そこにとどめをさすという念願の一撃は、ほんとうには、まだ誰もやってはいないと思う。だから、古賀詩はもしかしてち、「差別撃ちそこない作品」と呼べばあたっているかもしれない。かりにそうだとすれば、「撃ちそこない作品」を、ただちに「差別作品」と断ずるのは、どうやら古賀詩に対する期待が大きすぎたからではなかったかと思う。今のところ、差別にたとえ命中していなくとも、差別を撃とうという、はげしいいきどおりを読者の心のうちにおこさせれば、それはもう文学としては成功しているのではなかろうか。

三

ある作品を差別作品だと指弾するには、そこに、いわゆる差別語が用いてあれば、まずその候補とすることができる。これはただちに目につくから、こみいった議論は無用であって、むかしの検閲制度のように、一つのチェックリストをあてはめて、そこに許されていないことばを伏せ字にするという単純な機械的方式もまた、解放運動の一つの段階においては、充分に啓蒙的な役割を演ずることができたにちがいないが、いまでは、差別のとらえかたは、こんな表面的、形式的な段階をはるかに乗りこえてきている。だから、土方さんも『『エッタ』という差別語は十七回も用いられている。つまりは、乱発という感じである」と指摘しながらも、「もちろん、差別語を用いたから、この作品に批判をもったのではない」と述べている。それは話のすじとしては全く同感できる。しかし、もしかして、古賀詩が少年の母を「エッタ」としておらず、少年、母、男のすべてが非エッタであり、したがってそこにエッタということばが一度も登場してこなければ、要するに問題のシーンが「エッタ」に結びつけられていなければ、土方さんは「体のあつくなる怒りをおぼえた」りはしなかったはずである。女が男の要求で、ポルノ風に屈辱的な性的行為をさせられる。そして、その女の、まだ少年である息子が、ふすまのむこうから、「母ちゃん、なめるな!」と悲痛につぶやく。もうこれだけで充分やりきれない構図だ。ずいぶん汚ないが、そのみにくさは極めて人間的であり——人間以外の自然や動物は、こうした屈辱の儀礼を相手に強いないものだからである——、それ故に一般的な構図である。ところが、このやりきれぬ、目も耳もおおいたくなるこの構図、いや、絶対に許してはならぬこの残忍な構図の中に、差別するものと差別されるものとの関係を象徴的にはめ込んだところにこの作品は成立している。では、このような手続き、工夫によって何が得られたか。それは、「差別」という抽象的な、ともすればからっぽの街頭用語になりかねない凡庸さに、差別がもつ、真のみにくさを実体として与えることができたということになろう。

私はそこで、「この作品がなにゆえに、差別作品であるかを、文学的に、あきらかにする」たちばから、いますこし、問題をわけて考えてみたい。先ず土方さんに聞きたいのだが、男が女に屈辱的な行為をさせる、少年が「母ちゃん、なめるな！」と「叫び出しそうな声をグッとのみ込」む――古賀さんが発明したここまでの設定を、土方さんは一般的に許すか許さないかである。私の考えるところ、土方さんは、不快なシーンではあるが、エッタ、非エッタの関係でさえなければ、こうむきになって筆をとるというふうにはならなかったと思う。このシーンだけきりはなして考えるならば、少年と母の側と、男の側とを、それぞれ、有色人種と白色人種、ヤバン人と文明人、被侵略者と侵略者、ユダヤ人と……というぐあいに、さまざまな差別関係をそこにあててみることができる。ふみにじられた者を、性的に踏みにじられたイメージに托して描き出す技法のパターンは、元来日本人のものではなくて、西洋人の発想だという気がするが、たとえば、ナチに村を焼き払われた人たちが、「おお、けだものに踏みにじられた凌辱された、我が祖国の母なる大地よ」などと、紋切り型にうたうことはいつでもできるように思う。

ところが、古賀さんは、踏みにじられ、辱かしめられる者の位置に「エッタ」をはめ込んだのだ。土方さんはこの語の衝撃力について、『エッタ』という詩を、最初、目にしたとき、私はギョッとなった。そして読みすすむうち体がふるえた」と述べている。また、その後のところで、「一読再読し、この作者は、被差別部落生れではあるまいと考えた」ということである。つまり土方さんの感じ方としては、「エッタ」自身として自ら「エッタ」ということばを口にできるほどこのことばはなみでないものをもっていると言いたかったのであろう。

ことばは社会的なものだというが、この社会的という意味は、決して日本全域的と同義ではない。人があることばから受けるイメージは、その人間の育った土地や環境によってちがう。私はアメリカ人からジャップと言われてもちっとも腹がたたないが、日夜アメリカ人から屈辱をうけ、そのたびにジャップとやられるので、この語に耐えがたい感じを抱く人の気持そのままは、同じ日本人だからといって理解できるわけではない。それに少し似ているのだが、エッタという語を、私は大学に入ってからはじめて聞いた。私の生地には中央語で部落と呼ばれる集落がいくつもあるから、そこに友人もあり、差別についてなじみもあるが、エッタだのブラクだのということばは、非日常語として耳に入ってきたのだった。私の生地では「○○○のもん」と、その部落の所在する地名をあげて呼んだ。それは言いかえることのできない固有名詞であるかぎりにおいて日常のことばだが、それに差別の感情を伴っていた証拠に、人々は、その固有名詞を発言するときに声を落していた。こういうわけで、私の母語の字引きには、「エッタ」という語はなかったのであるから、「○○○のもん」を介して、その衝撃力を理解するしかない。だから、たとえば、パリアという外国語を聞くのとあまりちがった感じはしない。ただし、「エタ」という形に対する「エッタ」は、音声的な強調形であるから、衝撃力という点では「エタ」にまさることはただちにわかる。ちょうどバカに対する音声的強調形バッカの関係に対応する。

土方さんがこの語に「体がふるえる」ほどの怒りを感じた理由は、まだ別にもあって、なるほど、漢字というものは、こういう役割を果すものかと印象ぶかく読んだ。いわく、

「エッタ」は、正確には「穢多」と書き、「エタ」をなまって用いならわされたものである。穢れ多き者という、このうえない差別語をこれだけ乱発できる神経の持主は、被差別部落民ではあるまい。まず、私はそう考えた。

だが、いったい、「エッタ」を「穢多」と書くのが正確だなどとはだれの理論であろうか。土方さんには、ことばの意味を、文字によって説明しようという誤まった態度がある。

さきに述べたように、私は東京へやってきてはじめて「エタ」という語に接し、ついで「穢多」という文字に接したのであるが、その時、この文字の使いかたはおかしいぞと思った。日本語における通常の漢字の使いかたにしたがえば、「多穢」という順序は合則であるが、どうも「穢多」には字のつなげ方にむりがある。むりがあるところにはわけがあるはずである。エタはまだ小さな字引きにも座を占めているところの、追放されざる差別語の一つであるが、たとえば「広辞苑」は「えた」の見出しにすぐ続けて、「『餌取（えとり）』の転訛したもの」と注している。私は専門の国語学者ではないから、エトリ↓エタの音変化のあとを追う道具をもっていないので、便宜、平凡社の「大辞典」（昭和十年）を見ると、ここには一七世紀の辞書「塵袋」から「ヱタといふは……根本は餌取《えとり》といふべき歟」という解釈が引いてある。さらに餌取とは「鷹に食はす餌を取る事を業とせる鷹戸なる雑戸を呼べる名称」という。この解釈を頭からうのみにしたとすれば、エタはがんらい犬飼、鳥飼、鷹司のたぐいの動物にかかわりのある職業名称と特に変ったところはないのであるが、エトリがエタ（あるいはエッタ）に音変化した時点で、だれかカンジ使いの名人がいて、まことしやかに穢多などと字をあてると同時に意味をもつけ加え（私が漢字が差別文字だと言っている理由がここにもある）、それのみならず、土方さんのような人まで が、「『エッタ』は、正確には『穢多』と書き」などと、あてにもならぬ講釈をくり返すようになってしまったのである。

しかし言語学の正統理論は、歴史的にさかのぼり得るかもしれない「餌取り」をたてにとって現代のエタを解釈するといったような、現在を過去からはかる非民衆的なやり方は否定している。だから、土方さんの説明は、歴史的知識としては極めて不正確だが、共時的には（つまり、今現在の意識では）正確なのである。いまさら、エッタは餌取りなんだぞと力んでみてもどうしようもない。しかし知っておきたいのは、エッタという民衆的日常形に知識階級が勝手な解釈と共に字を加えることによって、民衆的リンチを知的に強化、定着させたことがあったということだ。

四

さて、寄りみちが長すぎたので、急いで古賀詩の多少文学的な検討に入らねばならない。土方さんも、また古賀詩の肩をもったため非難された人たちも、どうやら、題名にもなっている「エッタ」があまりにもサンゼン、ギラギラと輝き、派手でまぶしいので、ついそこだけに気をとられているのだが、じつは、古賀詩は「エッタ」の衝撃力をいやが上にも増幅させるために、注意深いかくし味を仕込んでいることを見逃してはならない。

エッタが十七回も出てくるというのに、よく読んでみると、この少年の母ちゃんは、一度も自分のことをエッタとは言っていない。彼女は自分たちのことを「部落もん」と言っているのである。

今度の父ちゃんは部落もんじゃなかとよ。そんヒトがうちのごたる部落もんばもろうてくれたとよ。……
部落もんと部落もんじゃなかもんとでは雲と泥のごとニンゲンの違うとよ。……
部落もんはどげんかめにおうたっちゃ、こらえんとでけんとよ。……

といったぐあいにである。ところが男の方は、「なまいきか！　エッタ！　エッタのくせに」とどなる。そこで少年は「母をエッタと言う男」とつぶやくのである。つまり、非エッタとは何者かと言えば、人を「エッタ」と呼ぶ人間のことである。

この詩はべた書きに書き連ねてあり（詩らしく見せているのは、頁の下がぜいたくに空けてあるところだけだ）、引用符の使用も乏しく、だれのせりふか一見してはっきりしていないところがあるのだが、「エッタ」と言っているのが非エッタの男の方であり、「部落もん」と言っているのが母ちゃんの方であって（この原則は、じつは一回だけ破られており、その時、男は「部落もんのくせに」と言っている）、「エッタ」と「部落もん」の二つの語の使いわけは、その発言がだれのものであるかを示すめじるしになっている。つまり、「エッタ」ということばに、いっそう強い効果を添えてほり深くしているのは、その裏に、母ちゃんの言う「部落もん」のささえがあるからだ。その「部落もん」は「エッタ」に対するやや遠まわり（ペリフラスティク）の自称であるがゆえに、いっそう切ない母ちゃんの感じをあらわす力をもっている。この二つの語の対照的用法には、きっと作者の計算がはたらいているものと考えられるが、もし計算なくしておのずとこうなったのだとしても、いや、それならなおさら、この詩は決して宙に浮いたことばあそびなどではなく、まさにことばの現実のそのままの適切な切り抜きのように思わせるところがある。だから、土方さんが、

この詩から「エッタ」という差別語を一切なくし、別のなにかの語句におきかえてみて考えていただきたい。そうすれば「差別の衝迫力」をかりているということは、すぐにわかろうというものである。

と述べているところは、もう少していねいに書きなおしておかねばならないところである。

つまり、「エッタ」単独では、何度くり返して並べてみても、ただ無駄にはじけて消えて行くだけの、子どもじみたののしりことばの連呼にすぎないが、それをことばの状況にしっかりとつなぎとめているのは、エッタと呼ばれた人が自らを言う「部落もん」であると。このような仕掛けがあって、はじめて「エッタ」を母語に持たない人にもまた、この語の言いしれない差別エネルギーを実感させることができるのであると。

土方さんは、この詩が「読者の差別意識をかきたてるところに、止まっているといわねばならない」と言うが、私にはそうだけとは思われないのである。これほど差別のやりきれなさを訴えかけて、差別をにくませる力をもった詩もまれではなかろうかとさえ感じられる。読者は決して、この詩の中に描かれた、エッタ、非エッタの関係を肯定するような「差別意識をかきたて」られるのではなく、かならず少年とともに、「母ちゃん、やめろ!」とさけび、「母をエッタと言う男」を撃たずにはいられないはずだ。人は少年を「ケダモン、ケダモン」と呼ぶ。しかし、どんな読者も、ケダモンは、まさにこの非エッタ男をおいて他にないと知るにちがいないのだ。

以上のように、私は主として土方さんの考え方を批判するたちばにまわってしまう結果となったが、といって、岡庭さんの評の肩をもつ気にはなれない。「古賀にあっては、現実を風景としてみれず、ましてや風景を忘れてしまうなど、ありえない生をふまえているため」云々といったような、気どるべきでないことがらを気どった言い方でぼかしてしまうやり方は、土方さんと共に、まったくいただけないしろものと思う。

五

以上で私の率直な感想を述べ終えたが、この種のことがらにふれるにあたって避け得ないなお二つの点についてことわっておきたい。まず第一に、私の以上の感想は、「傷つくことも、血をながすこともしない」分際《ブンザイ》の非部落人のたわごととして、これまた見逃しておけない差別論議と判定されるおそれが充分にあるということだ。しかし、差別の原因は、もともと部落人の方にではなく、非部落人の方にあるのだから、差別の解消は、非部落人が、表むきをつくろって、一時しのぎでごまかすのでなく、しんから悔いあらためないかぎり成就できるはずのない事業である。非部落人の分際の者は、差別を口にするなと口を封じてしまったところに議論の展開はないものと私には思われる。古賀詩を読んだ部落出身のある詩人が、古賀さんを「ぶっ殺してやりたい」と言ったと土方さんは書いているが、それは怒りの深さを表現しているとしても、古賀詩の差別的性格を徹底的に解剖し、えぐり出す作業には、全くつながっていないと思う。それゆえ、解放新聞が要求しているところの、「なにゆえに、差別作品であるかを、文学的にあきらかにする作業」こそが、差別そのものだけでなく、文学の本質にせまって行くための足場にもなるだろう。

　第二には、差別問題をとりあげれば、それが、一種のモデル問題の性格を帯びざるを得ないという点である。解放新聞が、「今も結婚をこばまれ、就職を拒否される数多くの若い男女のいること」をあげて、「モデルの側の」「最低限の」「要求」について述べているのは、この点にふれた問題である。問題をこのレベルでしぼれば、最初から話はついているのであって、誰しも、現実の具体的な個々の人を、自分だけの文学的趣味や功利のぎせいにしてはならないのである。現実の人間が主で虚構の文学が従であることに反対する者は誰もいまい。このばあい、作者には、いっさいの理くつを並べず、申し開きもせず、モデルからの抗議をすなおに聞いて、それは悪うございましたと言って引きさがる道だけが開かれている。

　とは言え、差別の問題は個人的モデルではなく、社会的次元のモデル問題である。個人的モデルは、本人と、その関係者がこの世から失せれば、どんなにでも書けるが、社会的（階級的、階層的、地域的、血縁的）モデルは、いかに書かずとも存続しつづけ、それ故に社会問題として、解放思想の対象となるのである。普通のモデル問題であれば、前もって当の本人にうかがいを立て、未然にいさかいを避ける方法もあるが、ことがらが個人的ではなく社会的に存在しているばあい、たといふれてはならない問題であるとしても、問題が依然問題として存在するかぎり、極めて人間的ないとなみの一つである文学がそれに目をつぶっていることはできないだろうと思う。また、多数決の原理にたつのではない文学が、社会問題に対して、多数決的な事前調査をおこない、石橋をたたくふうにやらないのも、それは文学が政治の鼻息をうかがわない健康さのあらわれだと思われる。

だが、今回の古賀詩のばあいのように、ある一般的な構図の中に社会的モデルが関係づけられたところ、その社会的モデルが個人のレベルにまでおろされて、一種の個人モデル問題として解釈されるという、おそらく作者としては不本意な、不意打ちをくわされたわけである。今後も古賀さんのような向こう見ずな人が、思いきった作品をあらわすたびに、かならずこうした不意打ちに出くわすことになるだろう。そのたびにむしかえされる、あまり変りばえのしない議論のくりかえしでも、私は決して不毛だとは思わない。テーマは同じでも、状況は議論のレベルを動かすからである。その動きが解放運動の進行過程をうつし出す指標ともなろう。

とはいえ、当面、不快な衝突をさけたいと願いあくまで実用の立場からは、解放新聞が提出し、私にはこれ以上明快な説明はないと思われる、「モデル問題」という角度から次のように認識の基準を設けるのが適切なように思われる。

まず第一に、「差別作品」の文学的な分析を深めることと、その内容をモデル問題として扱うことは、まったく別の次元に属するということ。そこで次には事件を「モデル問題」として限定して見たばあい、当然のこと、非文学的に、あるいは文学の枠の外に、世俗の配慮を絶対命令として確立しておくことは、モデル問題一般の経験にてらして当然要求されるべき前提条件である。しかし、文学が社会問題を扱いながらも、その問題をあくまで血のかよった、個人のアナロジーで扱おうとするとき、かれはその境界線上の地雷を踏んづけてしまうなどとは気づかぬほどに正気を失ってしまっているであろう。それが文学の強さなのか弱さなのかは私にはわからないのであるが、たしかなことは、そこで生じた事件は決して文学的だなどともったいぶって言うほどの性質のものではないのである。事件はたしかに文学の舞台で起きたかもしれないが、文学の本質とはほとんど無縁な、世俗の「モデル問題」でしかないのである。モデル問題にはモデル問題にふさわしい対処のしかたがあるのであって、それを文学的事件などと特徴づけたりすれば、話のすじみちが、たがいにたどりにくい、神秘的なものになってしまうのである。

解放新聞の述べるところはいささか舌たらずではあったが、この点を明確にしている点に、私としては学ぶところがあった。

（『新日本文学』1978年11月　新日本文学会）

【二〇一八年における感想】

この一篇はすでに『ことばの差別』（一九八〇年　農山漁村文化協会）に収めてある。そう話しても、編集担当の内田朋恵さんは、それでもやはり、今では忘れられているので入れましょうとすすめたので、それに従った。

今読んでみると、ぼくも解放同盟から糾弾されるのがこわく、相当に身がまえていたことがわかる。ぼくも、いつつかまって糾弾を受け、家に帰れないようなことが生じても大丈夫なようにと、常にカバンに歯ブラシと手拭を入れていたことを思い出す。

そのうち、奈良解放研究所の人が、ぼくに話をさせたり、いろんな企画を持って来られるようになり（とりわけ、その都度持参されるおみやげのお菓子が気に入ったこともあり）、つきあいがはじまった。たいせつなことは、これがサベツ語を深く考える機会になったのだが、今はあまり考えたくない。

第二部

一九八〇年代

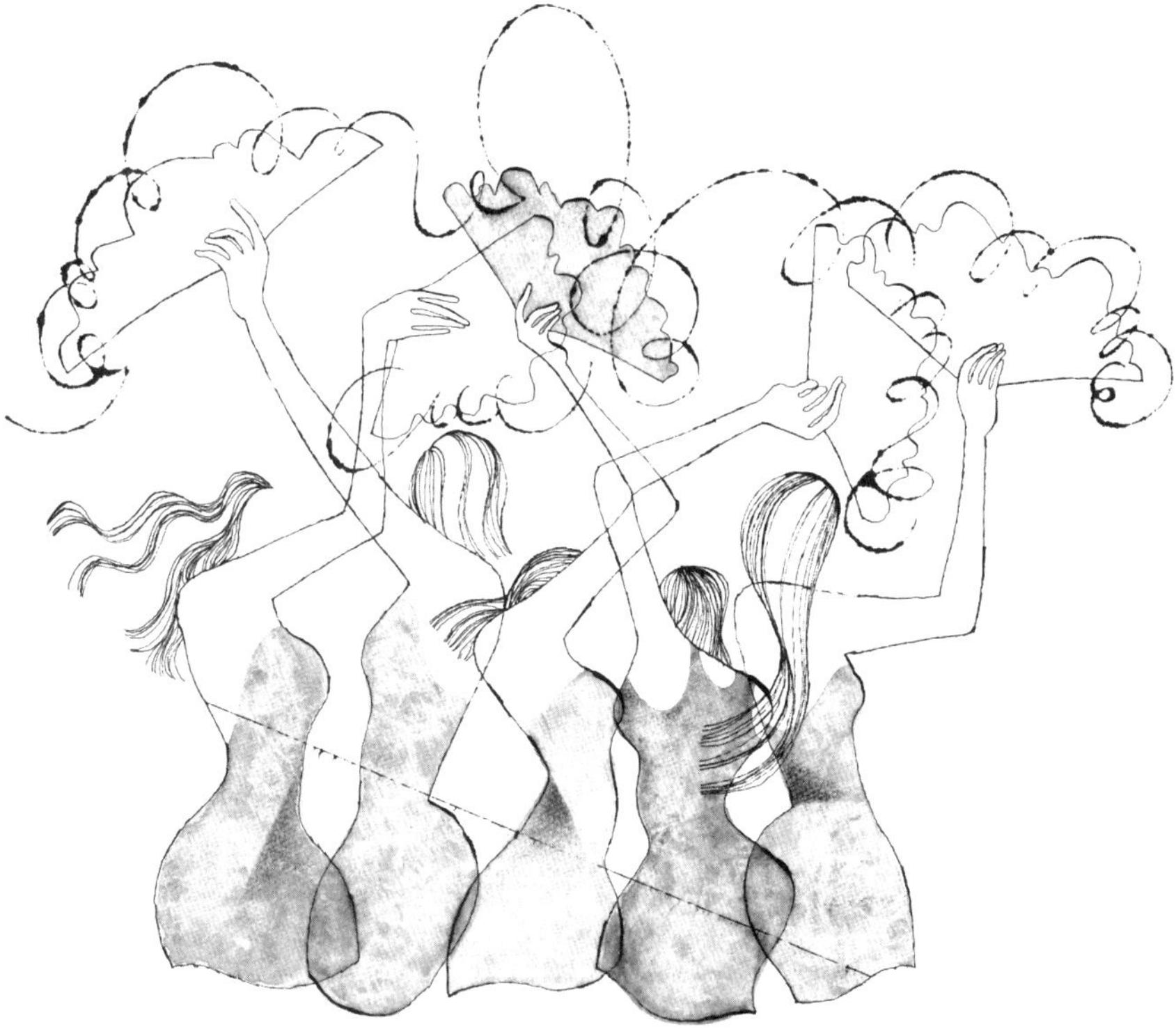

言語批判の視点

『国語の将来』『国語史』『標準語と方言』その他

柳田國男がことばについて、おりにふれて述べたことがらを、近代学問の一つとしての「言語学」と等号で結ぶことは、あまり適切でない。いや、単に適切でないのみか、そんなことをしたら、柳田の言おうとした真の意図を見失ってしまい、そこから価値ある観察を汲みとることにしくじってしまうであろう。

いわゆる言語学の成立には、さまざまな動機と要因がはたらいているが、すくなくともそれは、日々のことばの話し手の内的要求からではなく、それとは別の、外からの必要によってもたらされた。そのことはもちろん、言語学の価値を少しも減ずるものではない。科学の組織者は別のことを意図していても、歴史の文脈のなかでは、本人さえ気づかぬ、思わぬ展開を示すことがあるからだ。

たとえば、その思想と方法において近代言語学と言うにふさわしい組織づけを行ったソシュールのばあい、そのラングとか共時態とかいった道具立ては、何よりも、隣接の諸学（あるいはもっと正確に言えば、切りはなしがたい共生関係に置かれた諸学）のなかから、言語学に固有の対象をあてがって自立させ、固有の原理にもとづく独立の領域として組織するという、学問行政的必要があった。つまり、ソシュールのおかげで、言語学という表札がかけられ、そこに予算がふりあてられるようになったのである。そのためには、しばしば誇張された、するどいタッチを用いて、のっぴきならない輪廓を目だたせなければならなかった。

柳田にとっては、そんなことは必要でなかった。言語学にとって必要であった独立領域の劃定は、むしろことばの生きたすがたをゆがめるものでさえあった。おそらくこう言ってまちがいないものと思われるが、柳田にとっての課題は、近代日本が失いつつある、その常民文化を復元し、それが帯びている本源的な価値と創造力に気づき、近代日本の政治的文化的エリートがもたらしたところの、権威を外に求める、にわかごしらえのすげかえ文化のかりもの性をあばこうとしたのにちがいない。つまり、ことばそのものというよりは、こうした課題によって必然的に、生活感情の直接のあらわれである、日々のことばを問題にせねばならなかったのだ。しかも、対象が常民のことばであったから、それは歴史的ではなく、つまり、死んだ文字として紙の上に横たわった単なる知識ではなく、いまげんに、話す人々の心の中に生きて動いている知識であるから、当然、共時的でなければならなかった。ここにおいて、つまり、言語をひとしく共時の点から観察しようという点において、柳田とソシュールは同じ空気を吸っていたと言うことができる。しかし、柳田にはソシュールとはちがって、均質であって体系をなす、ラングなどというものを作り出す義理はなく、むしろ、各地の方言がせめぎあう、多様な土地ことばの出会いの場面にこそ、かれの熱い視線がそそがれていたのである。

均質な体系ではなく、多様の相においてことばをとりあげようとする人々にとって、伝達技術のための装置としての言語を扱う「言語学」は、もはやたよりがいのある道具ではない。そのための不満はくりかえし表明されていたが、一九五〇年代の末に、チョムスキーが均質モデルを極限にまで煮つめて行ったとき、一群の言語研究者たちが「社会言語学」の名のりをあげることになったのである。社会言語学は、「言語学」に比べて、その扱う対象はいまだ截然と劃定されておらず、その寄り合い世帯的ごたまぜの雑多性は、「言語学」という、せっかくよく整備された庭園の、粗暴な破壊ともとれなくはない。しかしだからといってそのことは、社会言語学が要請される根拠を解消することにはならない。

柳田の言語論——というよりは、国語論と呼んだ方がいい。かれのはなしはいつでも日本語がまとだったからである——は、正統の言語学の畑からは無視されるか、冷やかに眺められてきた。それは、『蝸牛考』を除いては、最近編まれる種々のアンソロジーにおいても収録される機会がめったにないことからもわかる。『国語の将来』『国語史』『標準語と方言』等々の、あきらかにことばに関した論であることを示した題名の著作があるとしても、その内容はそのままでは、直接に言語学に寄与するものではない。何よりも、これらの著作が、言語学が含んではならないものを、あまりにも多く、奔放に含みすぎているからである。それは何かと言えば、技術のレベルをこえた、強い言語イデオロギー批判である。

言語学ならやらずにすんだことを、柳田はどうしてもやらなければならなかった。どうしてもやらねばならないことは、ナニナニ学の姿をとることもあろうし、とり得ないこともあるだろうし、あるいはすすんでとらないこともあろう。そのいずれであったにせよ、柳田が言語学に何の期待も寄せなかったというわけではないし、また、肯定のたちばに立った上で、それなりの批判を抱いて対していたことは『国語の将来』のいくつかの場所で表明されている。すなわち、「言語学には最初から、生活上の目的があり用途があつた。」ちょうど「医学が人の病は治らずともよろしい」といって、原理の研究だけで終わり得ないのと同様に。しかし現実には「紛々たる外国理論の咀嚼に没頭し、乃至は微細なる切れぐ〳〵の知識を追掛けまはして、眼前に国の言語が如何なる変化を重ねて居るかを省みようとせぬ者の多い」ことを憂えている。

柳田はここで、「国の言語」の「変化」に注目せよという。じつは、この「変化」を問題にするということじたいが異端なのだが、次にはその変化にどういう問題を見てとるか、これが柳田の言語への対しかたの、最も基本にかかわる点なのである。

共時論からただちに想像されるように、近代言語学は、多少誇張して言えば、言語を変化しないものとして見ようとする。変化は体系に属するものではないというたちばをくり返し述べたソシュールにとって、まず第一の課題は、変化しないことばを得るための手続きの承認を求めることであったが、柳田にとっては、ことばが変化するというこの点こそがすべての出発点であった。「国語は少しの休みもなく変化している」し、「改めようと努めぬ場合にすら世の言葉は変つて居る。」「言語ほど変化し易いものは寧ろ少ないのである。」それはまた「どんなことをしても、時と共に変化せずには居らぬものだ」というふうに、ことばを論ずるたびにくり返されるこの重要なモチーフの意味は、近代言語学の方法を念頭に置いて、注意深く読みすすんで行く者には異様と思えるほどに強調されていることに気づかぬわけには行かない。これほどまでに変わる変わると言わねばならない背景には、もしかして、共時言語学に対する強い否定的な意識がはたらいていたのではなかったかと。

言語の変化を望まず、その不変を願うがゆえに、変化は常に好もしくない乱れとしか見ることのできない人が、作家とか、文学者とか文法家とかには多い。かれらは、ときとして現状を保守するだけでは満足せず、ことによると何百年も昔の規範に理想をもとめて、今、げんにあることばをそこへ引きもどそうとすることがある。そこには「口語文は文語文のくづれ」［丸谷才一］だという、事態をさかさまにした考え方が横たわっているからなのであるが、こういう考え方を抱く人たちのことを柳田ならどう見るであろうか。

国語がどんなことをしても、時と共に変化せずには居らぬものだといふこと、是は我々の至つて平凡なる経験であるが……これを認めてかからぬ人が若干はあつて、寧ろさういふ人たちが多く国語の研究に携はり、それが又古文を偏重する一つの力ともなつている。

一般に、国語国文の教師、かれらが活動する学校、そこにおける国語教育というものについて、柳田の批判は大変はげしい表現をとることがある。

不幸にも、国語学・国文学が発達し、何の為に国語を読むかを少しも考へずに、読む者は読む事それ自体が出世や人間完成の道であると考へ、余す所なく古い文学を読む。……簡単に云ふと、日本の国文学は、我々の桎梏なのである……インテリの遺ふ国語は文章道の影響を受け、口でも筆でも、常に古代の匂を出してゐた。この影響が謂はば凧の糸の様に、高く揚らうとする国語を引止めておいたのである。

この一節は、「文章読本」などに示された古物趣味がひろまった現代において、特に注目すべき言語観を含んでいる。言語の変化は困ったもの、大急ぎで取り除かねばならない否定的なものとする考えに対して、ここでは、積極的に成長としてとらえられている。

といって、あらゆる変化が柳田にとって好もしい成長にかぞえられるわけではない。成長とは、あくまでその言語による固有の内発力によるものであって、外から借りもののつけ加えをいくら積み上げても成長とはならず、むしろそれは固有の内発力をしぼませてだめにする有害な要因であると考えられていた。その代表的なものが、「社会の枢軸を握った」「書生」による「漢語の濫用」であった。これら「学問に携はる人々が、他国の語と文字で思索した事は、我国語の上には大きな損であった」とも述べている。

それでは、ことばの成長を可能にする内発力はどこにあるか。言うまでもなく、ことばを使う人間じたいにあるのだが、しかしそれは、「他国の語と文字で思索する」のを常とする、「学問に携はる」人間のところにはない。かれらは、「耳で聴いては意味がよくわからず、文字に書いてもらへばなほ判らぬといふ類の国民文芸」をつくり出した張本人であって、国語の将来を托することはできないのである。日本語の本拠は、文字に依存せず、ひたすら日常の必要に応じて新しい表現をもとめて今日に至った常民のところにだけ求めることができるのである。

くわしくは調べていないが、この常民という概念は、没階級的であって社会科学的ではなく、したがって反動的な意味あいを含むものとして受けとる伝統が、我が国の一部にはあるようだ。科学は、社会の中に形成された、人々の部分集団をとり出し、それら相互の関係を研究してきたが、それらの関係は、決して、階級の視点だけでおおいつくせるものではない。人は生産手段の所有関係によってだけでなく、また、規範的知識の所有関係によっても規定されていて、この関係は、階層という、ゆるやかな表現によってより適切にとらえられそうだ。柳田にあっては、階級などという借りものの概念によってではなく、直接、日常の生活から引き出されてきた、階層的な常民という概念に、かれの方法の拠りどころが求められたのである。

常民は、まず読み書きの必要の最も少ない生活の場に置かれていて、多くは農村的生産者である。かれらのほとんどは都市ではなく、地方あるいは農村の生活者である。だから、学校という、都市的な読み書きの必要が生んだ教育機関が、これら、地方の常民の生活の中にあらわれたとき、学校は、常民の生活に対立し、その破壊者として現れることになる。ここから、柳田の研究対象としての、標準語に対立する方言、それに対応して、学校教育と対立する、家庭や共同体における日常のことば教育の問題がとり出されるのである。柳田の目にうつるこの意味での「学校教育」とは何であったか。

家庭の指導者が十二分に親切であつたに反して、世間の学校では有合せの御手本を投出しただけで、本人の身になつて考へても見てくれず……鞭にも罰点にも残虐なる笑ひが、たつた一つ有るばかりであつた。さういふ中へでも親は思い切つて最愛の我児を送り出して居たのである。

この文章が書かれて半世紀を経た今日、日本の大部分の土地で、おそらく、子供たちが家庭からたずさえて来る、土着の日々のことばと、罰と鞭とでそれをたたき出して、代りに都市のことばを入れかえる学校教育という関係は、もはや柳田が描き出したようなものとしてはすでに受け入れがたいものになっているかもしれない。五十年昔の柳田の歎きを、すでに歎くにあたいしないものとしたのは、ほかでもない、近代日本の比類のない達成であった。しかし、五十年を経ても、あるいは、五十年を経た今だからこそ、次のような一節は、いまいちど味わって読んでおくねうちがあると思われる。

今までは五千の言葉を以て営んでいた生活を、三千の良い言葉で続けさせようといふ無理な教育が始まるのである。本で国語を与へようとする教育の弊は、そこに現はれざるを得ないのである。もしも其効果が完全に挙がつて居たら、多くの子弟は一部分の唖とならざるを得なかったのである……最近の所謂方言匡正は、何の代りも与へることなしに、その少しく耳馴れぬもののすべてを、封じ込めもしくは追払はうとして居た。

ここには、日本のみならず、むしろそれ以前に、例外なくすべての近代国家が、常民の言語生活を破壊して、言語的、文化的な中央規範に置きかえて行く過程が適確に、またあざやかに述べられている。人々がおのずと作り「自由に之を変化させて居た」常民のことばは、「中央で」書物を作り、「野心ある」「文字の力ある人だけの手に成つた」、与えられることばよりも豊かであるという信念がここにはある。文字の力ある、中央の、野心ある人は、「文章読本」によってエリート言語の見本を示し、すぐれた表現は決してふだんの生活の中にはなく、書物の中からはじめて求められるものだと説く。たとえばそこに言う「名文を読め」とは、常民言語をほろぼした文章言語のまねをせよという命令であるが、柳田の掲げる名文とは、たとえば他家の松林に落葉かきに入って制止された中年の女が吐いたという、「なまぢや食へないや」というすてぜりふであつた。この女の煮たきは、もっぱらこの落葉に依存していたらしいのである。

柳田は、「日本語が今よりも優れた国語になること」を求めていたが、その「優れた」という理想は「御互ひがもつと自由に且つ快よく、思つた通りを言い現はし又聴き取る」ことができるところにある。しかし、常民ことばの話し手を啞にし、物言わぬ民にしてしまったのは標準語教育であった。それは、「少しく新らしい語を聴けば皆模倣せんとし、心にも無いことを口にする者を作り出し」、「空々しくともよいから是非口真似をせよと勧め」る。そこから、「急いで口真似をする一群」と、「あきらめて自分の土語に閉ぢ籠らうとする人々」の群れが作り出されてしまったのであると。

常民語から中央規範語へのきりかえは、柳田が立会ってきた過程に参与しなかった世代にとっては、柳田が感じとっていたような、ことばを使うということの質的な変化としては、もはや追体験してみることのできないものになっているかもしれない。近代を手に入れるための代償として、我々は、ことばを土から解放して、より疎遠で中立なものとし、またそのようなものと思おうとしている。ことばは、学校や辞書や、活字やテレビの中に、すでにでき上ったものとしてしか存在せず、教えられる方は、それをひたすらおしいただくのみである。ことばに対する人々のこの意識の変化は、たしかに、日本人の文化意識、政治意識のすべてをつらぬいたのである。

（『國文學　解釈と教材の研究』１９８２年１月　學燈社）

【二〇一八年の感想】

かつて、ことばについて、あわてず、よく考えた人たちは、柳田國男のように、耳で聞いただけでよくわかる日本語を大切にした。ところがテレビの普及によって、ことばはますます絵つきで現れるようになったため、文字（漢字）で区別しなければわからないようになってしまった。いつの間にか大蔵省が「ザイム省」と呼ばれるようになったため、ぼくはこれを「ガイム省」と聞き間違え、また「ケイヨウ（京葉）線」と「ケイオウ（京王）線」との聞き違えが頻発した。このような「同音衝突」（ここでは「類音衝突」）は、言語学では病理現象と考えられている。漢字は病気を救ってくれる特効薬か。

国語愛と教育のことば

「国語」は他の教科とは大ちがい

私たちはたぶん、ある種の日本語をしゃべっているが、そのことばが格別好きだからとか、愛しているからとかいうのでそうしているわけではない。ちょうど生まれてくるときに、ここが日本であって、ぐあいがいいからというのでそうしたわけではないのと同様である。

ものごころがついてくると、子どもは親やまわりから注意されるので、しだいに、ことばには、いいことばと悪いことばというちがいがあること、それに、いいことばだと思って使ってみると、そんな言い方は子どもらしくない、なまいきだと叱られたりして、すっかり自信がなくなってしまう。考えてみると、生まれてからずっとこのかた、たいていの人間は、ことばのことでは叱られっぱなしのような気がする。

といって、ことばについての思い出は、いつも暗いというわけではない。ときにびっくりするようなうまい言いかた、印象ぶかいことば使いに気づくことがあって、こどもは、そんなふうなうまい言い方を自分でもまねてみようと思い、たとえ無意識にせよ、はやくから選択がはたらくものである。そういう、うまいことばへのひそかな賛嘆と共感は、やはりそれを話す具体的な個人のひとがらと結びついているので、無人格的にテレビやラジオから出てくることばよりは、ずっと注意ぶかく聞きとられるのではないかと思う。

子どものことばへの感覚は、本来内発的なものであって、それぞれの自由にまかされており、その自由のはんいは、家族や遊び友達との自然なやりとりのはんいと一致している。ところが、学校へ行くようになると、子どもは別のことば、すなわち「こくご」を与えられることになる。この二つのことばの差異は、だいたい、首都から遠ざかるにしたがって大きくなるのが普通である。そこでは、家族や地域のことばから脱却して別のことばへの乗りかえが求められる。「こくご」科、ないしは「国語」科が、他の授業科目と、本質的に異なっているのは、まさにこの点である。つまり、他の教科であるならば、算数にせよ理科にせよ、それまで、学校の外で受けた知識や訓練のほとんどがそのまま役立ち、それが基礎になって、その上に、新しく学校で与えられた知識が整理される。あるいは、学校で得た知識を優先し、それを主軸にするにせよ、学校以前、学校外の、日常にむすびついた知識や経験がそれを補強してくれる。すなわち、学校外の知識も引き続いてプラスに作用してくれるのである。

ところが国語についてはそうではない。国語が認めない知識は、発音であれ、語彙であれ、文法であれ、望ましくないものとして追放し、それにかわって、学校製の知識で置きかえねばならないのだ。この置きかえが、冷静に、客観的な態度で行われることはまずない。一方はより劣っていて、みにくく、みだれてゆがんでおり、他方はより美しく、整って正しいという、価値判断のともなった入れかえである。だから、同じくことばの教育といっても、外国語の教育と、母語の教育とは、この点でまったく性質の異なるものである。英語を学ぶ子ども、あるいはおとなは、英語という、自分の知識にはない、できあった未知の製品を、客観的知識として、ひたすら受け身に受け入れるのだが、母語の教育はそうではない。すでに確立された知識を、別の、しかしかなりよく似た同類の知識によって置きかえるのだ。

この知識の基軸の移動は、方言から共通語への移動として行われる。共通語という表現には、一つの日本国民が共通に使うことのできる、またそのためにおのずと生まれたことばという、客観主義的なにおいがつけられてはいるが、「国語」は決してそのような寛容をもってはのぞまない。共通語と呼ばれる国語は、単に伝達という機能のみならず、威信をもそなえていなければならないからである。

国語の教育とは、ことばという、機能を主とする人間の活動の中に、正誤の区別を設けて、その価値観を認めさせるよう、子どもを誘導するためのものである。子どもはこの中で、親、とりわけ、じいさんばあさんのことば、したがってその考え方も、古くさくてかっこうが悪く、自分はそこから脱け出さなければならないと自覚する。そのことばの話されている地域もまた、劣ってみすぼらしく、はずかしいものだと思うことを学ぶ。しかも、その学びかたは、自立した推論によってそうするのではない。国語の知識がいかに正しいかを学ぶのは、理科でやるように批判的にやるのではなくて、その知識は最初から命令的である。つまり、国語の知識は、子どもに一方的に服従を求めているのである。

「国語愛」を造成する

だからといって、国語の授業に楽しく感じられる面が全くないわけではない。人間には、ありきたりのふだんのことばとは、ちょっとちがった言い方をしてみたいという気持もはたらき、それはそれでおもしろいところがあるからだ。さもなければ、外国語が学ばれるなどということはあり得ないはずだ。しかし仮の変装にとどまらず、異なることばを自在に用いるまでに身につけることは、誰にとってもつらいことだから、誰しも、強制によって、それを学びたいなどと思うはずはないのである。

外国語とか、あるいは何か二次的な言語を、ひとときの間、使ってみるのはたしかに楽しいこともあるが、それだけではくつろぐわけにはいかない。ことばは伝達の道具だなどというが、ほんとうは、心のくつろぎ、やすらぎを得るためのものでもあって、使いたいことばで言いたいことが言えないと、ふつうの人は、それだけで病気になってしまうことさえある。伝達も、ほんとうは心をいやすためのものなのである。ルソーが言語の起源を「精神的な欲求、つまり情念」によるものだと考えたことは、私たちの気持にもよく合っているのである。自分自身のことばで思う存分話してみたいというのは、人間にとって生理的欲求の一つであるから、外国に滞在中、その国のことばのできない人たちが、いかにしょんぼりしてしまうか、ふしぎなくらいである。

こういう機会に、人は「国語愛」と呼ばれる、あの感情が胸にこみあげてくるのを感じるだろう。その感情はなかなか強いものであって、あの社会主義者で国際主義者のカール・カウツキーまでが、本国にいるときならばいがみあっている階級的な敵対者でも、異国にあっては、なつかしいことばによって、たがいに引き寄せられるものだと言っている。ツルゲーネフが、暗いロシアの現実にあっても、お前こそは、我が心のささえであると、ロシア語に熱い讃辞をささげたのは、祖国を逃れたパリの郊外で、さびしく病を養っていたときのことであった。しかし、ツルゲーネフのロシア語を思う気持と、我が国の文筆家などが言う、「国語愛」とはかなりちがっていることに気づかねばならない。

ツルゲーネフの、「ロシア語」なる一篇をおさめた散文詩の中には、悲惨に耐えて暮らす百姓ばあさんのいなかことばがよく出てくる。ツルゲーネフは、この人たちのあるがままのことばをロシア語として愛したのだ。しかし我が国の「国語愛」は、正しく美しく威厳のある「国語」を愛するために、誤っていてみにくい、くずれた方言を見下げよ、憎め、しりぞけよと命ずるところの「国語愛」である。それは、あるがままの、さまざまの村や谷や町々で話されている日々のことばを愛せよと教えているのではない。だから、国語を愛せよとの命令は、日本では、話す人を解放し、自由にし、心からものを言えといっているのではなく、つくりごとの、そのかぎりではうそのことばを話せと命ずる、きゅうくつで無理な、暗い、抑圧のイメージが抜きがたくこびりついているのである。

故郷とその人たちを見くだす国語愛は、みずからの国の中に、ほんとにことばのよさを感得させられるような材料を見出すことができない。それは、ことばへの愛を禁じておいて、国語のみに忠誠を求めることの当然のなりゆきである。しかもなお「国語愛」は感動的な教材を求めている。とすると、ネタはやはり、日本人がよくは知らない別世界から持って来なければならない。ほんとに国語を愛せざるを得ない朝鮮や中国の人の話など持ってきたら、日本の国語愛などは吹っ飛んでしまうだろう。だから、国語愛の教訓的な話はあくまでもよそごとでなければならない。こういうところに持ってくるのに、ドーデのあの『最後の授業』ほどうってつけの材料が他にあるだろうか。それはもう百年も昔に書かれたはずなのに、他にもっといきのいい作品がない。いや、あるとしても、それは「国語」に復讐を挑むものでしかないであろう。そこで『最後の授業』は、いつまでたっても、国語愛を説くためのかえがけのない基本財産としての価値を失わないのである。

『最後の授業』の授業

『最後の授業』は「国語愛」を教える、うってつけの材料だと推奨する人が、いれかわり、立ちかわりあらわれてきた。比較的新しいところで記憶に残るのは、鈴木孝夫さんが、「母国語を奪われそうになる人々の悲しみと、死んでもそれを奪われまいと決意する、自分たちの言語への愛着を見事に描き出しているのである」(『閉された言語・日本語の世界』)とほめたたえたことだ。こういう受けとりかたは、ちょっとおかしいのではないかと、私だけではなく、蓮實重彦さんも書いた(『反=日本語論』)。蓮実さんは社会言語学の専門家がこういうふうな解釈をしていることに一層驚いたようなのだが、愛をたたえようと先走ってしまうと、こういう思いちがいがよく起こるものである。『最後の授業』ほめは、その後もまたあとをたたないらしく、作家の阿部昭という人が、「いまこそ日本の子供たちは、この『最後の授業』を読むべきである」と力説したのみならず、「先生も親たちも読み直すべきだ」と書いたそうである(蓮實重彦『朝日新聞』一九八一年三月一九日、二〇日)。

阿部昭さんが読み直してみろと先生や親にも求めていることに私もまったく同感だ。私たちは年とともに知識も増し、判断力の点でも進歩があると思いたいから、この一篇も、読みなおすごとに深く味わうことができるにちがいないからである。そして、じじつ、このごろでは、先生も子どもたちも、『最後の授業』を教材として、こんなに深く読んでいるのかと驚かされる経験が多い。読めとすすめた人自身よりも、読まされた先生や子どもたちの方が、はるかに多くの拾いものをしていることを私はたしかめたので、そのことをちょっと書いてみたい。

きょねん『ことばと国家』という本を書いたとき、私はこの本が、こんなに多数の読者に、注意深く読まれ、いろんな種類の感想を受けとることができるとは思わなかった。その中でも、ドーデのこの一篇に関するものが群を抜いていた。そして、私が目をみはったのは、これらの読者が、「美しい日本語をまもる」ための教訓としてではなく、アルザスという舞台を、朝鮮とか、台湾とかに重ねあわせてみるという、背景の設定としても、学者だの作家だのよりは、よりふさわしい理解に到達していたことだった。

小学校における国語教育の主な課題の一つが、受けとった言語的情報を自分なりに正しく理解し、分析し、その問題点を把握する力を養うということにあるならば、子どもが感じとったどんなささいなことでも、なぜそういう感じかたが出てくるのかと考えてみるのが、先生や親たちのまず為すべきことであろう。神奈川県のある小学校に勤めておられるF先生から私のところに送られてきた資料によって、子どもの直感力というか、自然な受けとりかたをねじまげないことがいかにたいせつであるかを知った。なるほど子どもはこんなふうに、この話を「わざとらしい」というふうに受けとるものかと。私たちの育った頃は、みんなが「天皇陛下のために死ぬ」などと、これ以上にわざとらしいことはないわざとらしさで日々暮していたから、戦後の解放時代も、すべてがわざとらしくなってしまったという苦い経験がある。せめて解放だけはわざとらしくないところで行きたいという思いでいっぱいなのだ。F先生はお便りの中で、「なぜアルザスばんざいと書かなかったのか」という子どもの感想を手がかりに、この教材のことをお考えになったという。

先生の授業のしかたはなかなか周到に行われていると見え、まず物語の舞台アルザスを理解するために、生徒に百科辞典の説明が示される。百科辞典の記述をことごとく正しいとするわけではないが――なぜならアルザスのようなところを扱えば、その百科辞典を作った国ごとに、記述は微妙にちがってくるからだ――が、ここでは、なにか、よく知らないことについて公平な理解を得るためには、別の情報源、たとえば百科辞典を使ってみるという、じつにたいせつなものごとの基本が実地に教えられることになるのである。この百科辞典は、すくなくとも、アルザスにおける「フランス政府による自治運動の抑圧」と「フランス化政策」について述べているので、生徒は、作品の深い理解へと一歩踏み込む地点に立てるのである。

F先生の報告からみるところ、小学校六年生とは思えないほどの——いや、本当は、小学校六年生だからこそと言うべきだろう——ずばり核心をついた感想が出されている。その一つ、

——なぜフランスの領土に入っていて、フランスことばをしゃべれないのかもうこれだけで、この教材が含む、たいていの問題は出てしまっているようだ。それが一歩すすむと、

——フランス語は国語なのに、ろくに書けないとはどういうことかという明確なかたちをとってくる。F先生は、この作品は「文学作品として、国語の読みの学習」という点で、「とても扱いにくい」教材だと書いておられる。それは「言語とか占領とか」のあまりにも複雑なことを前もって理解しておかねばならないからであると。

たしかにそのとおり、私とても、この作品の意味がしだいにわかるようになったのは、ドイツ語の方言とか、社会言語学についての知識に多少ふれ、そして少しばかりアルザス

を歩いてみた経験があったからだ。その上、私は本来モンゴル学から出発しているから、アルザスについてはまったくのしろうとなのだ。私の育った時代の教科書には、こんなしゃれた話がのっていようはずがないから、最初に読んだのは、大学のフランス語の授業でだった。もともと日本のフランス語の先生は、全体としてのフランスの研究をせず、フランス語で作られた世界のみを見て、あとは神聖なフランス文化のじゃまものだと無視しているから、フランスよいとこの愛国節以外のうたは出て来ない。さらに、この作品を批判的な目で見ないようにさせているのは、ドイツの野蛮という、第二次大戦後、すっかり定着してしまった政治のイメージによるところが大きい。ドイツもドイツ語も制裁を受けるべきものであって、その進出はどこでも阻止されるべきであると。だから、このフランス文をはじめて読んだとき、私は、これはドイツぎらいのフランス人が、ドイツぎらいの読者のために作った、好みの料理だと思ったものである。だから、「国語愛」などと固苦しいことを言わず、「私たちはドイツもドイツ語もきらいだ。世界中の人たちはフランス語を話しさえすれば野蛮人にならなくてすむのだ！」という、一方的な信条の告白として受けとれば、それはそれなりに、なかなか熱意のこもった一篇であるが、「死んでも母国語を奪われまいとする」アルザス人などと話がへんなふうにもっていかれるから、わけがわからなくなってしまうのである。

『最後の授業』を冒頭におく『月曜物語』はドイツ語にも、もちろん訳されている。アルザスの風光をたたえたドーデの短篇はドイツ人だって好きな人が多い。で、このドイツ憎しの一篇について、ドイツ人はどんな解説をつけているか、いわく「フランス語の授業を禁じられたため、その職を失った一人の老教師が、最後の授業において、フランスへの熱い信仰告白（ein glühendes Bekenntnis）を吐露したもの」と簡潔に述べているのは、さわやかで、正確で、的を射ている。

私の念頭から、ひさしく消えていたドーデのこの一篇がふたたびよみがえってきたのは、ソ連や中国領内の少数民族の問題に没頭しているときだった。その関心は、ヨーロッパのいたるところの少数民族、少数言語共同体の問題につながっていった。この人たちは、自分たち自身のことを「ヨーロッパのインディアン」「ヨーロッパの植民地人間」として見ようとしていることがおいおいとわかってきた。インディアンはアメリカだけに居るのではない。植民地は海外にのみあるのではない。海外に植民地を作る者は、かならず国内にもそれを作るはずなのだ。アルザスのインディアンたちのことを伝えたある出版物は、自主的な調査によって、住民の七九％が「アルザス・ドイツ語」ないしは「アルザス語」をしゃべっていると報告している。この数字にはいくぶん誇張があるにせよ、安宿や居酒屋で、女や年寄り、下積みの男たちが晴れ晴れとではなく話すアルザス語は、きらびやかな社会の表層にはなかなか目につかないものである。孫たちはもうフランス人になりきってしまったため、じいさんばあさんの由緒あるアルザス語のむかし語りは聞いても理解できない。いや、理解できても何のとくにもならないのである。シベリアの少数民族の家庭内で、あるいは、かつてアイヌの家庭内で進行したのと同じように、ことばからことばへの乗りかえが生じ、世代の断絶のいたましい光景が見られたはずなのだ。

アルザス語のたたかいは、第二次大戦の記憶がややうすれかけてきた今日、やっとドイツ語のかげから自立した、アルザス土人語の運動としての足場を手に入れはじめたところなのだ。

矛盾の中に真実を発見する

F先生が言うように、アルザスとその言語の問題は、小学生にはとても手にあまる、複雑多岐な内容をふくんだ、むつかしい教材だ。その一つの例を、最近、『最後の授業』のフランス語原文を見ていて気がついた。それは、アメル先生の最も感動的なせりふの一つである、「たとえ、ある国民がどれいになった場合でも、自分の国語をしっかり守ってさえいれば、ろう屋のかぎをにぎっているようなものである」というくだりである。

私はこのせりふは、フランス人がアルザス人にむかって言うのはおかしいのであって、アルザス人自身が言ってはじめて生きてくるはずのものではないかとずっと考えていた。あるいは、日本人ではなくて、朝鮮人が言えば迫力を帯びてくるのであって、その逆では意味をなさないのであると。いったい日本人は人をどれいにしたことはあるが、いつ、だれの、「ろう屋のかぎ」を必要とするどれいにさせられたことがあるのかと。

フランス語のいくつかの版では、この箇所に次のような注がついている。

——自分のことばをしっかり手にしている者は、自分のくさりを解く鍵を手にしているのに等しい——F・ミストラル

ミストラルは、一八三〇年、ドーデより十年早く生まれた、同じ南仏出身の詩人であって、ドーデともつきあいがあった。しかしかれは、ドーデとはちがって、フランス語をたたえ、それで書くよりは、自分の母語、プロヴァンス語をさかんにし、このことばで書く道をえらんだ人であった。ミストラルは、自分のことばで実際に書いただけでなく、南仏の子どもたちが、学校でプロヴァンス語の授業が受けられるようにと陳情し、奔走し、みずから辞典を作ったりもしたのだった。ミストラルの「ことばは解放のカギだ」ということばは、いかにもミストラルその人にふさわしいため、まさにミストラルの思想のそ

のままの表明として人々によく知られてもいたから、それぞれの版の編者はここにその注を残しつづけたのであろう。

では、ミストラルのことばは、どういう機会に、いつ発せられたのであろうか。それは意外に手近なところでわかる。ミストラルの作品のうち、プロヴァンス語からの最初の直接訳は、杉冨士雄によって岩波文庫の『プロヴァンスの少女――ミレイユ――』に収められた。この書物には、ミストラルの生涯のみならず、同時代のプロヴァンス語の運動も併せてわかるようにと、詳しい年表が添えられているので、大変重宝である。その一九〇三年の欄にはこう書かれている。「ウクライナの国民詩人、イワン・ペトローヴィチ・コトリャレフスキー死後百年祭に招待される。ミストラルは『民族は奴隷になり下がろうと、言語を保持する限り、桎梏を解き放つ鍵を持つ』と記して激励。高齢のため欠席」。

ミストラルの原文にあたらずとも、フランス語版の注にあるミストラルのことばはこれであって、ロシアの支配に抗したウクライナの詩人の活動の思い出のために発せられたことばであることは明らかである。つまり、ミストラルのことばは、プロヴァンスとウクライナの解放のための、連帯の表明であったのだ。しかし、『最後の授業』が書かれたのは、この一九〇三年より三十年も早い。だからといって、「ことばはどれいを解き放つ鍵であるという」せりふは、ミストラルから聞いてはじめて似つかわしいのであって、ドーデにはそぐわない。そこで次のような想定をしてみる必要がある。

さきほどの年表によると、ドーデは少なくとも、二度ミストラルに会っている。一度は一八六一年の若い頃、二度目は八五年になってからである。六一年、ドーデが訪ねて来た頃、ミストラルは、プロヴァンスがカタロニアと呼応して独立すべきだとの構想を説き、プロヴァンス語辞典編さんの決意を固めていたことを年表は示唆している。ドーデがその時、燃えていたミストラルから、「ことばは解放の鍵だ」ということばないしは思想を、説き聞かされたことは容易に想像できるところである。しかし、この「鍵」がミストラルからドーデの手にわたって逆用されたくわしいいきさつを、学問的に実証するためには、『最後の授業』が書かれる以前のミストラルの全作品にあたって、この思想、このことばがあらわれる場所を具体的につきとめねばならない。だから、ここでは、私の想定は、単に想定としてとどまるのであるが、本来、どれいが発するべきことばを、逆にどれいに向けて説く『最後の授業』は、かなりたちの悪い、名句の逆用ではないかと思われるのである。そして、状況の逆用は、これまた逆用のまま、そっくり日本に輸入されたのである。

『最後の授業』について、まだ実証のための材料がそろわないのでここには記さなかったけれども、他にも興味ぶかい事実がある。全体として私は、この作品を読むことによって、じつに多くのことを学び、考えることができた。だから、私はこの作品に感謝しこそすれ、決して糾弾の的にまでしたくないのである。その作品のさまざまな面が、しだいに浮きあがって、見えなかったところがはっきりと見えてくる喜びこそ、作品を読み解くよろこびでなくて何であろう。

F先生の手紙の中に、次のような生徒からの感想文が引かれていた。

アルザス・ロレーヌ地方は、資源が豊かなので、一つの独立国となって、自分たちに合った言葉（アルザス・ロレーヌ語）をつくればよいと、つくづく思った。

私は、教材というものが、時にそれをとりあげた、教科書編さん者の意図をこえて、はるか遠くにまで読み手を導くものであることを知って感嘆した。完ぺきな教材、矛盾を含まぬ教材は小心な役人を作るが、現実をうつした矛盾はときに思想家を生むことがある。

（『解放教育』１９８２年６月　全国解放教育研究会編　明治図書）

【二〇一八年の添え書き】

ゲラになってから調べてみたところ、この一篇は、前の「言語批判の視点」とともに、すでに『法廷にたつ言語』(岩波現代文庫二〇〇二年)に収録ずみであることがわかった。ここに再録するほど得意になって書いたわけではないが、もう一度読者の目にさらしても、今話題のカタルーニャの話も出てくるので、無駄ではないと考えて、敢えて収めさせていただくことにした。

支配の装置としての学術語

社会科学用語のジャルゴン性を撃つ

上からの近代、上からのことば

いかなる未開社会であれ、そこで使われていることばが、まったく等質的ということはない。ブルームフィールドは、すでに一九二七年、人口千七百人ばかりのメノミニ・インディアンの小社会の調査によってそのことを示したが、職業と階級の分化とともに、用いられる言語にもまた分化が生じることはよく知られている。社会的な分化以前に、すでに男と女との間で、幼児と成人と老人との間で、いわば生物的な基盤のレベルにおいてさえことばはちがっている。地域によるちがいは言うまでもない。言語学はこの地域によるちがい、すなわち地域方言には大きな注意を払ってきたが、階層方言を視野に入れないことによって、非社会科学としての地位を維持しつづけることができた。それは、近代の国家とか社会とかが、地域性を破壊し、地域をこえた統一言語を作り出すことには熱心でありながら、他面において、言語における性差や階層差をなくそうとしないばかりか、かえってそれを規範化し、維持するのに熱心なことと見合っている。だから、諸方言、諸言語の分化・分裂はおくれのしるしであるとして、その統一は強力にすすめられる一方で、その内部での階層差、職業差を示す言語表現の分化は、言語の豊富さを示すのみならず、近代の発展の成果としてかえって称賛される。

ヨーロッパ諸語においては、かりうど仲間は特有のことばを発達させ、かりうど語辞典すら刊行されている。かれらは、えものの動物たちに、話を聞かれ、逃げられてしまうことがないように、また、生命に関わりをもち危険にたずさわる者としてのおそれから、日常とは異なることば使いをする必要を感じたのであろう。だから、かりうどことばの中には、非日常語を用いざるを得ない、呪術的で本源的な動機を見ることができる。

それに比べて農耕のことばには、より機能的で社会的な要因があらわれている。日本の近代的農民にとっては、かりうどの生活に見られるような、生命を奪ったり、危険に身をさらす機会はほとんど無いにもかかわらず、常人が耳に聞いただけではすぐに理解できない、近代漢語に満ちている。ラジオの「農業の時間」などで聞かれる放送にはハシュ（播種）、イクビョー（育苗）など、耳なれない漢字語が多数飛び出す。ミレーの名画「種《たね》播《ま》く人」は、決してハシュシャとは呼ばれないのに農業ではそうなっている。こういうことばは農学者の口からだけ出るのではなく、日常においては漢字語とあまり縁のない農民自身の口から出ている。すなわちそれは、おそらく、漢字を知らず、したがって、その意味を分析的に知る手がかりを持たぬ人たちにとってさえ、すでに日常のものになっている。

　このことからはっきり言えるのは、イクビョーなどという農業用語は、農民自身が、かれら自身の仕事の中から生みだしたものではなくて、上から与えられたものだということだ。すなわち、日本の伝統農業は近代農業にとりかわる過程で、ことばも入れかえてしまったことになる。新しい技術には、その技術と組み合わさった新しい術語が求められる。これは専門用語がなぜ必要になるかということを合理の面から説明するものだ。

　しかし、タネマキがなぜハシュでなければならないのか。もしかして前者は原始的に手でまく図を連想させるのに、後者は近代的な道具や機械を用いて、組織的に行われる図を思い描かせるかもしれない。しかし技術的に見れば、そのいずれもが同じ目的の行為を指している。それにもかかわらず、ハシュやイクビョーが必要になるという理由があるとすれば、その理由はどうやら、技術のレベルの中に求めることはできないようだ。

　私が思うに、農業における漢語は近代のカテゴリーへの秩序づけを意味し、新しい評価を加えるものであっただろう。だから農民はイクビョーと言ったとき、かれらの作業の内容が、したがってかれらの地位が向上したと思い、いい気分になれたであろう。

秘儀としてのジャルゴン

専門用語は必要な目的が要求するために生み出され、合理的に計画された結果の産物であるとよく言われる。そのことがたしかに、専門用語を分化させ、多岐に発達させた文化を高度なものと思わせ、その言語を豊かだと思わせるのに役立っている。だから、それらの語彙の集大成としての国語辞典のぶ厚さは、そのまま文化的財産の量的な偉大さに換算されるのである。しかしそのような見方にとどまっていたのでは、専門語の真の存在理由と真の生命とを明らかにすることはできない。それは概念の正確さを求めて合目的的にのみ生まれたのではなくて、いい気持になるためにも使われるのである。イクビョーと言ったとき、かれはヒャクショーする人ではなくて農業する人に生まれかわる。「ノー」と言ったとたんにドーグではなく、キグとキカイの金属の響きがあらわれる。

このいい気持になるためのことばの仕掛けには、このように積極的で誇示的なものもある一方、他方では、否定的、閉鎖的なものがある。ヤクザ、学生、その他さまざまなセクト的集団におけるジャルゴンの存在理由は、その秘儀性にある。その秘儀性は、さきの誇示性に染め抜かれた用語と、陰性か陽性かの区別がありこそすれ、その本性においては背と背を接しあっていて、区別することができないほど近い間がらにある。

この種の秘儀性は、残念なことに、あらゆる科学にとって無縁ではない。科学は、もちろん秘儀とは対極に立つ性質のものであり、それこそが科学の存在理由でなければならないはずであるのに、じつは、現象の確認であるよりは、現実をのりこえた世界を示し、それを信ずるように求める点で、むしろ宗教に近い一面をもそなえている。多くは言語外の現象に対応した術語を設けて操作する自然科学とは異なり、非自然科学においては、対象は言語によってはじめて出現することが多い。この領域では、ソシュールがいみじくも言ったように、「視点が対象を作り出す」といった側面があるからだ。

何かがモノとして導入されたばあい、そのモノが、それ以前に知られないものであったとしたら、そこにはどうしても新しい呼び名があらわれねばならない。テレビ、コンピューターなどの名は、それが指すモノと、いわば必然の関係をもって、組みあわさって入ってくる。

問題は、こうしたモノが、前もって与えられたモノではなくて、ひとえにことばに依存し、ことばがあってはじめて、それが観念の中に存在するといった種類のことがらである。

かつて、きわめて多くの人間がレキシということばを知らず、せいぜいムカシとイマが区別できていたくらいであった。レキシは、テレビのように、単一普遍のモノを指しているのではなくて、民族ごと、言語ごとに、多少ともちがったとらえ方を示す表現であるから、そこには様々なレキシ概念があるのである。それが、有力な言語と文化のもとに生み出された、ヒストリーといったようなことばの概念の中にとりおさえられることになる。それを行うのは、国家と、それが要求する大学や学問である。つまり、それ以前にあった、ムカシバナシ、モノガタリ、イワレ等々の日常語を無視して、それとは別に、でき上ったモノとしてのレキシ、［つまり］既製品を外から持ってくることになる。そこで必要となるのは、一方では、日常語として前からあった名と、輸入既製品との間に橋渡しをする仕事であり、他方では、絶えず日常性によって、新しい概念をおびやかす、これら日常的、土着的な用語を、それにまつわりつく概念や連想から断ちきる作業であった。すなわち、日常のことばは、専門用語、学術用語を汚染し、その土台を掘りくずす、気を許すことのできない敵である。

専門用語は、日常から離れれば離れるほど、その汚染されざる、独自の純粋領域を形成し、確保することができる。しかし、専門用語を作り、用いる人間もまた、少なくとも日常的なくらしの場では、いくぶんかは日常語で考え、それを使っている以上、専門語は絶え間なく、日常語からの侵食を受けるおそれにさらされているのである。だから、専門用語は、それに備えて厚い壁を築いておかねばならない。そのための用具としては、できるだけ日常語から離れているという点で外国語がふさわしく、そうとなれば、もとの生産地の語の直輸入がいいにきまっている。こうして、しだいに原語への絶え間のないさかのぼりが生ずるのである。専門用語は日常語からの離脱によって、脱言語的、脱民族的となり、結局、日常生活とは縁のない、普通の人々が決して話すおそれのない死語であるところの、ラテン語とかギリシャ語に助けを求めることになる。アジアの漢字使用圏では、それを下敷きにした漢語が発生した。

専門用語が専門用語として残りつづけるためには、それは死んでいなければならないのに、使用はことばを死なせてはおかないから、専門用語とても、日常の世界の中での俗化を免れるわけには行かない。とりわけ日本では、近代語のシンボルとしての漢語が、日常語の中に上昇して行った。その結果、漢語それだけで秘儀性がまもり切れなくなると、こんどは医学用語のように、ドイツ語を求めなければならない。それは厳密のために求められた原語でありながら、同時に、秘儀性をまもるためにも有効にはたらく。このように、術語の矛盾しあう二面がしっかりと手を結びあう様は、物質と生命との出会う、医学という領域において鋭く浮びあがってくるのである。

術語は科学を規範化し科学に報復する

さて、ここに社会科学ということばで指される一群の領域があって、そこは様々な感情価値にいろどられ、イデオロギー的に誘導された専門用語の活躍する世界である。社会科学の対象は、すでに与えられているものというよりは、ことばがあってはじめて対象を作り出すような世界を相手にしている。そのようなことばは対象をそれとして描き出す以前に、ある目的へ向かって方向づけられている。だから術語はそれぞれの流派の中で一つの方向づけられた体系から切りはなすことのできない一部をなしているから、その用語を、真の理解の上にたって用いるということは、その体系全体への同調と帰依を表明することになる。

社会科学は、ふつうの人が手でふれてみることのできない、人間のカラダの中に手をつっこんでさわるというような秘儀性とはかかわりを持たないかわりに、まったく見通しのきかない未来の、政治的な主張や運動方針を打ち出したり、国家や企業の針路を決めたりするときに、その特有の秘儀性を発揮するよう求められる。チョムスキーが、「社会科学の迷盲」と呼んだものは、政権担当者を科学の名において権威づけ、正当づける、このような秘儀のことを指しているであろう。

社会科学の秘儀性は、用語の中にあらわれるだけではなく、その用語と一体になった、文体のニオイにもあらわれている。この種のニオイは、たとえば「この人のしたたかな生きざま」という表現を見れば、これはあまりものを考えるひまのなかった軽薄ジャーナリストのものだろうとか、「……と考えさせられたひとときでありました」とあれば、教育ママ的女投書家の作品とわかる、といったような、その種のニオイと同類のものである。それは、「問題の所在を摘出して」「新しい視座を構築する」といったような言い方についている、かなり紋切形のニオイであって、政治の実務と深いかかわりを持っている。

ときにある特定の流派への帰依は、その流派の用語への偏愛をただよわせているのみならず、文体をもそこにさそい込んでいる。それは、文体と用語とが、それのみで技術として自立しているのではなく、それでもって語られる思想と一体になっているからである。

日常語の専門用語への流用は、すぐれた言語能力の発露によるものだが、専門用語の日常語化は専門語、日常語のいずれに対してもいい効果をもたらさないむだなあそびである。最近私は、塩見鮮一郎という人の『言語と差別』の書評を求められて書いた（『新日本文学』一九八三年二月号）ところ、私の評はかなりきついものととられたらしく、著者は、その次の号で、「『言語と差別』のいったいなにが、見ず知らずのこの五十近い男をかくまでにヒステリックにし、慇懃無礼に悪罵《あくば》を吐かせることになったのだろうか」と問うたほどだ。私自身は決してヒステリックでもなく、慇懃無礼でもなかったし、悪罵も吐かなかったが、ただ一つの点については、これは困りものだと、ちょっと感情がたかぶったことはたしかである。それは、この人がソシュールをあれこれと説明したあげく、「〈自分の用いる」『価値』という用語がソシュールの使う『価値』という語とちがってきているが、それはそのままにしておくことにする」と、まったく無用の術語紹介をしたところだ。自分が、自分で使いたい一つのことばを出してくるときに、それとは関係のないソシュールの用語をなぜ引きあいに出す必要があったのだろうか。ソシュールの「価値」はソシュールの体系の中にあってこそ価値があるのであって、それとはちがうことを言おうとするのなら、ソシュールへの言及はかえって読者を誤らせることになる。

これと同じことは、社会科学の書の中でたびたび行われる。私にはとても乱暴だと思われるのは、たとえば「ナロードノスチというロシア語の意義はどのようにもあれ、私はこの言葉をこのような角度から捉えることによって、マルクス主義の民族理論に新たな息吹きを与える」（高島善哉『民族と階級』）というのがそれである。「どのようにもあれ」、「それはそのままにしておき」ながら、なおもその語を用いて語るというのはすでに混乱である（『言語からみた民族と国家』一八四－一八五ページ参照）。このような術語の出しかたは、著者がその術語を用いている著作を知っているということを示す以外に何の役割も果してはいない。著者の話は、それとは関係のない、別のところに組みたてられているからだ。

術語は学問的潔癖さのあらわれであると思われやすいが、じつにそうではなくて、単なるベタ金勲章と役割は大してちがわないことがある。術語は絶えずこのようにジャルゴン化への危険にさらされているが、それはもともと、術語は、本来的にジャルゴンの秘儀性を避けられないからである。術語の受けいれは、じつは術語体系という、おそるべき支配機構を受け入れることにほかならず、したがって科学を創造ではなく規範化することにほかならない。術語は、日常語の拒否という、大きなぎせいを払って得られた装置というにとどまらない。それは術語を装備し、自らをしばった科学そのものにも報復するのである。その結果、ヘルマン・バウジンガーの言うように「専門家は社会が自分たちに正当な地位を与えてくれたと信じている。しかしこれはつまり専門家が社会を他の専門家にゆだねてしまったということ」（『ことばと社会』三修社）になるのである。

（『翻訳の世界』１９８３年6月　日本翻訳家養成センター）

エスペラントを包囲する

言語学イデオロギー

今日、エスペラント運動が置かれている状況は、それが過去に経験した苦難の時代と比較してさえ、決して恵まれたものとはいえない。英語はその優位をいっそう固めて行く一方で、諸言語の同権を求める理想主義は、ますます後退を余儀なくされている。とりわけ日本においては、その経済的、技術的達成への自信から、旧かなづかい、漢字の大量使用の復権などの一連の言語反動は、「イングリック」「ジャパリッシュ」等々の露ばらい英語の提唱にみられる現実追随主義と手をたずさえて、あらゆる改革的な試みを窒息させようとしている。すでにある書評欄で述べたように（『イングリッシュ・ジャーナル』一九八三年八月）、一見解放的に見える、これらジガネ英語の主張は、結局は正統英語のメトロポリスにさそい込むための予備段階であるという意味において、それらは英語帝国主義の先兵にほかならない。この種の主張にもとづくさまざまなバリエーション英語を、したがって私は「露ばらい英語」と命名する。

さて、エスペラント運動は、単に実行の面で窮地に立たされているだけではない。理論の上でも、その根拠を掘りくずすための、さまざまな論拠が用意されてきたが、注目すべきは、それらの多くが言語学の正統理論にもとづくものだというふりをとっているという事実だ。そのために、まともな言語学者たるもの、人工語の問題に近づくべきではないという、いわば「君子エスペラントに近よらず」の学界的淳風美俗が言語学者にさえ無言のおどしをかけている。それはすでに長い伝統となっているが、比較的新しいところでは、一九六九年のこと、オーストリアの言語学者マイアホーファーは、この美俗を次のように皮肉ったほどだ。もし言語学者がそんなものに関心を示したら、世間から「品がない」と思われますよと。

エスペラント、おしなべて人工語へのタブーを作り出した言語学の正統理論とは、じつは主に、一九世紀の「青年文法学派」が「比較言語学」を作るさいに用いた諸原則にもとづいている。その後、二〇世紀への移行期において、そのイデオロギー的基盤は数々の批判にさらされた。ほかでもないソシュールの共時言語学は、こうした伝統的正統理論に変革をせまった代表的な例の一つである。ところが我が日本においては、言語の理論はいかに精力的に輸入されようとも、教科書的な人畜無害の知識にとどめられ、生きた力を発揮しない。そこでは言語理論はむしろ、伝統的な規範力を負わされた知識の検定官となってしまい、遂には科学の名において、エスペラントが内蔵している思想的意義をおおいかくし、黙殺するための役割を演じさえしているのだ。だから、何らかの反エスペラント的議論を行う人たちは、これら、一九世紀的言語イデオロギーに入れ智恵された、えせ学者たちからの口うつしを、絶え間なくおうむ返ししているにすぎないのである。

エスペラントは技術であるにとどまらず、これこそが言語についての真の科学だと言い張る、血統主義的な歴史主義と、生物主義的な言語有機体観とにもとづく、印欧語比較言語学への告発でもあった。

これら一九世紀科学の支配的イデオロギーは、言語についての次のような観念をひろめた。第一に、言語は生きた有機体であって、それを用いる社会から自立して、それ自体としての、独自の法則にしたがって生成発展をとげるものであるという。そこに宿る独自の内部法則は、たとえば音韻法則に見るように、話し手の意志が介入する余地なく、あたかも自然法則のように、盲目的、無例外的に貫徹する。その法則を発見することは科学としての言語学にとって最も名誉ある義務であると。有機体としての生きた言語は、人間の手によって加工されたり、そのことによって汚れを加えたりしてはならぬ神聖なものである。——このような考え方は、言語はすでにでき上ったものとして、神から与えられたのだという、いわゆる言語神授説と近いところにある。

第二には、長い歴史の栄光に包まれ、すでに多数の文学作品の後だてをもつ、恵まれた言語のみが、人類文明の未来を引受けることができるのであって、「歴史なき言語」には、まともな思想を生みだす力が欠けており、未来を托すことができないという考え方がそれに加わる。

分かちがたく結びついた、これら二つの観念のいずれにてらして見ても、エスペラントはまともな言語ではない。それは神が作ったのでもなければ、歴史の栄光にも包まれず、生きた有機体でもないからだ。そのような言語を許すことは神への冒涜になろう。

言語の有機体へのなぞらえは、たとえばグスタフ・マイヤーが表現したように、「その体内に血がかけめぐっている」自然言語というイメージを定着させた。それにひきくらべてみると、エスペラントは、さまざまな部品を寄せ集めて組みたてたロボットのイメージに近いだろう。しかし、こうした「生きた言語」のたとえが、いかに人の目をあざむくごまかしであるかを明らかにして見せたのは、ボドアン・ド・クルテネだった。自分は語学の才に恵まれていないから、エスペラントが使えるようになるのに二週間もかかったと言ってのけた、この近代言語学の告知者は、生きた言語と死んだ言語とは前もってきまっているのではないと指摘した。「あらゆる言語は、それを使わない人にとっては死語」にすぎず、逆にどんな人工語であっても、ひとたび人間の「頭と心の中に座を占めれば生きているのだ」とかれは説いた。つまりフランス語を知らぬ日本人にとって、フランス語は生きていないが、かれがエスペラントを使いこなせばそれは生きているのだ。

こうした機能主義的な考え方は、やがてソシュールの共時言語学の中に結晶する。ソシュールが、個人を超えた「社会的事実」という、デュルケームの概念を言語の現象に適用することによって、ラングという概念に到達したとき、いっさいの歴史を捨象した、言語の共時態が得られた。社会的事実としての言語（ラング）は、個人が生まれてきたとき、すでに選択を許さぬものとして、社会によって個人に課されている。その個人にとって、自らの前に立っているその言語の前歴や素性や由来は問題にならない。すなわち、そのようなものとしての言語には歴史の概念は含まれていないのである。いかなる話し手も、かれが話している瞬間に、その言語についての歴史的な回顧をしながら運用することはあり得ないからだ。

血統主義と有機体観が作りだした、もう一つのまぼろしは、「手つかずの」純粋な自然言語という、今日なお人々をとらえている神話である。完全に「純粋な言語」などというつくりごとは、現実にはどこにも存在しないこと、少なくとも国家の言語にしたてあげられているような言語は、かなりな程度まで作られた結果であることは、すでにシューハルトが指摘して以来、めずらしい議論ではない。一九三〇年代のソビエトにおいて、エヌ・ヤ・マルが青年文法学派血統主義を打ち破ろうとして、かえって別の神秘主義に迷い込んでしまったことがあるが、今日、クレオール学は、言語は相互接触の中で作られてきたという事実にますます強い関心を集めている。すでにホケットは、その教科書の中で、エスペラントをピジンやクレオールのような自然言語と同じレベルで扱える可能性を示しているのである。

言語から歴史だの伝統だのという特権的な先祖伝来の私有財産を追放し、ごく普通の話し手の素朴な共時意識に一致させることのできた、ソシュールの革命性は、どんなに高く評価してもしきれない。しかし、かれが道を開いた構造主義は、こんどはその構造じたいに言語のダイナミズムをゆだねることによって、「体系神秘主義」におちいってしまったと指摘したE・コセリウの批判には十分に耳をかたむけなければならない。

言語学は、主要な流れとしては、生物主義と血統主義におさえ込まれてきた言語を、自然の手から、人間と社会のもとにとりもどす道を歩んできた。しかし、その際、人間の意志が関与するわき道だけは注意深く閉ざしておいた。そのために、自然科学主義は、絶え間なく、一九世紀的なイデオロギーを入りこませて、言語を人間のもとから遠ざけておくはたらきをやめない。このようなばあい、不注意に用いられる「自然言語」という呼びかたが、いかに現実を誤まらせる危険なものであるかに気づいておかなければならない。いかなるばあいにも、人間と社会との参与なしに、ひとりでにできた言語などというばけものはどこにもないのである。
近代言語学の成果の一つである、言語体系の脱歴史化という操作が、そのまま脱人間化に導くように用いられてはならない。それは現実に反するとともに、「言語のために人間があるのではなく、人間のために言語がある」（クルテネ）という重要な観点を失ってしまうことになるからである。

（『言語』１９８３年10月　大修館書店）

《本から本へ》

クレオール

くずれたフランス語の学び方

外国研究には、困ったことに、ある国についてできあがってしまったイメージをくり返し再確認し、なるほどとうなずいて、そこでおしまいということが多い。その方が読者としても安らかな気持でいられるからであろう。だから、ある国やある民族はいつまでも野蛮で好戦的で、ある国はいつでも洗練された文化と進歩の代表者である。つまり、研究は対象を類型化し、次にはこの類型化された対象が研究を類型化することになる。

こういう点で、日本のフランス（語）研究者の多くは、この典型と言えないだろうか。かれらは、明晰で、普遍的な理性のための言語、およびそれが作った文明という、本国直産の効能書きを直訳し、ひろめることを主たる業務として来なかっただろうか。じっさいには、そのフランス文化の繁栄の背後には、それを支えたぼう大な海外植民地と、そこからの富と人間そのものの収奪があった。しかしフランス学者がひたすら目指したのは首都に集められた上澄み文化にすぎないのであって、かれらの関心はそこで終わる。いわば行きどまり、袋小路の中での研究であるから、じつは太い動脈でつながっているはずの、世界の研究へと発展して行かない。それは、茶の湯、生け花の作法ばかりに目をこらした分析が、現代日本文化の解明に達し得ないのと同様である。

ここに紹介する大阪日仏センター編『西欧&アフリカvs日本』（一九八三年、第三書館）は、フランス語とその文化を、それが支配したカリブ海やアフリカ大陸にまでたどって行き、そこからフランスを眺め直してみようという、自主公開講座の中から生まれたものだそうだ。それは、フランス政府公認の大阪日仏学院での労働争議がきっかけとなって、「フランス語を学び、教えるとはどういうことか」と問うことからはじまったという。書名の中の変てこな記号&、vsは、単に「・」であったのを、出版社が気取りすぎたせいか、勝手に変えたのだそうで、双方はそのことでいまけんかの最中だということだ。とにかく、ここに収められた講演記録と補論の中から、次の二つだけはとりあげておきたい。

第一は石塚道子「カリブ海の『フランス』――マルティニック島に生活して」である。石塚さんはマルティニック人の夫と、その間にできた子供と一緒に島に住んでいて、時には勉強のために日本に帰ってくるというくらしをしているらしい、この「フランス海外県」の住人だ。彼女は、そこで話されている、くずれたフランス語、すなわちクレオール語を話す大多数の住民とその人種的出身、かれらと白人とが作り出す社会階層相互の間の関係を描き出している。こういう仕事が、専門家の「業務」としてではなく、ほんとに日常の生活の中から生まれてきたのだとしたらすばらしい。私たちは、研究というものの新しいスタイルを期待できるのではないだろうか。

　フランスがカリブ海やアフリカにあるだけではなく、カリブ海やアフリカがフランスにある。それはちょうど、日本が朝鮮にあるだけでなく、朝鮮が日本にあるのと同じだ。ことばというものは、いつでもそういう関係を作り出さないではおかないものだから。

　そのことを教えているのは、杉村昌昭氏が、パリ北方五、六十キロのあたりに設けられた出かせぎアフリカ人労働者寮の管理人、ジョエル・ケルベラ氏と行なった対話の記録だ。わずか「一五平方メートルの部屋に四人ずつという割合で居住している」、単身の出かせぎアフリカ人や、低収入層のための家族団地に住んで、同じく低収入のフランス人とトラブルを起こす出かせぎ家族の日常がここでは語られている。

「北アフリカの連中は子供が平均五－七人の大家族のところへもってきて、友人知人がかたまって集団生活をする。羊を一頭つれてきて、殺して料理をし、廊下や階段を血で汚したり、剥いだ皮を窓にずらりと干しておいたり」で、「せっかくきれいに掃除した直後に、血のしたたりおちている羊の頭を廊下で持ち歩いているのに出くわしたら」、「普通のフランス人がいやな顔をするのは無理もない」と、この管理人は嘆息している。本書が、一面的にならず、フランス人の目でみた、アフリカ人、黒人への率直な感想を収めているのは公平のために正しいと思う。

クレオール語に話をもどすと、それへの関心の古さと新鮮さとを知るためには、どうしても『**ラフカディオ・ハーン著作集　第十四巻**』（一九八三年、恒文社）に収められた、ハーン自身の蒐集になる、クレオール語のことわざ集「**ゴンボ・ゼーブス**」（一八八五年、ニューヨーク刊）のことにふれておきたい。ハーンは日本にやってくる前、ルイジアナの一新聞に記者の口を見つけてやっと食いつないでいたが、そこでこんな奇妙な本を出していた。そこはくずれたフランス語の本場だったからだ。「旋律とリズムの美しさにかけては、クレオール語に優る方言はヨーロッパにはない」とほめたたえ、それが「ますますフランス語化しつつある」と歎くハーンは、こちこちの言語純化信仰にとりつかれた、わが国、現今の作家と比べてみると興味深い。

今回は、百年も昔の奇書と、争議が生み落とした妙な本とを組みあわせてしまったが、百年をへだてて、こうして相似た好みや思想が結びつき、またカリブ海とアフリカとフランスとが、さらにまた日本の問題へと延びて行き、それぞれの袋小路に穴があき、たがいにつながりあって、研究や人々の心が波うち、ゆさぶりあうさまを、私はほとんど肉体の喜びと同じように、こころよく感じないではいられないのである。

『西欧&アフリカVS日本　ニッポン人は「世界」を理解しているか』（大阪日仏センター編／第三書館　１９８３年）
『ラフカディオ・ハーン著作集　第十四巻』（ラフカディオ・ハーン著／恒文社　１９８３年）

（『太陽』１９８４年2月　平凡社）

【二〇一八年のおぼえ書き】

ぼくのように比較的長く生きていると、学問の世界といえども、たゆたう流行の波の中で、右へ左へと流されているものかと思えてくる。ほんのちょっと前、二〇世紀の終わりに熱狂的に迎えられたクレオール論が、最近になって、ぱたりと止み、消えてしまった。日本語はクレオール語だ、英語はそもそも巨大なクレオール語だと言った人たちが死んでしまったからであろうか。そうではないだろう。ひとえに想像力が消滅したせいだと思いたい。想像力こそ学問の生命だ。

ヨーロッパと言語イデオロギー

言語＝民族問題モデルとしてのヨーロッパ

戦後間もない頃、日本の支配から解放されたアジアの諸地域で、反日・自立の運動がたかまっている頃のことであった。当時まだ若くて名声を得た、ある女性文化人類学者が、民族とか「民族問題」だのが話題になるのは、アジアやアフリカのような後進地帯のことであって、近代化した西ヨーロッパには無縁のことがらだと話したことがある。

こうした受けとりかたは、当時の日本の知識人にみられる一般的な傾向であったと思われる。「ナショナリズム」ということばは、それ自体がヨーロッパ生まれであるにもかかわらず、アジア人の意識と、アジアの政治状況の特徴を示すためにつくられたとさえ考えられていたふしがある。

しかし、その後、「民族問題」や「ナショナリズム」といわれる現象は、歴史的にヨーロッパに起源をもつだけではなく、フランスのような最も早く近代国家が誕生した地域であらたに顕在化しつつあることが明らかになってきた。

もちろん、「ネイション」「ナシオン」「民族」など、それぞれの言語で表わされるそれぞれの概念は等価ではない。それらは相互に訳語として誕生したとしても、それぞれの言語の置かれた歴史的背景を含むこうした概念は、決してコピーのように過不足なく写しとられる中性のものではない。すべての歴史的概念がそうであるように、まず定義があって現実が生まれるのではない。

「民族」間の抗争を生み、民族を特徴づける目じるしは、歴史的背景によって異なる。たとえば西ヨーロッパにおいては、インドにおけるほど、宗教が「民族」の原理にかかわることは大きくはない。もちろん、方言的関係でしかないフィンランド語とカレリア語の差を補強するものが、プロテスタントとロシア正教という宗教上の相違であることもあるし、同様に、セルビア語とクロアティア語とが、ロシア正教とローマ・カトリックの対立に一致し、さらにそれに並行してキリール文字とラテン文字との相違に対応していることもある。しかし、西ヨーロッパの近代において、国家と民族の関係の中で、絶えず重きをなした要因は言語であった。

その背景には、キリスト教と組みあわさったラテン語と、その文明にもとづく統一世界が前提にあった。その統一が破れて、個々の国家へと分立していく過程において、世俗の日常言語にもとづく国家内共通語の形成が、近代国家を成立させ、維持する基底的な項目となったのである。

言語は国境内における統合の要具となるだけでなく、国境外からのインパクトに抵抗する防壁ともなる。この後者の意味において、言語は、単にコミュニケーションのための機能的な手段であるにとどまらず、一定の威信をそなえた象徴的価値を帯びさせられるのである。

言語が国家の組織原理となりうるという現象は、西ヨーロッパにかぎったことではなく、世界のどこにでもみられる普遍的な現象と思われているようであるが、しかしそれは、自然の普遍性によるものではなく、まず近代国家を誕生させた西ヨーロッパに起源し、いわば国家＝言語イデオロギーとしてそこで形成された、一つの歴史的モデルである。その後、このイデオロギーは西ヨーロッパをでて、近代国家になろうとするすべての後発の民族と国家によって受容されたのである。

国境とエトノス(1)の不整合

民族問題というものは中世においてはまだ知られておらず、民族の意識も、近代におけるほどはっきりとは自覚されなかった。それは、何よりも近代国家が誕生して以来の新しい問題である。

国家という単位は、エトノスの単位を基盤にして出発しながらも、エトノスを超えた機構へと拡大して行く。あるいは国家は単色のエトノスを求めたとしても、発展の過程で、それまでかくされていたさまざまなエトノスの存在が明らかとなって行く。

国家の出現以前、人類は、同じ言語、同じ風俗習慣を共有する、いわば自然的な、ときには生物的な結合体＝エトノスに分立していた。国家という人為的・政治的境界と、エトノスのいわば自然の境界とが一致するとき、その国家は自然の根拠にもとづく安定性を手に入れる。

しかし現実の国家の成立と発展の中では、一国家が一つの民族に対応せず、複数のエスニック集団（民族）を含み、あるいは一つの民族が複数の国家に分かれて住むという現実が生まれる。近代に入って、このエトノスと国家との境界が一致しない不整合が、民族問題を生み出す最も大きな要因になっている。

しかし、それは先にも述べたように、この不整合への自覚が、地球上のどこでも同じような強さで生まれるわけではない。たとえば中国の場合をとりあげてみよう。

中国は、その一国だけでヨーロッパ三十数カ国が擁するのと等しい数の言語とエトノス集団をもっている。しかもそこを統治した歴代の王朝は、同一エトノス継承性をもたず、非漢系北方民族による、いわゆる「征服王朝」によってさえ統治されてきた。

一九世紀から二〇世紀初頭にかけての近代へのこの重要な時期を担ったのが、漢族ではなくマンシュー族であったのは、注目すべきことだ。しかし、このマンシュー族をはじめとする非漢系の異族が、中国の言語その他のエトノス的主要特質を一変したということはない。

中国という巨大な共同体を維持してきた原理は、言語ではなく、文明とそれにもとづく政治的結合力であった。漢字と結びついたシナ語は、そこでは他の言語と対等に並ぶ単なる言語の一つではなく、言語をこえた文明そのものの具現であると考えられている。したがって、そこでは、ヨーロッパ的な民族自決の考え方が入ってきても、中国としての自決があるのみであって、その内部での自決は問題にならないのである。

ヨーロッパで、この中国の型に最も近い例を求めるならばフランスであろう。フランスでは、一六世紀の絶対王制の確立とともに、その宮廷を中心とする文明が、多様なエトノスとその文化をこえて普遍のものとされた。中国と異なる点は、その文明を代表すると考えられたフランス語の絶対的地位を、法令によって保証したという点である。

この普遍語のかげに、「言語」ですらない地位に追いやられたブルトン、オクシタン、カタロニア、バスクなどの「地方語」が、これらもまた、それぞれ一つの言語であるという自覚を得たのは、やっと最近のできごとである。

それに対して、遅れて国家形成に入ったゲルマン語諸族にあっては、文明と政治の統合は既定のものではなかったから、共同体の統合の原理についてては、より根本的に検討される機会が多かった。とりわけ、ゲルマン語世界から突き出した前哨にあって、スラヴやロマンスの諸語と深く入り組んだ分布をなし、またマジャールとも接しているオーストリアにあっては、複数の民族の国家的統合における言語の問題が、立場を問わずすべての政治家の課題であった。

とりわけこの問題と最も熱心に取り組んだのは、マルクス主義者たちであった。マルクス主義者は本来、民族と国家を否定し、それを超えようとする国際主義者であるから、このような人たちが、民族を注視し、それについて他にぬきんでた理論的考察を残したことは、一見奇妙に思われる。しかし、そこでは階級的な解放が、民族全体としての解放と深くかかわりあっていたのである。

当時のことばでいう、いわゆる「世界語」(Weltsprache) から排除された、通用力の小さい、ハンディキャップを負った言語の話し手である特定の民族は、そのまま貧困層とならざるをえないという状況があった。後に、レーニン、スターリンの名で引用される、マルクス主義的民族理論といわれるものは、主として、オットー・バウアー、カール・レンナー、カール・カウツキーなど、いわゆるオーストロ・マルクス主義者が発展させた議論をほとんどそのまま引き継いだものである。

ゲルマン語世界では、たとえばロマンス語世界においてフランス語が得たような、特権的・独占的地位を得た言語はなく、政治的な境界よりも言語の境界の方がより本源的であり、したがって、より自然に近く真正なものだと考えられてきた。それを背後から支えていたのは、一九世紀の生物主義と結びついたロマン主義の強い影響である。ここではまた、それぞれの言語がそれぞれ固有の価値を帯びつつ、言語ごとに独自の文化世界が形成されるのだと主張する、言語相対主義に拠った、独得の意味論が形成されたのである。

「屋根」のある言語とない言語

人為の政治的境界よりも、言語、エトノスの境界に、より本源的な道理を認めるゲルマンの思考に対し、フランスの状況は著しい対照を示している。すなわち、ある特定の選ばれた言語のみが文明の普遍性にふさわしく、その他の言語はその普遍性に従属するだけでなく、むしろその存続自体が有害でさえあると考えられているふしがある。こうした周辺言語は、分布そのものが周辺的で、国境とさえ一致しない。

たとえばフランス国内のカタロニア語の話し手二十万人は、スペインに六百万人をこえる同胞をもち、同様に八万人のバスク人は、スペインに五十二万人の同族をもつ。こうし

フランスにおける言語の分布
（田中克彦『ことばと国家』岩波新書，1981，p.80 より）

た国境をこえた、あるいは国境を隔てた分布をもつ言語は、それぞれの国家内で自治の獲得を求めるだけでなく、ことによると、既存の国家をこえて第三の独自の国家を組織しようと企てるかもしれない。

　このような願望には「セパラチズム」（分離主義）の呼び名が冠せられ、国家に対する許しがたい反逆として扱われる。それぞれの国家は、いかに利害が対立している場合にも、セパラチストに希望のかけらも与えないという点では一致している。そして現代の世界は、それぞれの国家単位の利害の妥協の上に成り立っているから、国家によって分離された、国家のない言語の将来はほとんど絶望的である。

　では、国境外に同胞をもたないブルトン語（右図）の場合はどうであろうか。かれらは、同じ言語ではなくとも、同系の言語の話し手をブリテン島やアイルランドに見出す。ただし、これらの言語は、同じケルトの血を引くとはいえ、話し手が即座に相手を理解できるというほどの近さにはない。その近さは、日常の体験によってではなく、言語学者や民俗学者がかれらの言語のつき合せによってはじめて得られる学問的知識によらなければならない。その知識がそのまま政治的な燃料に転化することは稀である。

カタロニア、バスク、ブルトンのいずれの言語も、国家の言語とはなっていない。自国の中でなくとも、地球上のどこかでその言語が国家をもち、その文化的首都によってまもられていない点で、これらの言語は「屋根なし」ことば（ハインツ・クロスの用語）である。

「屋根」は、それぞれの言語の存続に決定的な意味をもつ。たとえばスイスに認められている四つの「国語」のうち、ドイツ、フランス、イタリア語は、国外に強力な屋根をもつが、レト・ロマン語はそうではない。屋根なしことばは国家にとって大きな困難を引きおこさないが、他国に強力な屋根をもつ言語を国内にかかえたときは、てごわい問題と直面することになる。たとえばアルザスのドイツ語がそれである。この問題をよりよく理解するために、他の例をみておきたい。

言語的民主主義とは

今日、ヨーロッパの言語の一覧表をつくるとすれば、マケドニア語とかモルダヴィア語とかの名称を逸するわけにはいかない。しかし、言語の内的構造のみを考察の対象とする言語学の立場からすれば、前者はブルガリア語の、後者はルーマニア語の方言にすぎない。

起源的にみるならば、マケドニア語は、その言語の話されている地域を国境内にもったユーゴスラヴィア連邦が、そこを非ブルガリア化するために、ブルガリア語から新たにつくった言語にほかならない。モルダヴィア語も同じようにソビエト連邦の為に「つくられた」言語である。すなわち、これらの言語は隣接の屋根から切りはなし、独立の言語として、新たに屋根をかぶせられたのである。

ヨーロッパにおいては、言語と言語との間の距離がきわめて接近しているために、その距離が失われて言語の輪郭が消え去らないように、国家はたえず監視していなければならない。それは、「伝達性」という言語本来の機能を犠牲にしてまで行なわれるのである。そのようなところでは、ある言語を別の言語に仕立てあげるために、可能なかぎりの手段が用いられる。方言的なわずかな発音の差を正書法で固定し、語彙を入れかえれば、新たな言語のためのスタートは準備されるのである。

マケドニア語とモルダヴィア語の造成は、話し手よりも国家の主導によるところが大きい。しかし、アルザスのドイツ語は、その話し手自身の願望によって維持されている。

フランス国内の非フランス諸語は、一九五一年のデイクソンヌ法[2]以来、学校や放送などの分野での使用が拡大されつつある。しかしアルザスの言語だけは、それがいわば「外国語」であるという理由で冷遇される傾向にある。このような状況のもとでは、アルザスのドイツ語はドイツ語ではなく、固有の「アルザス語」として主張されることが必要となる。独立の言語は独自の名称を求め、独自の名称は、その言語に固有の内容を与えるものである。

もともと西ヨーロッパには、全体としての統合を求める願望がある一方で、それぞれの言語が、言語内的構造をこえて、「一つの」言語が異なる ethnonym［民族名称］を帯びて別の言語であることを主張する傾向があった。ベルギーのオランダ語はオランダ語ではなくてフラマン語であるように、スイスのドイツ語は、もはやドイツ語ではないとする主張である。ルクセンブルクのドイツ語は、国家レベルの支えによって、「レッツェブルギッシュ」という独立の言語であろうとしている。

言語の多様は決して混乱や遅れのしるしではなく、成熟した民主主義のもとにあってこそ維持されるのだということを、ヨーロッパの経験は示している。

言語と国家、言語と民族との関係について、人々がこれほどこだわり続け、議論を重ねてきたところは他にない。言語学という近代学問が要求され、組織されたのも、そのような背景があったからにほかならない。我々の興味を引くのは、そこでの理論の展開だけでなく、事態の進展そのものである。

(注)

(1) この語は、「氏族」「部族」「民族」などの語が含む、それぞれの集団の規模を無視し、もっぱら質を問題にすることができる点で有用である。一九六〇年代のソ連邦において、いわゆる民族理論を精密にするために、この語があらためて検討されたありさまは、拙著『言語からみた民族と国家』(岩波現代選書)第五章[岩波現代文庫第四章]を参照のこと。

(2) 第二次大戦後、フランス初の言語立法は、一九五〇年一二月二二日、激しい反対を押しきって採択され、年を越えて公布された。その名は、提案者であるオクシタン出身の社会党議員の名にちなんでいる。

(『地理』1985年Vol.30 No.9 古今書院)

社会言語学的にみた日本文化の気質《講演録》

ちょっと漢字ばかりの堅い題になりましたので、まずそのいわれを説明しなければなりません。言語学にはいろんな誤解があって、たとえばその専門家は、たくさんの言語に通じていて、発音や文法の知識と実技にもたけているはずだと思われていることです。またそのことから当然、かなづかいや漢字の知識にもあつく、正確でうまい文章が書けるものと期待されていることです。最近の大学ではこのうまい文章がとみに要求され、そのうまさというのは、学生と文部省［現・文部科学省］の両方から足をすくわれることがないような、国会議員用語顔まけの、高度に政治的な文章表現を指すことが多いのです。十年前、私が一橋の教師になった頭初は、言語学者だから、もしかしてそんな能力もそなえているかもしれないと思われたのでしょうか、会議の席で［文章の表現、とりわけ文字の使いかたについて］意見を徴されることがありましたが、最近はさすがに皆さん、私のそういう能力に失望し、真実の認識に到達されたらしく、そんなことはまったくなくなりました。

言語学者のもう一つのイメージは、かれが社会や政治から超然として、浮世ばなれした［ことばの］おもちゃ箱いじりに夢中になっているというものです。たしかに、近代言語学はすこぶる非社会的となり、擬似数学への道を歩むにつれて、社会的な関心の強い人は、そのことによって言語学の純粋性を汚すものだと非難のまなざしを受けた時代もありました。戦後から最近までを支配した記述言語学、構造言語学は、言語体系の自律性と自己完結性という神秘の神に操をたてるあまり、言語を生かし続ける社会も、言語を話す人間も勘定に入れないように努力してきました。言語の現実を見ずに「自然法則」にゆだねるこの傾向は、すでに一九世紀にできあがっていたのですが、最近はチョムスキーがこれに輪をかけて、一種の生物学まがいのものにしてしまいました。そのところで逆流が起きました。［一九七〇年頃です。］この逆流の全体を指して「社会言語学」と名づけます。

社会言語学にもいろいろな流派と関心の焦点のちがいがありますが、一つだけ共通点があります。それは言語が自律の体系として社会や人間の外にあり、人間はそれをできあがった道具として使わせてもらっているというふうではなくて、かれは社会的な人間として、言語にさまざまな働きかけを行っているという認識です。この点で注目すべきは、たとえばアメリカのW・ラボフの研究です。従来、「音韻法則」と呼ばれている現象、たとえば、インド・ヨーロッパ共通基語から、ゲルマン諸語が岐《わか》れ出るときに、たとえば語頭のpが、一斉に規則的にfに変った（ラテン語のpēsが英語のfootへ、paterがfatherへ、ギリシャ語のpenteがfiveへなど）、こういう例から、あたかもことばそのものが、みずからの内的法則の支配のもので「盲目的に」変化したのだ、その「神秘の法則」を発見したのだとうっとりしてしまい、これで言語学も自然科学のように、厳密科学になれたのだとすっかりうぬぼれてしまいました。ところが、ラボフという人は、この、ブラック・ボックスの中の神秘のプロセスの現場を明るみに出してしまいました。それによれば、ある発音の変化のきざしが散発的に現れてくると、ことばじたいが一斉に音を入れかえるのではなくて、特定の社会階層が、すすんでその改新を採用し、変化の担い手になることを実証したのです。こうして、せっかく自然科学になりかけた言語学が足をひっぱられて社会科学に落ちぶれそうになったものだから、正統主義的権威主義の言語学者たちのきげんの悪いことといったらありませんでした。

このように社会言語学は、言語を脱社会的、擬似自然法則の手から、人間の手にとりもどそうとする企てですから、これによって日本文化を見ようとするならば、日本文化を遠くに置いて、あたかも岩石、草木のように眺めるのではなく、それを担う人間が責任を負うはずのものとして私は考え、あえて人間になぞらえて気質と呼んだのであります。こういう観点から出発すると次のようなことが問題になります。

言語はコミュニケーションの手段としてはそれぞれ対等ですが、社会におけるありかた、評価、すなわち言語のステイタスは同じではありません。私の『現代ヨーロッパの言語』（岩波新書）の冒頭のところで、フランスとソ連の、それぞれの共産党どうしが、一九八四年にやった大げんかのことを紹介しておきましたが、フランス共産党は、自分の国のなかに、フランス人ではない、別のことばを話す、いくつもの土着の民族がいることを自覚しないし、認めたくないのに、ソ連はそれに対して、こういうことをなるべくはっきりさせようとします。フランスには単一民族的な考え方をする伝統が、特にフランス革命以来確立されていますが、ソ連の国家形成は、その国名じたいが示すように、複数の言語を話す、複数の民族の存在を前提にし、基礎にしています。現実にはそうでなくなっているところもありますが、理論的にはこの線は崩れたことがありません。十五の共和国から成るソビエト連邦は、それぞれ言語、民族の固有性を原理に構成されており、その理論的モデルは、オーストリア・ハンガリー帝国時代、その多民族状況で、この問題を実践的に考えぬいたマルクス主義者たちの研究にもとづいています。たとえば、一八九九年に、オーストリア社会民主党がブルノで定めた綱領には、どれか特定の民族だけに特権を与えることになる「国家語は制定しない」と明記したところ、レーニンはそれをそのまま踏襲しています。一方フランス革命期の国民公会は、公務員がもしフランス語以外の言語で文書を作ったらクビにするぞと規定しています。それでは中国はどうかといえば、たしかにソ連の民族政策の影響を引きついでいるから、人民元のお札は、漢、チベット、モンゴル、ウイグル、チワンの五つの言語で印刷され、また非漢諸語での出版もさかんだとはいえ、連邦側のアイディアはくり返し否定されていてフランス型です。国民の意識もまたフランス型で、こういう研究は社会言語学にとって重要な研究項目です。

それでは問題の日本はどうでしょうか。日本は明治期の近代化にあたって、憲法をはじめ、ドイツ語文化圏からさまざまなものを学びました。日本への近代的言語学の最初の導入者であった上田万年も、ベルリン、ライプツィヒに学んで「母国語愛」のイデオロギーを導入しました。しかしドイツ式に言語の多様性に心ひかれることなく、ひとえに単一国語に思いを馳せたところはフランス的です。

またドイツではプロイセン時代から、母語と言語統計についての特別な研究がありましたが、日本では、アイヌ語の話し手の数がどのように推移して行ったのか、何の統計資料もありません。これもたいへんフランス的です。日本の社会言語学的研究にとってはすこぶる不利な点です。社会言語学ならずとも、たとえばソ連や中国では、我が国には百をこえる異なる言語と民族があると、まるで財産目録を見せびらかすようにして、その豊富を誇るのに対し、日本では豊富と多彩を恥じるかのようにそれを殺して、「単一民族」のおうむがえしです。これほど文化遺産を大切にと言いながら、ヤマト以外の文化の花は滅ぶにまかせている、おそるべき自然破壊、文化破壊国家だと言わざるを得ません。その背景の一つに漢字の威力ということもあるでしょう。漢字はナマの、固有の発音や方言を押しかくしてしまう。どんなことばでも漢字で書いてしまえば日本語になるという、同化に威力を発揮する文字です。

さて、「社会言語学からみた日本文化の気質」という題のもとに、私が扱おうとしている問題が、だんだん姿をあらわしてきたと思いますが、私はこの「気質」の考察を、時局談風に、浅く政治化したくありません。そんなやりかたでは問題の本質に深くふれることはできません。どうも日本人は、ものごとを多様のままにつかみとることが苦手で、疲れてしまうのでしょうか、「これ一本で行こうや」という気質のようです。「単一」、「統一」、「八紘一宇」が好きなのは、日本文化のカラダの弱さだけではなく、ココロのせまさ弱さ、ひいては、私も痛切に感じるのですが、疲れやすい頭のせいではないでしょう。多様に耐え、かつそれを楽しむ強さを身につけなければ、とうていこれからの世界とうまくやって行けない。商売についてもそうでありまして、去年の夏のカナダ旅行で、日本のクルマが韓国のクルマにやられているのもその一つらしいというカナダ人の感想を聞きましたがそれには今日はふれません。

今日の講演は、一橋では社会言語学もやっているぞという宣伝の目的もありましたが、その効果はあったでしょうか。

（『如水會々報』1987年2月　如水会）
原題「一橋大学開放講座　社会言語学的にみた日本文化の気質」

【二〇一八年におけるあとがき】

この講演を主催したのは、「如水会」という一橋大学卒業生の同窓会である。如水会を支えている主体は、企業活動、経済活動に従事している人たちだから、その人たちに、言語の問題にも関心を向けていただきたいという気持からこの講演を引き受けた。昔から、すぐれた経済学者は、言語のあらゆる問題に関心を払ってきた。たとえば、アダム・スミスである。かれの『道徳感情論』第三版には「諸言語の起源にかんする論文」が附録として加えられているが、これに注意を向けた言語学者はほとんどいない。この論文を独立の冊子として一九七〇年に刊行したのはE・コセリウである。コセリウさんは、一度ならず国立の一橋大学にやってきて講演をしてくれたのである。その著書『言語変化という問題』は岩波文庫におさめられている。

《百科問答》外国語における「差別語」は？

〔問〕いわゆる「差別語」糾弾運動のたかまりによって、ことばづかいに、いろいろと神経を使います。外国でも、「差別語」があるでしょうか。また日本と同じように社会的に問題になっているのでしょうか。

（神奈川県横浜市　T・I）

ちょっとまわりくどいようですが、まず、「差別語」と呼ばれるものの性格を明らかにしておかねばなりません。これとよく似たものに、「ののしりことば」、「タブー語」と言うべきものがあり、この三つはよく混同されます。外国語には相当ひどい、また、よく工夫のきいたののしりことばがあって、むかし毛沢東の論文の中に「小便もこしてから捨てるけちな奴」という表現を読んで、ひどく感心したことがあります。それに比べると、日本語はほんとに貧弱だと思います。ののしりことばは、自分で怒りを押さえようにも我慢ができず、相手を徹底的に打ちのめして、いい気分になるために使うものですから、「バカ」だの「腰抜け」ではあまり効果がありません。ののしりことばは個人的なやりとりの中で発せられますが、「タブー語」は、その社会の風俗、習慣、制度や政治権力などを批判し、社会秩序に動揺を与える結果をもたらすおそれがあるため、社会的な制裁をかくごで発しなければならないことばです。

さて、「差別語」はののしりことばとして使っても、効果を発揮するが、しかし、必ずしも相手に打撃を与えるつもりでなく使われることがある点で、ののしりことばとは似ていてもちがいます。一方、それは思わず使ってしまうことがあるので、前もって「使ってはいけない」と指定されるという点からみると、タブー語と多くの共通点をもっています。しかしタブー語は有形無形の権力に気がねしてできているのに反し、差別語は、そのことばによって実際に差別され、その結果、不利益をこうむる人たちが列挙した、ことばのグループだということになります。

女性差別に関して

ところで、どんなことばが「差別語」にあたるのかは、それぞれの国や地域の文化・社会的、政治的背景、それにまた、ばあいによっては、言語の構造そのもののちがいによって一様ではありません。

最近アメリカ、ヨーロッパの先進諸国で最も強く進められ、間接的に日本にも大きな影響を及ぼしているのは、女性差別に関する領域です。

有名な話に、英語では人を呼ぶときに、男には既婚・未婚の別なくミスターですむのに、女についてはそれを区別するというのがあります。そこで、ミス Miss、ミセズ Mrs を併せたミズ Mis という形を使うことが提唱されています。そういう区別をしない日本語からみると、既婚・未婚のみならず、男女の区別を肩書きで行うことが、そもそも無益な差別になるような感じがします。

さらにちょっとこみ入った話をしますと、ドイツ語では、「人はこう考えている……」というばあいの「人は」を man で表わすことによって、一方的に女を排除していると非難する人たちがいます。そんなこと言ったって、文法のことだから変えるわけにはいかないじゃないかと反論する人は、ことばは変えられないというたちばをとる頑迷な保守主義者だと非難されるでしょう。むしろ「人」が女のばあいには frau という、「出だしを小文字で書いた」女のための代名詞を作るべきだと主張されるのです。すなわち、英語のばあいは、言語の上にあらわれた未婚・既婚や性の区別を消し去ることで差別の解消に役立とうとし、ドイツ語のばあいは、逆に区別を、言語の上に明示することによって、対等にしようという方向をとります。差別の言語的解消にはこのように相対立する二つの方向があって、しかも、同じ言語内で、いずれの方法もがとられることがあります。

たとえば英語には職業、地位、役割をあらわす名を一方的に〜-manに限定した名詞が少なくありません。たとえば議長という意味のチェアマンは、マンで限定することによって女を閉め出していていけしからんということになります。そこで女がそれになるばあいのためにチェアウーマンという形をつくって女であることを明示するか、あるいはチェアパースンとして、男女いずれにも兼用できる一般的な形をつくって解決するやりかたをとります。

英語に見られるような男性形独占状態とは逆に、ドイツ語やロシア語などは、かなり広範囲にわたって、あらゆる職業と地位の名が、男、女二つの形で示されます。この方法は、文法体系の中にまで組み込まれています。その結果、「学生」、「教師」、「同僚」、「会長」、「教授」などの語がすべて女性形をもっています。ロシア語には「トラクター運転手」の女性形さえあります。こうなると、すべての職業・地位名称に、もしかして、女性形が欠けていると、女をその地位から排除したと非難されることになります。たとえば、これまで女がそういう地位につくことが予想もされなかったために、「学長」(Rektor レクトア)の女性形が使われたことはめったにありません。そこでこの語には、あらたに「女学長」(Rektorin レクトーリン)という形を作ってやらねばなりません。ドイツでは、学長を新聞広告で募集することがあるので、その時の広告文は「一人の男学長、もしくは一人の女学長を求む」というふうにしないと性差別をしていると非難されます。「そしてたいていは女性形を男性形よりも前に出します。」

日本語はそれとは逆に、「掃除婦」、「看護婦」というように、そのしごとが女にのみ限定されたと考えられているばあい、あるいは「女医」のように女にもあり得ると考えられて、「女」が明示される以外は、ことばとしては性の区別はしません。ドイツ語では、「女」ということを明示しないと差別だと言われるのに、日本語では逆に、「美人の女秘書」などという言いかたは、女を大変怒らせます。まずなぜその秘書が「女」であることを明示しなければならないのか「とか」、また明示された「女」について、なぜ、特に「美人の」などとその能力とは関係のない評価を加えなければならない「の」か等々。

職業・地位に一貫して男女の差を明確に示す方法は、差別からの解放をめざすエスペラント語の中にもそのまま引き継がれたのは、この言語が、ドイツ語やスラヴ系言語の文法モデルから強い影響を受けたからです。ドイツのある女性言語学者は、「ドイツ語は男のための言語」という本を書きました。性の区別を一貫して文法の中にまで持ち込んだドイツ語、それを動詞の変化の中にまで織り込んでしまったロシア語に至っては、もう、性差別の地獄から脱け出そうという努力は絶望的だとさえ言えます。だからそこでは、まずことばの上で徹底的に区別をした上で、真の平等を現実の上でももたらす以外に解決の方法はないのです。

タブー語と社会

日本で特にはげしい論争のたねになる身体の障害に関する語、ある種の固有日本語がタブーになってしまうようなことは、外国語ではあまりないと思われます。「メクラ」、「オシ」、「ツンボ」が、「モー」、「ア」、「ロー」などと、わけのわからない外国語にとりかえられたりはしません。しかしドイツ語では、「ツンボ」にあたる、分析不可能なタウプ（Taub）という語を、もっとはっきりさせるために「ミミ（聴覚）・ナシ」（gehörlos）という言いかたにかえるのが最近の傾向のように思われます。一般にヨーロッパ語では、日本語ほどに、身体障害の語をタブー視しないと言えましょうか。ドイツでは、「モードー・ケン」というようなわけのわからぬ言いかたをせず、そのものずばりブリンデン・フント（「メクラ［を助ける］・イヌ」）と言うし、またフランス語圏の古い町にはいろんなところにリュ・デザヴーグル（「メクラ通り」）という通りの名を見かけます。この名の起源はいったい何だろうかと思いながら、まだたしかめてはいません。いずれにせよ、身障者に対する社会的な背景や、人々の観念に大きなちがいが感じられます。平気で「メクラ」と自分にも言い、人も言っている社会では、むしろ障害のある人が社会の中にしっかり受け入れられているからではないでしょうか。この問題は、言語学と社会学が、将来大いに協力して解明しなければならない課題です。

身体障害表現に関してあまり神経をとがらせないヨーロッパ語の文学作品などを、そのまま日本語に翻訳しようとするとき、日本語では、これらの語はタブー語にあたるため、聖書であれ、ピノッキオであれ、そのままの忠実な翻訳は出版することはできません。「タブー」という、この点だけで言うならば、たとえば、今日の韓国では、一般的にはすこぶる自由であるのに、社会主義や、北朝鮮に関する一連の語——たとえば「人民」などという語を使ってはならず、タブー語が政治の上に強く現れた社会と言えましょう。差別語の問題をタブーという点に移して考えてみると、今日の西ドイツでは、ナチズム当時、ヒトラーならびに当時の権力によって愛用された語の多くがタブー視されています。それは道徳の観点からというよりは、ユダヤ人の集団的虐殺とか、おそろしい記憶がよみがえってくるからです。つまり、そこではタブー語の多くが政治的であるのに、日本ではこの点ではおそろしく大らかで無神経です。ドイツでだったら、「中曽根康弘の」「運命共同体」だの「不沈空母」などという「八紘一宇語」は責任ある政治家が決して口にするはずのないことばです。これらのことを考慮に入れるとやはり、日本の差別語糾弾運動には、社会的というよりは、私小説的な側面が目立つと言えます。それはある議員が国会で「バカ」だ、「腰抜け」だといった、たわいもない発言のためにつまみ出されようとしたのと似たところがあります。

それよりも、日本に居る外国人が、とても不快に感じるのが「ガイジン」ということばらしい。このことは日本人には意外に感じられる点です。ガイコクジンを略してガイジンと言ってどこがワルイ！　と言いたくなります。しかし、これはきっと、ガイジンにとっては、日本人と非日本人との間にガッチリと壁を立てて心の交流を拒む言語的な手段のように思われるからでしょう。

「差別語」の問題は、日本語が国際的になっていくとともにますます重要性を増していくでしょうし、また、単に実用の面からだけでなく、ことばの本質、ことばと文化・社会との関係を分析していく上で、学問的にも興味深い分野であると思います。

（『月刊百科』１９８７年８月　平凡社）

エスペラント百年に思う

エスペラントが世に現れて、もう百年にもなるのかと思う一方で、まだ百年しかたっていないのかという感慨もある。ロシア語、ポーランド語、ドイツ語、イディシュ語などがせめぎあうポーランドで、眼科医のザメンホフがこの新言語を発表したのは一八八七年のことだった。

私がこの言語の名を知ったのは、ふしぎなことに戦争中であった。知識欲はあっても読む物のなかった少年時代、土蔵の中から引きずり出してきた、大人の雑誌や本の中の広告のページに、ときたま「エス語」講座という文字を見かけた。その頃の人々の話をぼんやり思い出してみると、山陰の、ほんとに小さないなか町にも、埃っぽくちっぽけな食料品店や雑貨屋の若いおやじさんなどに、ちらほらと、このエス語をやっていた人がいたのである。日ざしの強い夏の日など、中をのぞいても、まっくらでよく見えないような店の奥で、もぞもぞと商品をいじくっている目だたぬあの人が、「エス語」をやっているんだぞと父から聞いてからは、その人が急に輝いて見えるようになった。

当時、エス語はアカの思想と結びつけられていた。そういう人たちは、たぶん、これが危険な言語などとは知らずにやっていて、それでアカのことばとして警察からとがめられたとしたら、その人はエス語を通じて、言語と政治との、思いもかけぬ劇的なつながりに胸を打たれたにちがいない。実物の西洋人など一度も見たことのない、僻地のそのような時代に、英語も習ったこともないという人にとって、エスペラントは、学校だの何だの、いっさいの特権をも介さずに、世界の新しいいぶきをすくいとる、長いスプーンだったのである。エスペラント百年の一こまは、私にとってはこのようなかすれた記憶の中にある。

もともと、現存のすべての「自然言語」は——言語は自然ではないから、この名称は奇妙だが、いまはそのことには目をつぶっておく——その年齢をかぞえることはできないのであるから、それぞれに悠久の過去に起源しているというほかない。そう考えると、エスペラントが百年もたった、古びた言語だというのはおかしいのだが、しかし、その存在理由が「新しさ」にあるのだから、やはり古いといえる根拠もある。

この百年のあいだに、世界の言語的環境はいちじるしく変った。それに右往左往の泡沫言語理論の経験を経たいまの段階でなら、もっとうまい新言語が考えられはしないだろうか。理論的に言えば、待てば待つほど、よりすぐれた人工語が現れる可能性が高くなるのだから、なにもエスペラントだけにしがみついている必要はないはずだ。

しかしまた考えてみると、たとえば英語、フランス語、ドイツ語などに、すぐれた資質を求めようとするとき、人は決してその「新しさ」に長所を認めるのではない。むしろ、ことばは古ければ古いほど由緒ただしく、権威あるものと認められる。この同じ美質が、エスペラントにとってはマイナスになるのである。

また別の面からみると、いったいこの百年間に、英語、ドイツ語、フランス語などが、何か根源的な変化をこうむり、長足の進歩をとげたかと問うてみるやいなや、人は無条件に言語における進歩などを論ずることはできず、いったい進歩とはどういうことなのかと、もっと深い泥沼の問いにもどらざるを得なくなる。こうして、エスペラントの歴史性を既存の言語と比較して、何かエスペラントの致命的な欠陥や、言語としての無資格を引き出そうとするのは、単なる言いがかりの、はずかしい議論であることにも気づくであろう。私がエスペラントについて、このようにまわりくどく考えていかねばならない理由は、私がまず近代言語学の洗礼を受けたおかげで、それをいかがわしい目で眺めるように、学問的に訓練されているからである。

言語の研究を「科学」の地位にまで引きあげる功績のあった、一九世紀から二〇世紀にかけての言語学は、流派をとわず、だいたい次のような暗黙の了解の上に築かれてきた。

――ことばを作り、発展させているのは人間ではなくて、ことばじたいの中に、発展もしくは変化の契機がある。言語にはその発展の内的法則があり、その内的法則は、社会・文化などの外的要因によってかわることがない。この内的法則が最も純粋に顕現したのが、例の音韻法則であるが、この法則は、「例外なく」、かつ、話す人間の意志を無視して、「盲目的に」作用し、言語を一定の方向に変化せしめるというものである。それは、生物の進化の法則をたとえにしている。生物は自らの意志によってではなく、意思と独立した法則によって変化するのである。一九世紀において、言語がそれに服する内的法則は、その言語じたいに宿る内的生命であった。ここでは、言語に主体があり、人間はただその法則に服して、それを受けいれ、使わせてもらうだけの存在であり、また言語の存在場所である「社会」は、その言語の内的生命には本質的な作用を及ぼさない、外的要因として排除されたのである。

一九世紀が、言語をそれ自体が生命をもつ有機体として自立させたのと同様に、ソシュールの明晰な表現によって形をととのえた二〇世紀は、言語を自足的な内的体系として、そこから社会を排除し、囲い込んだ。すなわち、いずれのたちばをとるにせよ、言語はいつの世からか、人間という外的要因から離れて、発生し、発展する自然物となった。その自然物は、外来の夾雑物にわざわいされることなく、純血に保たれるのがのぞましい。こうして、生物学的自然科学主義と神秘主義との妙なる結合の上に、言語学というものが安んじて行われる場所が得られたのである。

　こうした言語観からみると、エスペラントは、すべての点で右のような了解事項とは全く反対の性格をそなえている。それはザメンホフという、しろうとが、思いつきによって、机の上で、いろいろなことばから部分部分を寄せ集め、こねあげたアマチュア作品だ。いまもなお、「ザメンホフは言語学者ではなかった」といって、その作品をおとしめようとする発言を聞くが、いったい、いつから言語学者はそんなにえらくなったのだろうか。経済学者がすべて金もうけの達人ではないように、言語学者のすべてがことばの工夫に秀でているなどと言えないことは議論の要もない。

　半ば言語学的な知見をよそおった議論にはまた、エスペラントは、それを母語とする話し手をもたず、こうした言語は言語としての資格を欠くというのがある。エスペラントは、通常外国語として学ばれる。しかし、それは国家の言語ではないからこの名はおかしいのだが、とにかくその学習過程は、我々日本語しか知らない者が、英語やその他の外国語を学ぶのと、全く同じ過程によって行われることはたしかだ。文法のわくをおぼえ、それに語彙の知識をはめ込む。

　生まれたときから文法を意識せず、おのずから話している母語とはちがって、学ばれるべきことばは文法を必要とする。その文法は、規則が多く、例外が多ければ多いほど学びにくくなる。いったい、言語における非規則性、学びにくさは、人間の何に貢献するのだろうか。英語の take の過去が taked ではなくて took となっていることが、人間のためにどのような価値をもっているのだろうか。人間はこのようなむだ、いわば言語体系にとりついた一種の病気を克服できないできた。既存のそれぞれの言語は、それぞれの事情があって、こういう病気とつきあってきたとしても、新しく発足する言語は、こういうもつれやじゃまものはさっさと取り除いた方がいい。――

このように、とらわれない、自由な考え方に道を開くこともできるはずの言語学が、言語に、人間の手のとどかぬ、体系だの構造だのを与えてしまったために、そこは人間の踏み込めない、神秘の聖域と化してしまったのだ。

このような体系病言語学の中から、これを食い破って出てきた社会言語学は、その動機と流派の相違をこえて、次の点では一致している。いわく、ことばに影響を与え、変化させているのは人間であると。私の経験からすると、エスペラントを敵視し、その活動を冷笑してきたのは、国家や政治権力などというよりも、むしろ権威主義的な正統性をふりかざす言語学であった。

エスペラント百周年にあたって行われたいくつかのキャンペーンに、私はおずおずとながらも、私の中に根強く巣喰っているネイティヴィスティクな執着の根をみずからゆるがすためにそれに協力してみた。そのせいでか、私はエスペラントにくわしい人間と見なされて、エスペラントはどこで、どうすれば学べるのかと問いあわせを受けることが多くなった。その中で、とりわけ心うたれたのは、自分は大学にも行かず、外国語も学ぶ機会がなかった、だから、ただ一つの外国語としてエスペラントをやってみたいという切望であった。こんなに嬉しい願いがあるだろうかと私は思った。

エスペラントは、理想主義をたかくかかげて生み出された、出世のためではない清潔な言語である上に、学びやすい。これをちょっとかじってみただけで、現実の、いわゆる自然言語というものが、いかに多くのむだと不合理に支配され、めちゃくちゃ性にあふれているかがわかるのである。我々にかかっている言語の抑圧のいかに多くが理由のないものであるかがはっきりと見えるようになり、そのことで人々は勇気を抱くことができ、また、いくつもの外国語に心得のある人は、それなりに、ここから、より高度な言語批判の手がかりをつかむであろう。

百年たったエスペラントを今見ると、とりわけアジア人のたちばからすれば、もっと単純にできはしないかと思われるところもある。しかしそれは、例えば英語に加えるべき修正に比べればものの数ではない。英語の不規則ならば神聖視し、ほめたたえるのに、エスペラントにはつらく当って修正主義をけしかけるのは、その成功を羨み嫉妬する、あの時代の言語学者のせまい了見が、いまのいままで尾を引いているからである。言語にとって修正主義が致命的な打撃を与えることは、言語学者が一番よく知っているはずなのにである。

私はいま、運悪く、外国語を学ぶチャンスを逸した人たちが、ちょうどエリートがギリシャ語やラテン語をかじって楽しむのと同じように、あるいはそれ以上の喜びをもってエスペラントを学び、自己解放の手がかりを見出すようになるのではないかと期待している。

（『學鐙』１９８７年1月　丸善）

言語・エトノス・国家

ことばをあらわすことば

人間が「ことばを話す」動物であるということは、だれもが同意できる一つの確認である。しかし問題は、このばあいの「ことば」が何を指しているのか、その「ことば」の内容である。ここに言われている「ことば」とは、ドイツ語で言うところのEinzelsprache（n）――つまり「一つ一つのことば」、具体的にとらえられたことば――ではなくて、一般的に考えられた、いくつあるかなどと、その数を数えようとはしない、したがって、冠詞も複数の表示も伴うことのない、ことば一般のことである。それは哲学の対象ではあっても、少なくとも、経験科学としての近代言語学の対象ではない。経験主義的に言えば、一般的なことばなぞは実在しないし、人間は決して一般言語なぞを話すわけはない。人間の話すことばは、常に、ある特定の具体的なことば、すなわちG・フォン・デア・ガーベレンツの言うEinzelsprache（n）を話しているのである。それら個々の言語、方言などが、ひとしくことばであると人々が思うようになったのは、そう古いことではない。ある集団にとって不可解ではあっても、異族によって発せられる音声伝達行為によって生まれたひとまとまりのオトも、やはりことばであると人々が認めるようになった以前の状態を示す証拠は、異言語を称ぶ名称と、またその話し手のむれを指す名称のなかにとどめられている。たとえば、ロシア語をはじめ、スラヴ系言語の多くは、ドイツ人を「唖（おし）」と呼び、ドイツ語を話すことを「唖のように話す」と言い、今日もなおそのように呼びつづけているのである。

「ことばを話す」という表現に関して、前もって立ちいった議論をしなければならないわけは、この表現じたいが含む奇妙な多義性にある。この表現は、元来、homo loquens のうつしかえとして生まれたのであるが、この loqui という動詞には、対象化された「ことば」は現されておらず、ただ、話す行為それじたいが、未分析のまま、全体として示されているのみである。だから、loqui を「ことばを・話す」と、分けて日本語に訳すとまずい。この動詞は「(○○語で、○○語を手段として) 話す」という意味だからである。しかし、このように「ことばを・話す」と訳したおかげで、じゃその「ことば」とは、どんなことばかという問いが現れるのである。もし、もとのラテン語に忠実に、「ことばを」省いてたとえば単に「話す人」としたとすれば、日本語の表現としてはどことなくすわりの悪い感じは否めない。この「話す」という日本語の動詞は、目的語なしで使うとどこか欠けているような感じがする。「話す」は、その話す内容とか対象なしには自立して用いられない。それだけで行為そのものを表わし得る語としては、むしろ「しゃべる」の方がいいだろうけれども、この語には、話す行為についての評価が加わっているために、無色の表現ではない。柳田國男にはハナス、シャベル、カタルなど、一連の言語行為を表わすことばへの考察があって、それによれば次のようだ。

「元来ハナシといふ日本語は、それ自身が一つの中世の新語であった。従って此単語が表示して居る一種の国語利用の方法も、都市を中心として徐々に発達して来たもので、上代は勿論のこと、田舎では久しい後まで之を知らずに居たのである。今でも東北にはハナスといふ動詞は無く、カタルとシャベルとの二つを以て用を弁じて居り、又関西地方でも元は名詞のハナシがあるだけで、イフとハナシヲスルとは明らかに別の意味をもって居た。」

(『国語の将来』)

国語学者の井上誠之助もまた、「鎌倉時代以前には〈はなす〉〈しゃべる〉は無く」、いずれも「室町時代に表われ」、「〈はなす〉が〈かたる〉にとって代ったために筋のある場合もあるのに対して、〈しゃべる〉は全く筋のない、口から出まかせの多弁で、この点が〈はなす〉と違います」と述べている（神戸大学近代発行会『近代』53号所収「〈言ふ〉に落ちず〈語る〉に落ちる」）。

以上で見たように、「ことばを話す」という普遍的で、単純に見える行為も、またその行為の対象も、行為によって産出される結果も、それぞれの言語によって同じではないということが明らかとなり、またそのことが、言語学を根底において述語いじりに熱中させてしまうという動機をはらんでいる。私たちは、ソシュールが、まずラングとかパロールとかの語をもって議論を始め、結局その概念を中心にどうどうめぐりしながら、言語学の体系そのものが論じられたことを思い出せばよい。

こういうことを念頭に置いてヨーロッパの言語をみて行くと、sprechen—Sprache, speak—speech, parler—parole のように、同一の語根によって、行為そのものと、その行為の目的でもあり、それから生まれた対象でもあることばを示すことができる。日本語にも「話す—話し」という、同一語根に発するペアがあるが、その名詞形は、動詞形に対応する内容以上のものを含んでいる。すなわち、その名詞形は、抽象的な「ことば」ではなく、内容のある、ときには、前もって考えぬかれ、すなわち井上氏の言う「筋のある」、計画された、一つの作品を指している。すなわち、「お話し」「昔話し」などの用法がそれである。それは柳田の言うように、それに先行する「語る」につながっているのだが、それに対応するようなヨーロッパの表現で言えば、talk—tale, sagen—Sage が思い出されるのである。この最後の語は、たとえば北欧ゲルマン語のサガを考えあわせてみると、この語の特性がよくわかる。すなわちそこで示されているのは抽象的な言語体系ではなく、作品である。

日本語ではこのほか「いう」(いふ)があるが、これは「と」につなげて用いられるように、「いう」内容なしには自立しない。したがって、「人間はかたる・いう・話す……動物である」などなど、それぞれ試みてみると、みなふさわしくなく、行為そのものを示すには、結局は「しゃべる」が一番いいように思われる。ただし、前に述べたように「おしゃべり」につきまとう、評価や感情価値を除くならばである。要するに問題は、日本語には、「話す」という行為そのものの具体的な結果としてあらわれる対象を、同じ語根から導き出した語で表現できないということである。それは「ことば」と呼ぶしかない。この語の、行為からきりはなされた名詞性は、ヨーロッパ語ではラング、タング、ヤズィクなど、「舌」を転用した「ことば」という語の中に、その対応物を見出すべきであるように思われる。

言語の前社会的表示と社会的表示

そこではじめの話にもどって、この「ことば」という語を考えてみる。さきに、人類はむかし、自分のことばだけをことばだと思い、他の集団の話す、理解できないことばはことばではなかったと考えた時代を想定しておいたが、しかしバベル伝説を見ると、共通の単一のことばからの、相互に通じないことばへの分裂というモチーフがあって、そこには、すでに、相違をこえた、ことばの普遍という考えかたが含まれている。普遍を前提とするか否かは、ここではもうこれ以上立ちいらないことにする。とにかく、この具体的な一つ一つのことばは、極めて小規模な、部族とか種族とかの語で指される集団の言語であった。その時代、個々の言語は、どのような名づけをもって呼ばれていたのであろうかと考えてみると、おそらく、それぞれの集団の名を帯びていたにちがいない。その集団は、ここに述べた部族的なものから、やがて民族と呼び得る規模のものへと発展するが、いずれのばあいでも、個々の言語、あるいは方言の名は、少くとも発生的にはそれを話す集団の名に由来するものであって、その逆ではないと思われる。したがって、他の点では大いに共感できるE・コセリウが、「言語は民族の名称によって呼ばれるとの反論があるかもしれないが、それはどんなばあいにも言えるとはかぎらないし、それに、言語はもともと民族によって決定されるものではなく、その逆である」(『言語変化という問題』岩波文庫三三—三四ページ、傍点は田中）と述べているのは賛成できない。

言語あるいは方言を、それ自体としてとりあげ、その内的な体系を一つのまとまりとして記述することは、記述言語学と言い、構造言語学と言い、本来の意味における正統言語学の直接の目的でもあり、結果でもある。そのばあい、まず問題となるのは、記述されるその対象であるが、とりあげる対象を、一つの単位としてどのように決定するかである。記述されるべき対象は、動植物の標本のように前もって与えられているのではなく、ことばのばあいは、議論にさきだって輪廓を決定し、単位を定めなければならない。言語の数がいくつあるか、方言の数がいくつかという問いに、決定的な数字を与えることができないのはそのためである。

記述の手法そのものは、部族語であろうと民族語であろうと、方言であろうと変わりはないと思われている。しかし、記述される対象のきりとりかたは、言語内的にきまるだけではなく、同一言語を話していると意識している言語集団、すなわち言語共同体との関係できまるのである。ここから、言語を決定するのは言語共同体であり、言語共同体を決定するのは言語であるという、二項の間の相互依存関係に気づかされる。この相互依存関係から引き出される帰結は、民族を決定するための指標として言語が用いられるということである。ヨーロッパにおける一九世紀以来の民族自決のうごきの中で、ある民族が、民族であることを主張するための客観的な指標として「固有の言語」の所有を挙げることは、一種の普遍原則となったが、それは決して自然発生的に生まれたのではなく、一つのイデオロギーにまで高められたのである。

以上見てきたように、ある一つの言語をとりあげ得るためには、そこには言語共同体がなければならない。もちろん、言語共同体の質が、言語の内的構造を決定するわけではない。しかし、言語共同体の質のちがいは、その言語の、社会的機能にちがいをもたらすのである。種族や部族の言語から民族の言語へ、民族の言語から国家の言語へという発展の過程で、ことばを呼ぶためのさまざまな呼称があらわれた。languageは、日本語で言えば、「国語」と訳すことのできるほどの、国家の水準に到達した、高度に政治的な言語共同体が、学校、軍隊、法廷などで義務的に用いるよう定めている、権力の言語であって、あらゆる「ことば」を指すために無差別に用いることができるわけではない。そこで「language（国語）とは陸海軍をそなえたdialect（方言）である」（マックス・ワインライヒ）というような言いぐさが生まれるのである。つまり、方言が軍隊をもつと国語になるのであり、ソシュール式に言えば「方言はしばしば、文学をうみだしたからとて、国語(langue）の名をいただく」（『講義』二七八ページ）のである。

言語を、「人間はことばを話す動物」であるとして、単に種としての人間が用いる、コミュニケーションとしての技術として認めるにとどまるのでなければ、その、ことば一般は、エスニックな相違によって、また社会的な機能によって複雑に分岐している。エスニックな相違による分化は、言語のそれぞれに固有名を付与している。というよりは、言語が固有の言語として、定まった輪廓を持って自立するのは、エスニックな名称をつけられたときからはじまる。アイヌ語と日本語とは、その社会的、政治的機能において大きく異なるとしても、エトノスの段階では、すなわち、伝統的な言語学が扱う対象としては対等であり、同等である。いわゆる伝統的な言語学はこのレベルで言語を扱ってきた。

しかし、それぞれのエトノスを単位とする言語は、それ自体において、政治のレベルにおける区分けと評価とを含んでいる。たとえば日本語は国語であっても、アイヌ語は国語ではない。「あなたは何個国語を話すか」という質問に対する答えとして、アイヌ語ははじめから除外されているのか、いないのか。字義通りには、もちろんアイヌ語は国語ではないから、その点ではまず答えからはずされるが、しかし、日本語の慣用としては、国語の言語になっていない言語に対しても、このような問い方をする以外に方法はない。この現象は日本語特有のものであるが、しかし、同じようなことは、あらゆる言語にも生じ得る。それはなぜかといえば、質問に用いられる、「ことば」とか「言語」ということばの中に、すでに、その言語の社会的な地位を含まずに表示することはほとんど不可能だからである。すなわち、ことばを指す用語は、決して無色ではなく、必ず社会的な評価や、資格づけを伴っている。

社会言語学は、技術としての言語の面、すなわち、音韻、文法、語彙などの体系そのものをではなく、言語の社会的存在形態を扱うのを、その主要な課題とするが、一般に、非社会的に、よりくわしく言えば前社会的に言語を呼ぼうとしても、言語を呼ぶ名は常に多かれ少なかれ社会言語学的な用語であることを認めないわけにはいかない。そこでたとえば、言語学者は、最も中性的な用語として「方言」という語を用いることになる。方言とは文学、陸海軍を持つ以前の言語、あるいは文学、陸海軍をもたなくていい言語のことであるから、あらゆることばは、何よりも先にまず方言である。しかしそれは中央の標準的なことばをこう呼ぶと、時に奇異な印象を与えることがある。また、方言は、それじたいの中に、標準からはずれた、無教養な、地方の人たちが話す、まともな言語以前のものであるという侮蔑的評価が附着しているために、自分のことばが、この用語によって呼ばれることを好まない人々もある。たとえ言語学が、対象それじたいに即して、言語そのものの立場からみるとき、方言と国語（言語）との間に、内的原理において差は無いと説いたにせよである。

そこで言語を社会言語学的なコンテキストから切り離して、すなわち、社会的に無色なそれじたいとして呼ぶためには、何か別の用語を標準しなければならない。「言語」それじたいが、方言を排除した、評価を帯びた語であることは直ちに諒解されよう。そこでソシュールはidiomeという語に頼ったのである。小林英夫の翻訳では「特有語」と訳されているが、[「特別な」という意味にとられることがないよう]「固有語」とした方が誤解がないであろう。「イディオム」のこのような意味での用例はソシュールにはじまるわけではなく、たとえばG・フォン・デア・ガーベレンツにも同様に用いたIdiomが現れるが、やはり、意識的に用いたのはソシュールであったように思われる。このことは、ソシュールが、言語を脱社会的な対象として取り出そうと、とりわけ努力したあらわれであろう。ひとたび我々はこの語を手に入れるや否や、言語学が真に対象とすべきは「言語」ではなく、「イディオム——固有語」の学であることが明らかになる。この意味では「言語学」はじつに誤解を招きやすいことばであって、そのために、世間の人々に誤まって、この学問が本来持ちあわせている力以上の期待を持たせてしまう欠点がある。ただし「固有語」は、水準の決めかたによって規模の大小があり、それじたいの中にさらに固有語をも含み得るであろう。固有語の定めかたは研究の目的によって定まってくるであろうから。

国語の誕生

ことば、およびことばする行為は、一見普遍的に見えるが、文化によって社会によって異なる分節をもつことが明らかになった。そしてそれらは時代とともに変化していく。ということは、人間にとっての言語の意味と位置、言語行為のスタイル、要するに言語の社会的存在形態が、変化して行ったということになる。このことをよく示している語として、「国語」ということばをあげてみたい。

「こくご」あるいは「国語」は、今日ではもはや、「ことば」と等置できるほどの日常感覚で用いられている。しかし、一九三六年、今からちょうど五十年前の柳田國男の文章に、「国語といふ言葉は、それ自身新しい漢語である。是に当る語は、古い日本語には無いやうに思ふ」という指摘がある。新しいどころではなくて、これは自分の父親、高見《たかみ》が「初めて作った」「術語」だという、物集高量《もずめたかかず》氏の証言があるくらいである。最近では、国際化の時代に対応して、「国語」にかわって「日本語」、「国語学」にかわって「日本語学」が、「国史」にかわって「日本史」が用いられるようになった。「国〇」から「日本〇」への転換は日本を超絶的に異質な「国体」をもったものから、より一般性を帯びたものへと転換する努力のあらわれであり、したがってモダンな現象と思われているが、明治二〇年代まではほとんどもっぱら「日本語」の方が用いられ、それを対象とする学問は「日本語学」と呼ばれていた。「国語」が「日本語」にとってかわる過程を示す記念碑的なテキストは、ヨーロッパ留学から帰ってきた上田万年の講演「国語と国家と」（一八九四年）であった。この年、日清戦争が始められ、日本の国威への自覚が高まり、国家とその言語との間に太い筋が一本通されたのであったが、それは自然発生的に、日本の政治的な状況の中から、おのずと湧いて出たものではなかった。「国語」は近代国家が当然備えるイデオロギー的備品として、上田がヨーロッパから持ち帰った設備と考えねばならない。

「国語」には二つの側面を区別しなければならない。一つは、かつてその国の統治機関の管理用言語、あるいは宮廷、支配教養層によって愛用された書きことばに対置されるものとしての国語であり、いま一つは、国内の、非国語ことば――その中には異族の言語も同系の方言も含まれる――に対置される国語である。前者の「国語」は何よりもvernacularの規範化として現れる。ヨーロッパでは、少なくともルネサンス期までは、読み書きの世界ではラテン語が独占的な地位を占めてきた。言語の面から言うと、ラテン語を用いることのできる層と、それ以外の層との絶対的な断絶が、前近代を特徴づけていた。それを、たとえばダンテは、みずからすすんで、日常の俗のことばで文学をつくり、ルターが日常のことばで読み・聞ける聖書をつくり、ネブリーハが、日常のことばに文法を与えることによって、民族規模における、共通の言語生活の開かれる道がつくられた。

ラテン語の権威を打ち破って、俗語で書く行為は、先ず何よりも宗教の世界で、次には教養の世界で強い抵抗に出会い、非難のまととなった。しかし国民を創出する国家にとっては、むしろ歓迎され、奨励されるべきことであった。カスティリャ文法が、国王イザベラに捧げられたことは、この事情をよく説明している。伝統的な古典教養語であるラテン語とか漢文と併存しつつ、俗語が有力になるという現象はふつうであるが、フランスでは、他に全く例をみないことが起った。すなわち、国家それ自体が、ラテン語の権威をくずし、俗語の地位を上げるために、王の勅令を発して、その使用を禁じたのである。一九三九年にフランソワ一世が発した、ヴィレール・コトレの勅令は、あらゆる公務や裁判において「フランスの母語」(langaige maternel françois)のみが用いられるべきことを命じた。しかしこの勅命がもっていた、別の、もう一つの意図を見失ってはならない。すなわち、「フランスの母語」だとは見なされない、言いかえればフランソワ一世を中心に用いられていた日常言語以外のいろいろなことば、プロヴァンス語とか、ブルトン語とかの大言語は言わずもがな、ガスコーニュとかピカルディなどの方言も、ラテン語ともろともに、使用から排除されたのである。すなわち、これは「国語」の出現がもたらした第二の側面である。

ヴィレール・コトレの勅令はラテン語を排すると同時に、非フランス語をも排した。この後者の側面は、フランスが、真の近代的国民国家への歩みをはじめるフランス革命に至って、あざやかな言語的表現によっても確立された。すなわち、それは一七九三年、国民公会における報告、「langue nationale を話せない六百万人の、地方のジャルゴン（フランス語以外のことば）や方言はいずれ消滅するであろう」という一節の中にあらわれている。いまのところ、われわれは、フランス革命期に現れた、このラング・ナシオナールということばが、ナシオンの言語、すなわち「世界史における」「国語」概念の先駆をなすものと考えることができる。やがてこの語はその後ドイツ語圏にも借用される。そして、「国語」と「国語」概念は、フランスに続くあらゆる近代国家がそなえるべき基本装備の目録の一つに加えられるようになったのである。

フランスは「国語」を要求した最初の国家であったから、新しい国語がたたかう相手は、古典語と国内非国語のみであり、他に競うべき相手はなかった。しかし後発のドイツにおいては、ドイツ語はすでに、生きた文明語となっているフランス語から身をまもらなければならなかった。「明晰でないものはフランス語ではない」という名句を含んでいることによって知られているリヴァロールの論文「フランス語の普遍性について」は、もともと一七八四年、ベルリンのアカデミーが、フランス語の全ヨーロッパ的普遍性について証明するよう求めた懸賞論文に応募したものであった。ドイツ語社会みずからの中に、みずからの母語の無力への自覚がみなぎっていて、プロイセンの大王、フリードリヒ二世自身が、「ドイツ語は野蛮な方言だ」とフランス語で書いた時代の話である。ドイツ語が、方言ではなく、れっきとしたまともな言語であるためには、ドイツ語が、自前のドイツ語だけでやって行けることを示すために、フランス語要素をとり除く純化をやらねばならなかった。その時にドイツ語が試み、成功した純化モデルは、より遅れて訪れた、北欧や東・中欧の純化運動に思いきり使われた。

さて、日本ではどうだったのか。日本語は近代の生活に適さない遅れた言語だという認識は、明治の若い指導者たちをひろくとらえていた。代表的な例としてよく話題になるのは森有礼であって、かれは一八七二年、アメリカ滞在中、ホイットニーにあてて、近代日本の国語としては、英語を導入してはどうかと書簡で質問をしている。それに対してホイットニーは、いま世界のあらゆる民族が固有の言語を主張している時代に逆行するものだとたしなめた。この物語は、しばしば森有礼の、さらに一般化して、日本人の母語への愛着の弱さ、国語愛の欠如の例として、非難の色を帯びて引用される。しかしちょっと落ちついてこの二人のやりとりをよりくわしく見て行くと、決して便宜主義ではない本質的な問題が提起されていて、今日の社会言語学の枠の中で、あらためてとりあげる価値のある問題の指摘がある。まず森は、英語をそのまま採用するのではなく、その混乱と不規則を除いた「改良英語」を採用するのだと言い、英語批判を行っている。ホイットニーは、そのような英語は、かならず英語の本国から見下されるであろうと述べている。すなわち、ホイットニーはもし日本英語が発生すれば、今日で言う、diglossia 状況が出現するであろうと予言したのである。ここには、民族語、国語が、なぜ他とは異なる固有の言語でなければならないかという理由が簡明に示してある。

森が日本語と英語とを比較して、その得失を虚心にはかりにかけた時からほぼ二十年の後に、上田万年は、たとえ野蛮で無学であっても母は母だ、「真の愛には選択の自由なし」と述べた。それにもかかわらず、日本語と西洋語とを比較して、優劣を論ずる伝統は、日本の知識人の間では今日まで切れることなく続いてきたが、それが極めてまれとなったのは、構造主義言語学がもたらした相対主義の影響と、日本の経済的達成から来る言語外の自信である。

国家はエトノスを超えられるか

私はこれまでの論著の中で langue nationale あるいは Nationalsprache を「国語」と訳し、ときには「国家語」とも訳してきた。このフランス語の形をドイツ語に移すと、後者のようになり、この形はスイス憲法の中にも採用されているものである。そこでは複数形が用いられて、独、仏、伊、レト・ロマンの四言語を指している。いま、スイス憲法にあらわれるこの語の最初の部分［すなわちNation］を、単に「民族」ととって、民族語とすると問題が生ずる。もしそうするのならば、民族とその言語を国家が認定し、それを憲法の中で規定したことになるが、しかし民族というものは、——少なくとも西欧的民主主義国家においては——法によって認定するかしないかにかかわらず存在するのである。ソ連と中国にあっては、認定（いわば資格審査）の手つづきがあり、ある民族は、数年、十年のうちに、民族から民族でない何かに転落してしまうというようなことも生ずるのである。したがって、この語は「国語」とした方がいいのではあるが、しかし、それは土着の母語にもとづいた「国語」である。

どうしてこう言わねばならないかといえば、ドイツ語圏には、このほかに、文字通り「国家語」とすべきStaatsspracheがある。この語を最初に日本語の文献で紹介し、それをそのまま「国家語」と訳して用いたのは、保科孝一による、一九三三年の論文、「国家語の問題について」である。保科によれば、この語の用例は一八七六年にすでにプロイセンにあるというが——かつて私はStaatsspracheという語を用いたとき、W・グロータース氏は、ドイツ語の辞典類などを見ても登録されていないことを理由に、これは田中がかってに作ったものだと述べたことがあるが、そうではない（拙著『ことばの差別』農文協刊を参照）――その後、議論の中心になったのは、オーストリア・ハンガリー帝国においてである。ここにはスイス流に言えば十をこえるNationalsprachenがある。その中で、少なくとも、オーストリア地域だけについては、ドイツ語をもって、唯一の国家共通語としようとの提案がくり返し行われたのである。だが、オーストリア社会民主党は、特定の言語にこのような特権を与えることは、多民族国家における民族の同権をいちぢるしく損ない、かれらの主張する意味でのマルクス主義的原則に反するものだという理由で、「国家語」を設けないことを、党の綱領の中で明記したのである。この原則は、その後レーニンによって引き継がれ、そのまま今日に至るも、ソ連邦における民族・言語政策の中で堅持されているのである。nationに比べてStaatははるかに多義性をまぬがれているために、政治的な意味における「国家」の言語を言うために、こんどはフランス語が、それをlangue《ラング》 d'état《デタ》という形で導入し、アントワーヌ・メイエなどもこの語を用いている。

ところで、単なるnationの言語と区別される国家語は、厳密に言えば、そこに土着する民族の母語である必要はない。インドにおける外来言語としての英語が国家語として機能し得るように、もし日本で森有礼の案が実現されていたとすれば、日本でもまた輸入言語を国家語として機能させることができたはずである。すなわち理論的には、nationalではない国語の設定、あるいは導入が可能である。この考えかたを、パプア・ニューギニア、あるいはセーシェルのように、クレオール語を国語と定めた場合に適用すると、また様々な問題提起への糸口が発展するだろう。ただはっきりしていることは、国家は民族を超えていなければならず、また超え得るはずであるのに、現実には特定の民族言語（ethnic language）を超えてはいないという事実である。それは、言語というものが、もともとエトノスと分かちがたく結びついているからであって、脱エトノスの言語は、エスペラントのように全く新しく構想されなければならない。そのエスペラントに対して国家が示す憎悪は、ほかでもない、それがエトノスの基盤を欠いているということから来るのである。

国家の求める言語がエスニックな言語であることをやめるわけには行かず、しかもそれが何らかの固有性をもっていることが、政治・経済的に劣勢に置かれている国家であればあるほど強く求められている以上、その言語は、隣接国の国語との通じやすさをぎせいにしてでも、その固有の発音、文法、語彙の特性を強調し、隣接言語とは独立した、固有の言語に造成しなければならない。ここから、言語はなるべく広域にわたって通ずるものが望ましいとする、この、言語本来の伝達機能をぎせいにしてでも、隣接言語からなるべく距離を隔てようとする努力が払われる。その結果、かなりな程度までは理解しあえるのに、言いかえれば、言語学的には、「方言的」とでも呼び得るにすぎない距離をもちながら、分立する多くの言語、いな、民族語、国語が造成されるのである。この造成という語は、私の思いつきではなく、西ドイツの社会言語学者、ハインツ・クロス氏の用語Ausbausprache に範をとって造り出したものである。

第一次大戦後のヨーロッパの言語状況はアントワーヌ・メイエに、「世界はただ一つの文明を持つ方向にむかっているのに、文明語（langue de civilisation）の数は増える一方である」と嘆かせるほどまでに「文明語」——文芸や学術ののりものとして機能し得る文字言語というほどの意味——は増えつづけ、さらに今度はアフリカで確実に百の単位で「文明語」は増えつづけるであろうが、それら文明語のすべてが潜在的にそのまま「言語」になり得るほど、隣接の文明語から画然とした境界をもっていたわけではない。

一九世紀から二〇世紀にかけて数多くの文明語が生まれた。ノルウェー語は至近の距離にある支配言語のデンマーク語から自己を確立するための二種類の「国語」をすら作った。そのちがいは伝統への依存をより重視するか、あるいは、より自立に対して急進的であり得るかのちがいである。

この自立のための同じ造成の原理は、民族分離の政策のためにも有効に機能した。いくつものテュルク系諸族の諸方言が、統合の可能性にもかかわらず異なる正書法をあてがわれて、個別の準国語に分離した。強力な国家的中枢を持ち得たならば、別の言語に発展するはずのないモンゴル語が、いくつもの民族語に分かれた。こうした異なる「文章語」の造成が、「民族」というえたいの知れない観念にとってはダメージであってもそれぞれの具体的な言語の使用者にとっては利益であったのか否かを判断するのは極めて困難である。

以上の、言語と国家との関係についての、さまざまな面からの考察に、ここでやや急ぎ足で締め括りをつけるとほぼ次のようなことが言えよう。すなわち、言語学にとっては、あらゆる言語はひとしく言語であっても、国家にとってはそうではないということだ。国家にとっては、ある言語が、技術として、いかに賞揚すべき実質をそなえていても、それは国家が求める言語ではない。理論上は国家は民族を超え得るはずであるし、また超えようと努力することもある点で、脱エトノスの可能性をもっているが、言語の方はそうではない。民族的なことばほめは、学者たちを動員してやらせればすぐにそろうのであって、実質が前もってあるからではない。

L・ヴァイスゲルバーは、言語学は音声や文法研究の段階をつきぬけて、窮極は、言語と言語共同体との相互依存、相互形成の関係を扱う力をもたねばならないと説いたが、そこへ到達する道すじは、一種の自然研究として出発した言語学が、社会科学へと展開して行く道すじでもある。

(『シリーズ・人間と文化①言語とコミュニケーション』1988年1月　竹内敬人編　東京大学出版会)

「影響」の影響力

自分でもいわれのよくわからないことばだの、書きにくい文字を、やむを得ぬ役所文書ならばともかくも、自分のために使うのは何ともなさけない気がする。避けようと思いながら、どうしても使ってしまう文字の一つに「影響」というのがある。ここに印刷された形で見る読者は、二番目の文字も、一番目の文字と等量の空間を占めているが如くに見るであろうが、私の手書きの原稿では、二番目の文字の下の部分は、ずっとはみ出して三番目のマス目の中に入りこんでしまっている。いっそ「えいきょう」と書いていいはずなのだが、そうすると幼稚な感じがしたり、反抗的だと見られるおそれがある。それに、漢字は西洋語とちがって、それぞれが意味をもっているから、ないがしろにしてはいけないと言われる。それでは、「えいきょう」ではっきりしないところが「影響」と書けばよくなるのだろうか。ヤマトの日常のことばに訳すと、「カゲ・ヒビキ」となるから、「ストライキのカゲヒビキで電車が混んできたぞ！」と言えば、それでいっそう通りがよくなるかといえば逆である。聞いた人は、ここでふたたび、カゲヒビキを、書きにくい漢字にもどして（さいわいにして、その人が漢字を知っていればの話だが）、相手の言っていることを理解するであろう。

鈴木孝夫さんなどは、日本人は漢字を使っているから、アンスロポロジーなどという、普通の英語人［すら］が知らないようなむつかしいことばを、人類学という文字で容易に理解すると言う。しかし私が何度も言っているように、わかりやすいのは、漢字のおかげじゃなくて、翻訳してあるからなのだ。そして人類学のばあいは、たまたま漢字が使ってあるというだけにすぎない。その証拠を出してみましょうか。たとえば英語でミーティアーとかフランス語でメテオールと言い、meteor とか météore とかと書くことばは、かれらの母語の基本語彙では解く手がかりがない。しかし日本語では「ながれぼし」と言って、誰にでもよくわかる。「流星」という漢字を使わなくても、あるいは漢字で発音したばあいよりもずっとよくわかる。だからわかるのは漢字のせいではないのだ。

前おきが長すぎた。さきへ急ごう。「影響」は近代のにおいがするが、ジビキによると、これはすでに紀元前の古代中国の書物にあらわれており、モノには影があり、コエには響きがあるように、モノゴトと現象との間に、たちどころにわかる、切りはなしがたい対応関係のあることを言うらしい。しかし、この意味は、現代の用法、つまり、「作用」とか「働き」とかという意味とはちょっとずれている。そこでヨーロッパ語に通じている人は、たぶん、英語のinfluenceの訳語ではないかと考えるかもしれない。ところが、有名なヘボンの辞典の第三版（一八八六年刊）に「エイキョー」は登録されていない。じゃあ英和のinfluenceはどうなっているかと見るに、それにあたる日本語はisei, ikō, ikioi, okage, suikyo, hakiki, haburiなどが掲げられていて、いったいどういう漢字をあてればいいのか、即座には思いつかないものもある。いずれにせよ、「エイキョー」という語は、インフルエンスに対応することばとしては登録されていないのである（この話題に直接関係はないが、事節柄大切なこととして、この辞書には、まだ「テンノー」の語が入っていないことを述べておこう。この重要な指摘については、亀井孝「天皇制の言語学的考察」「本セレクションI『カルメンの穴あきくつした』二五九ページ所収」をぜひ一読されたい）。

いったい、紀元前の伝統の「影響」と、今日の「影響」とはどう関係しているのか。そこには継続的な、意味の発展があったのか、あるいは、今日の用法は別のでどころを持っているのか、すぐには答えられない。だが、中村敬宇の『西国立志伝』（一八七一年）「夫れ感化の速かなる事、影響の如し」と、その十四年後の逍遙『当世書生気質』（一八八五年）の「君の精神上に、たいした影響を及ぼさない事であれば」云々との間には、じつにじつに大きな飛躍のあとが見られる（以上二つの用例は、小学館『日本語大辞典』の教えに負う）。

今日の用法における「影響」という語は、日本語には欠くことのできない、社会科学や政治の用語であると同様に、ロシア語でも、これにあたるヴリヤーニエ влияние は、その動詞、形容詞への派生形とともに、不可欠、［いやそれどころか］愛用される語である。レーニンの著作では否定的な意味でよく用いられている。この、ロシア語の「影響」はヴ・リヤーニエ、すなわち、「中へ・流れる」（流れ込む）であって、すぐに思いつくのは、ドイツ語の Einfluß アイン・フルス「中へ・流れる」であり、その写し（カルク）であるということだ（日本の露和辞典で、小柄ながらこういうことを書いているのは、［三省堂の］コンサイスだけだ）。もっともシャンスキーの語源辞典（一九六八年）は「たぶん、一七世紀後半フランス語から」としているが、私はやはりマックス・ファスマーのように、ドイツ語からとしたい。もちろんそのドイツ語はフランス語の写しである。この話、言いたいところまでまだ届かない。次回にゆずる。

（『現代思想』1989年2月　青土社）
原題「歩行と思索　「影響」の影響力」

《講演録》「国際」の政治意味論

このたび立命館大学が「国際言語文化研究所」を発足させたとうかがい、それをお祝いするとともに、これを機会にその看板にかかげられた「国際」の意味について私の考えたところの一端を述べさせていただき、この研究所の将来の発展のために、わずかなりとも資するところがあればと念じております。

万国の時代から国際の時代へ

フランスの言語学者マトレ風に言うと、この研究所に冠されている名、「国際」、さらに最近の「国際化」は、まさに一語にしてその時代のありさまを物語るところの mot《モ・》-témoin《テモワン》〔証拠語、あることを証言してくれることば〕の名にふさわしいものであります。その文化的、政治的含意についてせんさくすれば、まことにかぎりがありません。私が貴研究所において講演をさせていただいた七月一日から、三か月を経ぬうち、こんどはシェフィールドの日本研究所が行ったシンポジウムのテーマは、「日本の国際化の比較研究」

でありました。また数日前、書店の新刊棚に、ライシャワーと日本のジャーナリストとの対談集『日本の国際化』と題する本が並んでいるのを見かけましたが、ことしは私にとって立命館の「国際」からはじまって、次いでノモンハン戦争のモスクワの国際円卓会議をはさんでさきほどのシェフィールドの会議に至るまで、まるで「国際」漬けのような年になりました。これらの経験を通じて私が感じたことは、日本で言う国際と、欧米で言う国際とはずいぶんちがうものだなあという感じでした。

正直に言いますと、戦後間もなくの頃から私の耳にした「国際」には、どこかいかがわしい感じがつきまとっていました。その本質的ないかがわしさは、最近やっとわかってきたのでありますが、それはまたあとで述べます。「国際」ははじめ、たいへん高いプレスティージを持つ表現として、日本のすみずみにまで滲透しました。「国際観光ホテル」、「国際スケート場」等々の国際は、富裕な文化的白人観光客にも安心してすすめることのできる施設であることを証明するものでありました。しかしあるとき、私は東京都西多摩郡の山奥の、とある、何ということもない池に「国際マス釣り場」と看板が立っているのを見てびっくりしました。こっちの方の「国際」はなぜなのか、いまだに腑に落ちません。この頃の「国際」は、国内むけの商業主義のためのものでした。その一方で日本語には「国際結婚」というのがあって、これはあるときはネガティヴな響きを持ち、あるときは果敢な行為をたたえる気持を込めた二面性のあることばでした。日本語における「国際」のセマンティクスを究めるには、これらの用例をくまなく集めて分析する必要がありますがそれは大しごとになりますので、今は踏み込まないようにします。

しかし、ここでは、「国際」が、二〇世紀の入口に立った日本語の中にはじめて現れた新語であることは指摘しておかねばなりません。日本の文明開化期の新語の出現の時期を知るための有力な資料として、ヘボンの『和英語林集成』があります。初版は一八六七年で一八八六年の第三版で終わっております。初版にはもちろんのこと、第三版にも「国際」はまだ登場しておりません。そこで念のために附録の英和の部で international を引くと、〈Bankokuno〉という訳が添えられ、「万国博覧会」と「万国法」の用例があげてある。この「万国の」は、じつは Exposition universelle, Union postale universelle など、要するにフランス語起源の universel に由来のある語です。ところが、いつのほどにか international という語が、それを追うようにして、英語と連れだって入ってきて「国際」と訳され、この方が次第に勢力を得て、「万国」を追い出してしまったものと見えます。これがいつごろ起きたできごとなのか、我が国の語彙研究はこういうことをなかなか教えてくれないので不便なのですが、いまここに興味深い例が一つあります。それは、一八六五年に「万国公法」という訳書が現れていまして、この名が一八九七年には、「国際公法学会」というように、別の名で現れていることです。これからみると、ちょうど一九世紀から二〇世紀にうつる頃に、「国際」が「万国」にとってかわるという一大ドラマが演じられたことが明らかになります。international という語じたいが若い語で、Petit Robert《プチ・ロベール》を見るとフランス語における初出は一八〇一年だとのことです。つまり、international は、ヨーロッパでは、一九世紀を告げる mot-témoin だったわけです。それは当然のことです。というのは、nation の成立、その存在が前提にあったからこそ international が現れたという次第です。universal → international のこの変化はフランス的一元的普遍主義が、一連の nation の成立による多元主義、つまり nation 間の関係がはらむ緊張関係への移行を反映したものであり、国民国家の時代の表現であります。

ところが international の語基をなす nation の概念は一義的ではありません。あるときは国家、国民であり、別のときには、それとは対立することもある民族を表わします。前者の代表的な用例は United Nations であって、ここでは国家を所有する nation だけが、国家をもたぬ nation を閉め出して、自分たちだけの利益を優先的に考えながらおりあいをつける場所である。この問題のある nation を、状況に応じて国家と民族とに訳しわけるようにしたのは、政治学における、日本語の大きな貢献と言わなければなりません。ところが日本語は、international を、一方の「国」だけで訳してしまったから、民族は抜け落ちてしまった。そして一部の国家エリート、産業エリートだけが、国民の目に直接見えない海外で国際活動をしていた昔とはちがって、今では国際関係が国内で見えてくるようになった。外国人居住者や労働者と日常の場でふれるのはめずらしくない時代になっています。そこで一九八〇年には、にわかに「内なる国際化」というスローガンが登場して来ます。これまでの用法でこの語を考えると、国際は対外のことですから、それを「内なる」とするのは形容矛盾です。もっとも、「内なる」を情緒的に理解すると、心がまえ、道徳の問題ということになります。しかし、nation を本来の民族の意味に理解して、より事態に即した言い方をしようとすると、interethnic という表現にならざるを得ません。それは、近代国家が無視し、あるいは敵視してきたが、真の国際化の深まりと共にあらわになった、internationalism のもう一つの重要な側面だったのです。

国際化、植民地化、脱民族化

さきにも述べましたように、シェフィールド大学では［一九八九年］九月二一日から二三日まで、「日本の国際化」をテーマにしたシンポジウムがありました。Internationalization of Japan と、これを英語で言って、それが表題になっていることで私はまずびっくりしました。私には西洋の学問をあがめる気持がありまして、それは、日本の学界がどんなにいいかげんであっても、西洋のどこかでは学問のすじをまげないでしっかりしてほしいというたような期待感によるものです。それなのに、なんだ「日本の国際化」などと、こう思ったのです。しかし三日間この会議につきあっているうちに、これはなかなか多くの問題をはらんだ有望なテーマだと思うようになりました。

私の勤める一橋大学とシェフィールド大学とは姉妹校であるから、その縁で呼ばれた小規模なものだと考えていたが、じつはまことに大がかりな、設立二十五周年の記念行事でした。そしてこの会議から学んだことは、いまの段階で日本の国際化をのぞむのは、日本自身ではなくて、日本とライバル関係にある先進諸国だということがわかってきました。

いったい、「日本の」国際化は言われるが、英国やフランスの国際化という話は聞いたことがない。これらの国ははじめから国際化しているのに、日本だけが国際化していないので、その要があるというのが暗黙の前提になっているようです。ちょうど度量衡の単位にみるように、日本だけがちがうので、それを国際的基準にゲージをあわせなさいと言っているようです。たしかに日本は先進諸国と同水準になるか、それをこえるほどの経済的躍進を示しているが、風俗習慣、労働観などの基底的なものがすでにちがう、それに何よりも、想像を絶した異様な文字と言語をもっている。このような日本が、無視できない国になったことへのとまどいが、日本の国際化というテーマを立てる背景にあったことがわかります。

このような異質世界が欧米標準世界につながって行くにはいろいろなプロセスがありました。先ず第一に植民地主義です。インドは疑いもなく、大英帝国の支配のもとで「国際化」したのです。他方、日本は欧米主義的近代化によって国際化したのです。最初のところで述べた、「国際」に私が抱いたいかがわしいという感覚は、おそらくこの辺に由来するのだろうということが、シェフィールド・シンポジウムで次第にわかってきました。すなわち「国際化」は「植民地化」の一つの形でもあり得るのであり、現在の状況から言えば、「アメリカ化」と何らかわらぬと言ってもいいかもしれません。

ところがどうもこうした場面で言われている国際化の方向は一方的であって、決して相互的ではない。internationalization の名で要求されるものには、時として denationalization［脱民族化］や assimilation［同化］が含まれています。ここに含まれるのはしたがってヘゲモニーの問題もあるから、「国際」の研究はヘゲモニー論を含まなければなりません。それが定義通りに相互的になるには、いずれの側もが、自己の位置から動いて、変化を生じさせなければならないのです。

現代では進歩や発展は議論の余地なく望ましいものと考えられていますが、その進歩、発展のためには変化しなければならない。人間の作ったあらゆるものには変化のあるのが当然であり、また期待されています。ところが、ここに一つだけ、しかも、人間にとって最も重要であると考えられているものに例外がある。それはほかでもない言語であります。

日本および日本語の国際化——あらたな挑戦

他のことであれば進歩的で革命的でさえある人が、ことばに関するかぎり、手のつけられない復古主義者、保守主義者である例はしばしば経験するところである。ことばもまたもし進歩発展するならば、そのままであってはならず変らなければならない。だが、ことばに現れた変化のうち、これは進歩だと人が認めることはほとんどなく、あらゆる変化はここでは乱れとしてあらわれる。それをもう一度くどく言えば、ことばの変化はすべてよくないことだということになる。ということは、ことばには進歩はなく、そもそも、そんなものはことばには認められないということになるのです。

以上の考察から、言語というものが、いかに他の文化と異っているかということがわかります。だから、すすんでことばを変化させようと企てるなどとは、人間の基準をこえた異常なこころみと見なされます。ここでは深く立ち入りませんが、このことの中に、人間・社会・文化を一体として読み解く深い手がかりが与えられています。

ことばに関してはそうですが、文字については変えようという試みがあります。それは、ことばは変化するのに、文字は変化せず、両者の間に深い亀裂が生じ、ことばを写すはずの文字が、文字として機能しなくなるからです。そこで正書法改革というものが起きるのですが、それはひとえに、ことばをできるだけ学びやすくして、できるだけ多くの人が読み書きの生活に参加しやすいようにするためです。「できるだけ多くの人」の中には外国人も含んでいます。こうしてその文字体系ははじめて国際的な使用に耐えるようになります。ここまでは、人々は国際化への努力ができるし、理解もします。しかし言語そのものの改変を行った例はほとんどありません。だから、国内だけでなく、外国人にも教養ある階層の母語話者と寸分ちがわぬ話し方を要求します。そのほかの文化現象だと、異なる人たちの間に相互の歩み寄りの関係がありますが、言語に関しては絶対にそれを許しません。よしんばそういうことが生じても無視します。

しかしこうした状況は、言語そのものの本性に根ざしているのではなく、近代国家の言語においてはじめてそうなったのであって、こうした言語間相互の関係は、それ以前はもっと柔軟で、相互滲透的な時代があったと考えざるを得ません。国家のメトロポリスにおける、文化、政治、経済のヘゲモニーと一体になった言語の威信は、そのすみずみに至るまでまなびとられるよう要求されます。このそっくり写しどりの非創造的方法が外国語学習の基本モデルになります。それは言語が持っている機能以上の写しどりを要求します。こうした言語学習モデルは国内・外の植民地、準植民地にひろがって行きます。こうしたモデルによってひろめることを要求する言語を私は「宗主国家語」(Sovereign State Language)と呼ぶことにしています。欧米近代国家のあとを忠実に追いつづける日本は、当然、この宗主国家語モデルにも追随してきましたが、そうはなりにくい要因をもっています。それは日本語の普及を絶望的にさまたげている文字や、その特有の儀礼的用法です。日本語は国際的な場面での使用の機会が増えるにしたがって、少くともその固有儀礼的な部分の肥大は取り去られるようになるでしょう。

こうしたばあいの日本語は宗主国家語的な学習モデルを認めず、もしかして、先進欧米諸国の言語について作られてきたのとはべつのモデルによって行われるかもしれない――これが、私が日本語の国際化に対して、他の欧米外国語とは異って期待できる点であろうかと思います。日本語がそのような未踏の経験分野に対して挑む――というよりは、挑まざるを得ない言語になることは、私としては大いに期待したいところです。単に日本の国際化のみならず、日本語とその文化もまた試練を受けなければならない。いま、日本語とその文化を主語としましたが、ほんとうはもちろんそれを使い、話す人が主体であることは言うまでもありません。日本人がこれまで、日本固有のものだと思い込んできた、近代化の過程で、とりわけ言語にかかわるさまざまな装置は、しらべればしらべるほど、欧米からの借用であることが明らかになります。言語イデオロギーもそうです。しかし私には、日本にはそれとはまた別の可能性があるような気がします。何か予言的な言いかたになってしまいましたが、言語について、その未来を語って成功した理論家は一人もいませんので、私もそれはひかえておきます。ただ、この国際化という、このキーワードはおそるべき豊富な内容を含んでおり、それが日本に向けられて言われるばあい、世界の大きな転換点と一致しているような気がしてなりません。

七月一日、立命館における、私のまとまらない講演を、シェフィールドでの体験をも加えて、より拡がりをもたせてまとめようと試みましたが、いっそうまとまらぬものになりました。

（『立命館　言語文化研究』１９８９年12月1巻1号〈創刊記念〉立命館大学国際言語文化研究所）

第三部

クレオールと多言語主義

ピジン、クレオールが語る言語の本質

二〇世紀にはいってからの、言語についての理論や学説の交代には、目をみはるほど激しいものがある。それでは、あたらしい理論は、以前のふるい理論が克服された結果として出現したのかといえば、そうではない。それは、時代の、あるいは理論家個人の趣味にあわなくなって、単に廃棄され、とりかえられるにすぎない。こうしたことが、留保なく、いくぶん大胆にいいうるのは、とりわけ日本のような、理論的な周辺地帯においてである。では、こうした理論の入れかわりは意味のないものかといえばそうではない。まさに、その転変の契機にこそ、言語内・外のイデオロギー的な背景があり、それだからこそ、言語学史には特別の関心が寄せられるのである。

ところで、あたらしく躍り出た理論がスマートにみえるのは、主として共時的な分析や記述の手順においてであって、人類史の展望のなかで、言語とはどういうものかという問題になると、まことに古色蒼然たる、そして、ほとんどは言明されることのない仮定がかげにかくされている。この仮定は学問的には一九世紀の生物進化論を核に形成された、インド・ヨーロッパ語比較言語学として実現している。その内容を具体的にいえば、人類の言語は単純な構造から複雑な構造へと進化するものであり、その発展段階の相異は、あたかも生物種がそうであるように、相互に混血を許さぬ、ことなる系統として分立しているというものである。わたしたちがある言語の性格を説明するときに、その言語がスラヴ系だのアルタイ系だのというのは、いかに便宜のためだとはいえ、厳密にいえば、生物学的言語系統主義にもとづいて説明するという、欺瞞に手を汚していることを知っていなければならない。

この進化主義は、じつは至るところで破綻している。そのひとつは、進化したはずのあたらしい言語ほど単純で、ふるい言語ほど複雑になっていることで、これをたとえば英語とサンスクリット語との対比においてみることができる。しかし、こういう問題があることを理論の製作者がしらぬわけはなく、すでに一九世紀において説明が試みられている。

できそこない言語を讃美した作家

比較言語学のもっと重要な前提は、生物において異種間の交配がありえないように、ことなる言語相互間の交配もありえないという考え方である。こうした「閉じた体系」をもっともよく体現しているものとして、文法がもちだされる。たとえば、英語と日本語の文法をまぜあわせた混合文法などというものは考えられない。互いに相手の言語の影響を強く受けているとしても、所詮は、日本語であるか英語であるかのどちらかだと主張される。

こうした考え方が実践面へあらわれると、自分の母語が異言語によって汚染されることを極度に不快と感じる言語純化主義になる。ましてや、文字も知らない未開の蛮族が、西洋人の上等言語を、自分流に使いよくくずしてできたピジン語などは、ことばの名にあたいしない、できそこないだと考えられるのはしごく自然のことである。また、使うほうにとっても、おまえの英語は、「日本人の英語」だときめつけられれば恥入るしかないのだが、しかし、そのできそこないのことばしか、ほかに知っていることばがなければ、引きつづいて使っていくしかない。

ところが、言語純血種論こそが言語科学の基礎だという一九世紀の風潮のなかで、オーストリアのフーゴ・シューハルトは、もともとすべての言語は混合の結果であるとして、むしろ混合のなかにこそ言語の本質をみいだそうとしたから、奴隷や交易商人たちの使う、できそこない言語をとりわけ熱心に研究した。言語学の領域でも、こうした人は、充分に変わった人であるとみられたが、ましてや、由緒ただしい文章を重んじるはずの作家が、フランス語をひどくくずした、アンティル諸島のクレオール語を聞いたとき、それを

「世界のうちでもっとも流麗で快い」言語だなどと讃美したら、気が変だと思われるだろう。だがこのことばに魅せられて、ついにはその「ことばでうたわれた」俗謡集まで編んで刊行したのが、日本に来る前のラフカディオ・ハーンであった。しかもシューハルトは、ハーンのこの刊行物にちゃんと注目していた。

「言語の学」から「人間の学」へ

近代国家が誕生する以前の、文字のないことばとことばとの境界は、いまよりはるかに移行的でゆるやかであった。ところがそれに境界をほどこして、相互に切断したのは国家であった。じつに国家の出現は、ことばの性質を変えてしまったのである。

ところで、生物種的系統論と、言語混交論とのあいだにある、言語に関する重要な観点の相異に気がついておく必要がある。すなわち、前者においては、言語が不動の主体であって、人間は、それを単に受動的に使わされているだけなのである。言語は種として不変であるから、人間の力は、言語を変えるには至らない。いっぽう、後者においては、主体は人間であるから、かれは言語を必要に応じてつくり変えもし、外来の要素とごちゃまぜにもするのである。

方法としては、言語を不変の主体として固定したうえで仕事をはじめたほうが楽であることはいうまでもない。しかし、それでは、「言語の学」はいつまでたっても、「人間の学」にはなりえないのである。おそらく、言語学者はそのことを知っていて、そこに踏みとどまっているのであろう。

（『季刊　民族学』1991年秋58号　一般財団千里文化財団）

【二〇一八年の感想】

私のクレオール語への関心は一九八〇年代にめばえた。その私をクレオールが実際に話されているセーシェル諸島に連れて行ってくれたのは恒文社社長の池田恒雄さんだった。それ以来、クレオールへの関心はますます高まって行った（本セレクション二四六ページ参照）。ついには岩波書店のすすめでセミナーをやることになった。その結果が『クレオール語と日本語』（岩波セミナーブックス一九九九年）となった。あの熱気をささえていた一人、西江雅之さんもこの世を去り、私も老いたが、クレオール語が提起した問題は決して消えたわけではない。日本語成立に関心を抱く人には永遠に残されたテーマである。

書くことは自由か

ことばは、それを用いる個人にとってはかぎりなく自由なものだ――と思いたいし、またそうであってほしいと期待する。ところが、せまい家族や交友の範囲から一歩外に出ると、もはやことばは思いのままではないものだとすぐにわかる。かつて「もの言わぬ農民」などと言われた人たちも、場所が役所や新聞などでなければ、才能豊かなおしゃべりだったにちがいない。

ことばにはいくつものコードがあって、それを場面によって使いわけるよう求められており、それに従わないときに受ける制裁は決して小さいものではない。しちめんどくさい文字の規則にしばられない、話しことばの世界にあってさえこうなのだから、書く世界がいかに強力な制約と限定のもとに置かれているかは容易に理解されるだろう。

それでも話すことだけならば、どの個人にあっても、学ばずして身についた能力であるのに反し、書くことは、その発生の端緒においてすでに、統治者あるいは公の世界のものであった。そして次に近代に入ってからは、ぬけめなく商品化された。

出版［物］は、それが聖典であれ何であれ商品以外ではあり得ないから、その商品生産にあたる印刷・出版の業者たちは、できるだけ多くの読者を獲得しようと工夫をこらした。この工夫の中で、最も目を見張るのは、正書法から文法にまで及ぶ言語上の工夫であった。それは、異なる方言を話す人たちにひろく読まれなければならなかったし、何よりも読者という現在に接近させられねばならなかった。とりわけ一八世紀のドイツでは、作家たちの専横を忌避する気風が強く、そのための検閲官を演じたのは印刷業者その人であり、かれらはこのようにして、読者・大衆を代弁していたのである。

こうしてカントは、その『純粋理性批判』を上梓するにあたって、校正刷りを見ることはおろか、手をふれさせてさえもらえなかったという。売れ行きに責任をもつ刊行者に、カントは、文字の綴りやコード（方言形など）の選択までもまかさざるをえなかった。近代ドイツ標準語は、かなりな程度まで印刷業者が作ったと言われるが、このことはまた、言語の民主主義の伝統とも不可分である。著者の立場は相対的にみじめで、『実践理性批判』のとき、カントは、大して多くはない現金のほかに、ソーセージ十六本と嗅ぎ煙草一キログラムをもらったにすぎなかった。

こうした、しあわせな、牧歌的とさえ言ってもいいような、文章語・印刷言語の形成過程は、世界のどこでもそうであったわけではない。ことばは、書きことばになる以前、すでに日常の語しことばの段階で監視され、禁圧されている。明治の日本国家は、沖縄などの学校において、罰札システムで子どもたちをふるえ上らせたが、フランスではすでに一六世紀以来、法律によって、特定言語の規範以外の形を用いることを禁ずる伝統が確立した。それはさらに、フランス革命によって、疑いを入れないものとして完成されたのである。

印刷用の文章語の形成に出おくれた母語は、その話されている地域が国家間に分割されれば、その生き残りはほとんど絶望的である。こうした現状のもとで、なお母語によって書こうとする作家にとっては、書くことの自由とはいったいどのようなものであろうか。

今世紀のはじめ、ブリヤート・モンゴルにバザル・バラーディンという知識人がいた。ブリヤート・モンゴルは、内、外モンゴルの北につらなるロシア領にある。かれは、国境によって、いくつもに引き裂かれたモンゴル諸族が、国家的所属はどのようであれ、共通の文章語を持つことを夢みた。ロシア革命は、かれのこの夢を実現する好機だと思われた。今日もなおモンゴル語世界がかれに負っている遺産は、ロシア語に依存しなくてすむようにと彼が考案した、近代の学術・政治の語彙である。

ソ連邦の崩壊後、モンゴルにはさまざまな言語的復古運動が起きているが、文字表記の点で、私が最も注目しているのは、一九三一年にバラーディンが発表したラテン化正書法である。この正書法は、当時ソ連邦全土ですすめられたラテン化政策に調子を合わせたものであるが、モンゴル語族が国境をこえて、共通に用いることを予想していた。モンゴル人民共和国の党の出版物も、ほとんどこの正書法にもとづくラテン化を採用した。しかし数年後には、バラーディンは、プチブル民族主義者、汎モンゴル主義者だと激しく非難され、四〇年頃には、ラテン化はさしとめられて、ロシア文字に移った。それを機にブリヤート文章語の基礎も、他の方言との共通性をすてて、より独自なものへと移された。

バラーディンの運命はどうなったのだろうか。ソビエト連邦解体後、KGBの資料などを調査して明らかになったのは、次のようなことであった。レニングラードで研究中であったバラーディンは、一九三七年二月、「反ソ・反革命スパイ組織」のメンバーとして逮捕され、その八月には銃殺された。三七年から三八年にかけて、ブリヤートだけで七千人近い知識人が逮捕されたと資料は述べているが、そのうち、バラーディンと同様、言語問題で処刑された人は五十人を下らないと推定される。近代朝鮮文章語の形成が、その最も充実を見せるはずであった黎明期に、無残に踏みにじられてしまったことをここで思いあわせるべきであろう。

書かれる内容や表現のいかんではなく、ある言語体系を用いることそれじたいが、まるごと禁じられるということを、今世紀は世界各地で体験してきた。そして、書くことは、かならずどれかのコードを選んで書くことであるから、書くことじたいが権力関係の中に置かれているのである。このことを忘れないならば、真に書くべきことばのある人は、自らすすんでの「断筆」などは思いもよらぬことであった。

(『文学』1994年夏号　岩波書店)

【二〇一八年における説明書き】

右三三二ページの傍線が付された部分について、編集者から、もう少しくわしく説明せよとの指示があった。朝鮮語には一五世紀半ばに考案された、ハングルという固有の朝鮮文字があったが、漢文の威信が強く、実用に供される機会はほとんどなかった。ハングルは一九世紀の末になってはじめて公用文に採用されたが、一九一〇年にはじまった日本支配によって使用を中断した。固有の朝鮮文章語が復活したのは一九四五年の日本の敗北によってである。このことを私は、文章語の「黎明期に、無残に踏みにじられてしまった」と書いたのである。本書三五一ページにも説明があるのでそれを参照していただきたい。

ことばとエコロジー

《講演録》

今日の私の話は、［京都の］大谷学会という、学問を論ずる場所で行われるのですが、そうした場所で、「ことば」と「エコロジー」とを結びつけて考えてみようという試みには、正統の言語学者だったら、たぶん、まゆをひそめるかもしれません。こいつは、そもそも、言語学の何たるかを知らないやつだと。近代の言語学は、極めて意識的に、その対象を厳密に限定して、「言語そのもの」の解明に目をこらしてきたからです。言語以外のことがらを介入させると、言語の本質を見きわめるのにじゃまになるという前提があり、専門家としての言語学者とは、この前提を従順に受け入れる人だと言っても過言ではないのです。

しかし今日は、せっかく東京からやってきて私の考えを述べさせていただくのですから、そういうことは気にしないで、自由に話させていただきます。言語学界のしきたりがどうであれ、ことばを研究する意味は、人類がそれぞれの文化をもち、それぞれ異なる言語を用いながら、これから先どのように生きていくのかというところにあるはずですから、そうした人間の多様性は、どのようにして統合にむかって行くのか、その統合は、人間の生物的存在基盤をなすエコロジーの問題とどうかかわっているのか、というふうに問題をたててみたい誘惑にかられたのです。

こういうことを考えるきっかけになったのは、最近どこででも、とりわけ大学の研究組織の改変にあたって、たびたび口にされる「国際化」という呼びかけです。国際化はさまざまな場面で問題にされます。たとえば一九八九年、イギリスのシェフィールド大学の日本研究所が、「日本の国際化の比較研究」という、大がかりな国際シンポジウムをやりました。そのとき、私も話をさせられたのですが、その時ちょっとふんがいしたのは、何十人もの人が話をしたのに、誰一人として、日本語の国際化についてはふれなかったことです。それで、私はこのことを問題にしました。

報告者たちは皆、当然のように——日本人は二十名ほどもいました——英語で話しました。これでは、「国際化とは英語をしゃべることだ」という、ひろく日本にひろまっている通念をそのまま肯定することになってしまいます。私は英語がへたなので、ちょっとひがみっぽく考えたのですが、大部分の日本人学者は、米、英に留学した人らしく、うれしそうに英語をしゃべっていました。こうした国際会議に出ますと、米英人という先生にほめられようとしている、けなげな日本人生徒の学芸会みたいだなと思ってしまいます。また、こういう場に出ると、英米留学をしなかった人は、できの悪い落第生という感じなのです。

日本の国際化といっても、日本に国際化せよと要求している人たちは、決してみずからすすんで、日本語を学んだり、話そうとは努力しないで、一方的に日本人が英語を話すことを要求してくる、不平等で、おしつけがましいものであります。こうした国際化は、別のことばで言いますと、言語的、文化的植民地化であります。こうした植民地化は今日、世界の各地で進行中です。

たとえば中国です。中国には漢族の話す漢語以外に五十五の言語が認知されておりまして、それらの言語のあるものは、話し手の数が数百万にも達し、ヨーロッパでならば十分に独立国になれるくらいの規模であっても、すべて少数民族として分類されています。これら少数民族の言語の中には、数百年から千年にもわたる書きことばの伝統があり、それを書き表すための固有の文字も持っています。しかし、そんな文字を知っていても、漢字が読み書きできないと、どうやら文盲——最近の言い方だと非識字——として分類されるらしいのです。漢語以外の、こうした少数民族の言語は、まるで方言のように見なされていて、こうした、わけのわからないちっぽけな言語を話している人たちは、漢語が自由に読み書きできるようになってはじめて、公的な生活に参与できる、まともな人間ということなるのです。だからこうした少数民族は、能力のある人ほど、先を争ってみずからのだめな言語をすてて漢語に乗りかえようとします。こういう気風を、私は言語的植民地根性と表現するのです。

いま中国の国家全体として、ものすごい国際化——漢語中心の——が進行中なのです。こうしたプロセスを世界規模で考えてみると、日本は、すくなくとも日本語は、国際英語社会の中における少数民族語であって、この傾向がもっと進んで行けば、どんなに日本語の読み書きができても、英語を知らなければ、日本人は非識字、文盲だということになります。

私が、ろくすっぽ英語も書けないくせに、大学の教師をしたり、本を出版したりできるのは、ありがたいことに、この日本語が国家をもっており、この国の中では気がねなしに、英語でなくても、この言語で暮らすことができるからです。しかし「国際化」は国境をこえてすすむものですから、あまりのんき気にかまえてはいられません。げんにナントカ国際大学というところでは、そこの教壇に立つ人は、英語で講義ができるということが条件になっているらしいのです。

中国と同じように、一つの巨大国家の中で、こうした国際化を達成しつつあったのに、残念ながら崩壊してしまった例があります。それはソビエト連邦です。崩壊したとはいえ、ユーラシアにまたがるあの百にものぼる多言語地帯の、どこに行っても、ロシア語一つ知っていれば、なんでもできるという文明空間を作りだしたのです。私は先日、シベリアのブリヤート共和国という所に行って、そこの若い考古学者と知りあいました。かれは、私もまた学問にたずさわる人間であることを知って、あなたは、何語で論文を書くのかとたずねました。私はもちろん日本語だと答えたところ、かれは驚いた。そして、そんな論文を誰が読むのですかと聞いてきた。この人の疑問は当然です。もしかりに私が、ブリヤートの専門的なことについて日本語で書いたとして、ほんとにそれを読んでもらいたい人に読んでもらえるのかと。その時はたしかにロシア語で書くのが一番いいのです。

ブリヤート人にとって、学術の論文を書くときにはロシア語にきまっている。かれらの学問と文化の中心はモスクワ、あるいは、ノヴォシビルスクなどであるから、そこの学者たちに読んでもらえなければどうしようもない。それで、ブリヤート人自らが、自分のことばを捨ててきた結果、ブリヤート語で書くどころか話すことさえできなくなってしまっている。しかし、ブリヤート人と同様、ソ連邦内の何十という民族が、同じように自分の母語を捨てる努力を続けてきたおかげで、ロシア語以外の言語はすべて滅亡への道をたどることによって、一つの統合された言語世界が現れ出てきたのです。

しかしソ連邦は、ロシア語がソ連邦の国語だなどと、そんなやぼなことは言いませんでした。そもそもレーニン自身が、一九一四年の論文で、ソ連邦に単一の「国家語」を定めるのを禁じています。ある特定の言語――おそらくはロシア語――に、国家語という特権的な地位を与えると、それから排除された他の少数言語との間に不平等が生ずるから、民族自決権のたちばからそんなことはできないと言うのです。しかし、これは現実問題としては、解きがたい難題を残すことになったのです。それで、ソ連の学者たちは、ロシア語のことを諸民族共通語などという言い方もしましたが、最高の傑作は「族際語」という言いかたです。これは、メジュナツィオナーリヌイ・ヤズィクというロシア語を私が訳したものですが、言うまでもなく「国際語」、メジュドゥナロードヌイ・ヤズィクをまねて作ったものです。つまり、国際語は、国家間を媒介する言語のことですが、「族際語」とは一国内での民族間を媒介する共用言語のことです。その族際語は、現実にある言語の中から選ぶとすれば、ロシア語しかありえませんから、族際語の普及とはロシア（語）化のことであり、ロシア語を中心にすえた植民地化のことであります。だから、国家間のレベルで言うと、ある国（々）が他の国にむかって、一方的に英語を使うよう求め、自らは相手の言葉を学ぼうとしないのであれば、このような国際化は、少なくともその精神においては植民地化だと言うしかありません。

ところが、ソ連邦は崩壊しました。七十年にわたる、あるいは帝政時代から数えると、百年以上にわたるロシア化の遺産として、ロシア語は非ロシア人地帯にも、しっかりと根をおろしました。少なくともロシア連邦の中では。しかしそこから離れて行った他の十四の共和国の中では、いずれは、ロシア語をあまりよくは身につけない若い世代が増えてくるでしょう。そうしたらかれらは、自分の民族のことばのほかに、どんなことば、外国語を学ぶでしょうか。考えられるのはまず英語です。

ロシア人はもともと英語好きの国民です。その英語が単におもしろいとか、役に立つとかという以外に、今度は、自由への、解放の言語という意味をになってやってくるわけですから、英語の滲透にはいっそうはずみがつくことになります。そう考えると、ソ連邦の崩壊というできごとは、世界の言語情勢から見ると、英語がその勢力圏をひろげるための地ならしをしたことになります。

ところで、こうした英語の世界征覇を、世界が統一へむかって進んでいる確実な証拠だとして歓迎する人と、それとは反対に、何となく不安を感じる人とがあります。何となく不安の感情というのも打ち消しがたい事実であり、「この感情」それ自体がりっぱな研究対象です。だからこの何とない不安がどこから出てくるのかを説明することができれば、人間存在や、世界や、言語そのものの性質を、もっとうまく把握することができるはずです。また学問は、できれば、そういう問いに答えてこそ、真価が発揮できるというものです。しかし学問、とりわけ言語学はそういうふうにはできていません。こたえやすい問題から入って行くのは当然としても、こたえられない問いは、最初から排除しておくというのでは困ります。

そこで、こうした問いに、いくらかでも答えを見出す手がかりにと考えられたのでしょう。最近いくつかの本があらわれました。一つは一九九〇年に刊行の『英語支配の構造』、次は一九九三年の、もっとはっきりした態度を題名に表した『英語支配への異論』（いずれも第三書館刊）です。これらの本の中には、「英会話症候群」だの「英語コンプレックス」だの、病理学的、心理学的な用語が出てきまして、国際共用語としての英語の習得は、単にコミュニケーションの問題ではなく、精神にかかわる問題になったことを示唆しています。注目すべきは、これらの本の執筆者たちが、いずれもアメリカなどに留学して学位もとったような英語の達人です。もし私がこんな本を書いたら、あいつは自分が英語ができないもんだから、ひがんで書いているんだ、とかげ口をたたかれるでしょう。

日本はいまたとえ、鉄砲で撃ち殺される危険をおかしてでも、なお、アメリカに行って英語を勉強したいという、燃えるようなあこがれを持った若者に満ちあふれていますので、その社会的、心理的側面は、とにかく研究してみる必要があります。

いっそう興味ぶかいことには、こうした状況は日本だけではなくて、日本人よりはるかに英語のうまい、ドイツ人の中にもひろがっているらしいのです。大学の研究者たちは、英語の論文を書くのに便利だからと、配偶者［具体的には妻］をえらぶのに、「まさに英語圏の出身ゆえに結婚を決意することも、それほど珍しいことではない」などという調査結果が報告されています（ウルリヒ・アモン著『言語とその地位』三元社刊）。［本セレクションⅠ『カルメンの穴あきくつした』二一六ページ参照］

しかしまあ、こういうみじめな研究者は大学に特有であって、企業の研究者はそうではないようです。会社にはちゃんと、英訳するための専門スタッフが備えてあると、このアモンという社会言語学者は書いています。余談ですが、私の知っている、あるフィンランドの歴史学者は、それほど英語がうまくないのに、次々に英語の著作を発表します。聞いてみると、大学に専門の翻訳スタッフがいて、どんどん英訳してくれるのだそうです。たしかにフィンランド語のような、人口五百万人くらいの小さな言語には、そういう手あてをしておくことが不可欠です。

以上の例——日本語やドイツ語にとっての英語——は、自国語対、外国語の問題です。しかし、ソ連あるいはロシア、また中国のような多民族国家は、自国の中であってさえ問題が起きます。ソ連邦やロシアでは、自分のことばができるだけではやって行けません。日常のくらしだけなら何とかなりますが、大学に入ろうと思ったら、どうしてもりっぱなロシア語を身につけなければならない。だから子供や孫の、将来のしあわせを願う親や祖父母は、子や孫に、何よりも民族のことばをきちんと身につけるのが大切でロシア語は二の次だなどとは決して言いません。ロシア語を身につけることこそが出世のかぎなのです。このようにして、エリートは多くのばあい、最も早く、自分の民族のことばに見切りをつける、いわば裏切り者にならざるを得ないのです。

同じ過程が中国でも進んでいます。中国には漢族語（シナ語）をきちんと話せない少数民族は決してすくなくありませんし、話すことはできても漢字の書けない少数民族の人々はもっと多いのです。私たちもまた、小学校、あるいはそれ以前から、漢字の書きとりに励んで来たから、何とか書けるのですが、たとえば、三十すぎてはじめて漢字にとりかかったとしたら、どんなに大変なことか、想像してみてください。

私がこのように話してきましたのは、世界中でまず国家の単位で、次には全地球的に、おそろしいいきおいで言語的統一がすすみつつあるということを示すためです。そして、その場合の統一言語は、わずかな例外を除いて、巨大文明語による統一です。二一世紀にはさらにこの流れが加速されるでしょう。

一八、一九世紀は、新しい国家が誕生し、さらに民族自決のかけ声にけしかけられて、続々と、新しい国家、それを支える新しい書きことば、国語が作られました。つまり、相対的にことばの数が増えてきたのです。二〇世紀の前半は、この流れを、さらに非ヨーロッパ語の地域にまでおしひろげてきましたが、後半は統合への願望が色濃く出てきたのであります。

言語がまとまって行けば、人間の考え方や価値観も統一に向かって行く。また考え方や価値観がまとまってくると、言語は画一的になります。この流れに乗れない者は、進歩と文明の落伍者であります。近代化は、落伍者になるまいと、必死になって画一化をめざしてきた、はしたない、出世主義者によって作られました。なぜはしたないかと言いますと、自分の生まれた土地、そこの文化、またそこで育った親や御先祖様は、おくれた、あるいは反動的なものであって、そういう自然的、人的環境はほろびるべきものであり、そこから脱出することがすなわち成功なのだ、そんなものをひきずっている自分が恥ずかしい、という気持ちにせきたてられているからです。国家の政策としては、こういう気持ちを、ひとたび国民の間に植えつけさえすれば、もう統一はほっておいても進行します。人々はみずからすすんでこの流れに身を投じ、考えもなしに、一歩でも他者に抜きん出ようとします。このようにして、［父祖の］ことばもまた捨てられ、別の強力なことばにまとまって行きます。

――結構なことじゃないか。人類がかつて思い描いている夢に一歩一歩近づいているんだから――という人もいるかもしれません。しかしその一方で、何とはなしに不安を感じる――この何とはなしにというところがじつは大切なのです。

私は、地域のことばが滅ぼされ、やがては民族のことばも滅びて、いくつかの大文明語によって人類の価値が語られ、それで人類の未来がきめられて行くということに、ある種の不安を感じている者です。それには次のような背景――言語とはどういうものかについての私の考えがあり、そこから、そこはかとない不安が出てくるのです。

ことばというものは、人間の住む環境（主として自然的な）に適応し、その環境を利用するための道具であったと考えます。すると、たとえばシベリアなど、ユーラシアの北方に暮らして、トナカイを飼ったり、狩をしたり、魚をとったりしている小さな民族的集団の言語は、そうした自然的条件の許す生活の形にしたがいながら機能してきた。ことばは長い歴史の中でじょじょに、環境とともに変わってきたと考えます。こういう風に言いますと、言語学者なら、たとえば音声的にどう変わってきたのか、文法構造はどう変わってきたのか。答えられないじゃないか、そんなのナンセンスだと言うかもしれません。私はそういうレベルの変化ではなしに、その言語の使われかた、役割、その生活の中における意義のようなものの変化を考えています。それは言語学が問題にしないような、じつに微妙な発想のちがいを表わす、いわば文体的な変化であるかもしれません。そういう意味では、言語学がとりあげるような、荒っぽい目盛りでは測れないような変化だと言ってもいいでしょう。

そうした、環境と生活の中で自己形成をした言語の生活が、突如、その土地と生活とは全く異なった原理と必要から、大開発をこうむる。そこで、たとえばシベリアにおける大規模な自然破壊、環境破壊というものが発生します。この破壊作業は、そこの生活とは全くことなる、別の生活のために発達してきた言語によって行われます。そして土着のことばは役に立たない無価値なものとして見すてられ、それによって、そこの生活もすて去られます。こう話をすすめて行くと、皆さんは、それは原因と結果のとりちがえではないかとお考えになるだろうし、私もそう思います。しかし、原因と結果とは、しばしば、きっぱりと分けて考えることのできないものです。原因と結果は、極めて単純なレベルでは、はっきりと見分けることができますが、人間のこころやからだの活動はそれほど単純で、すけて見えるような因果関係では説明しきれないので、たとえば病気という現象も、とうてい説明しきれないのです。

私は、たとえばある少数民族の小さな言語、今では三百人くらいしか話していないという、シベリアのユカギール族の言語が滅びることは、言語学者にとって残念であるだけでなく、人類史の上で、何か大きな意味を持っているような気がしてなりません。日本列島からコウノトリが絶滅するということは、もはやこの島には、この鳥の生息を許す条件がない――ということは、我々の自然がそうとうにいためつけられていることになります。同様にアイヌ語が絶滅するということは、もはやそこにアイヌの生活を許す条件がなくなったということであり、たとえそこにアイヌ人がいたとしても、その生活が根底的に基盤を失ったことになります。

かつて一九七〇年頃、エイナル・ハウゲンという言語学者が「言語のエコロジー」と言う本を書きました。その時は、言語を動植物のように見たてて、それら相互の消長を考え、それをエコロジーになぞらえて言ったものです。しかし私は、先に述べたような考えから、言語は、たとえではなくて、ほんとうの自然のエコロジーそのものと直接関係があるような気がしてなりません。そこで、今日の話は、言語とエコロジーというふうに、言語を、自然との関係における人間の生活に直接つなげてみたのです。

一九三九年に日本とソ連・モンゴル軍の間でノモンハン戦争が四か月にわたってたたかわれました。その時、あるソ連の将軍はこんなことを述べています。モンゴル兵に塹壕を掘るように命じた。ところがかれらはそれを拒否した。土を掘れば、みみずの命を奪うことによって、仏教の誓を犯すことになると言うのです。かれらは、こういう誓を設けることによって、あの寒冷でデリケートな草地をまもってきたのです。鍬を一つ入れることによって草原は壊滅的な砂漠化を引き起こしかねません。ましてや今はブルドーザーです。モンゴル語が消え、モンゴル人の生活が消え、そのあとがロシア語で塗りつぶされるとき、とめどない自然破壊と人間破壊があとに続いたことでしょう。

私のこうした仮説は、はじめにも申しましたように決して論証されたものではありません。しかし、こうした小さなことばの回復は、人間というものの尊厳、それと直接むすびついた言語の本質的な性格を解きあかして行く、一つのかぎになるかもしれません。どうも、とりとめのない話をお聞きくださり、ありがとうございました。

(『大谷学報』1995年1月　大谷学会)

明治日本における「国語」の発見《講演録》

母語から国語へ

ヨーロッパにおいて、ラテン語が唯一の「書きことば」（Schriftsprache）として支配していた地域で、一つ一つの俗語（vernacular）が文字で書かれるようになり、書きことばを獲得していった過程をヴァイスゲルバー（L.Weisgerber）は「母語の発見」（Entdeckung der Muttersprache）と呼んだ。「母語」という語の最初の用例は一一一九年にLingua materna というラテン語の形で登場し、一四二四年にはmōdersprāke という形でゲルマン語世界に登場する。この語を帯びることによって、俗語はもはや、ラテン語のかげにかくれた、公的でない、無意味なことばではなく、ラテン語に対抗し得る、さらにはそれにとり代わりうる言語単位であることが自覚された。

母語はルター主義の拡大とともに聖書の翻訳に用いられることによって次々に強力な言語共同体を獲得していく。そしてやがては近代国家の誕生とともに、ラング・ナシオナール（langue nationale）の地位につき、その地位から排除された様々な母語の上に君臨する。この過程はフランス大革命において典型的に演じられ、フランス語を指すための langue nationale という名づけもこの過程で生まれた（一七九三年）。この名は、明治二〇年前後に日本に現れる「国語」という呼び名と酷似している。

この発表では、人類史における母語の発見から国語の発見へと展開する過程の、世界規模での普遍性と特殊性の問題を念頭に置きながら、日本語史、さらに広い意味では政治史にもかかわるこの出来事を、全世界的な近代化過程のコンテクストの中で理解しようと試みるものである。

東アジアにおける母語と漢字

東アジア世界において、ラテン語に相当する書きことばは漢文（＝古典シナ語）である（漢文が言語であるかどうかは、厳密に言語学的な立場からは議論の余地があるけれども、ここでは言語と呼んでおく）。日本にはまず漢字は、それによって表記される言語と不可分のものとして輸入されたが、やがてその言語からきりはなされて、音価だけを利用して日本語を書き写すために用いられた。八世紀にはすでに、このような利用方法によって母語による言語作品が成立し、やがて「かなもじ」となって、文字体系としては完全に漢字から独立した。しかしエリート階層のめじるしとしての漢字の圧力は強く、使用面では排他的な完全自立を達成できるほどの権威をもち得なかった。

　日本語との対照において朝鮮語をみると、ここでもまた、漢字を単なる音表記のために用いる「吏読（idu）」のような用法が一五世紀頃から現れたが、補助的用法にとどまり、日本におけるようには、母語を表記するための自立した文字体系へと発展しなかった。今日、朝鮮語表記のための固有文字「ハングル（hangŭl）」は一四四六年に、王によって発布されたが、漢文の圧倒的な圧力のもとで蔑視され、公的な場での使用には到達しなかった。一九世紀の末、ハングル専用の母語による新聞が、福沢諭吉の影響を受けた弟子たちの手によって発行されたが、二、三年間しか維持できず、さらに一九一〇―一九四五年の日本支配のもとで母語の使用そのものが禁じられた。書きことばとしての朝鮮語の歴史は、日本敗北後の一九四五年からはじまる。

　白鳥庫吉は一九一〇年、日本と朝鮮における、母語の発展のちがいを、地理的、政治史的条件の相異によって説明している。すなわち、朝鮮はあまりにも漢文化の中心に近すぎたこと、漢族の政治的文化的支配から自己を切りはなすことができなかったこと、この二つである。

明治における母語ペシミズム

ヨーロッパにおいて vernacular《バーナキュラー》［土地の日常のことば］を書きことばとして確立する作業は、東アジア（＝「漢字文化圏」）におけるほど困難ではなかった。まず、対抗すべきラテン語を表記する文字を同じ原理で利用すればよかった。また大づかみに見れば、新しく生まれた諸言語は相互に似た文法構造を共有し、さらに聖書の翻訳によって文体も共有された。こうした共通基盤の上に、近代語彙は相互浸透しやすかった。ただしこうした一般的傾向の中にあって、ドイツ語のように、近代語彙のナショナル化、すなわちVerdeutschung《フェアドイッチュング》［ドイツ語による言いかえ］が行なわれたケースもあった。

しかし明治の日本語は、それが対応しなければならなかったヨーロッパ諸語との間に、先ず言語それ自体において、さらに文化の相異を加えたあらゆる面において高い障壁をもっていた。そのために、日本語は言語学的には存在していたとはいえ、近代国家を機能させる一つの器官としてはまだ確立していなかった。

その状況に直面して、当時の若いエリートたちは、日本語は近代国家の要具としては不適格であると考えた。その代表的な例は森有礼《もりありのり》である。一八七二年、かれはYale《イエール》［エール］大学のホイットニー（W.D.Whitney）に手紙を書いて、日本の公用語として英語を採用してはどうかという意見を提出した。このことによって、森は愛国心の足りない人物としてくりかえし非難されるが、それは森の真意をよく理解していないものである。森が提案しているのは'improved and simplified English'〔改良・簡略英語〕であって、そのままの英語ではない。この着想は、エスペラントが発表された一八八七年に十五年も先立つ点、独創的な国際語案だったのである。

私は森のように、自らの母語が無能な言語であるとする考え方を「母語ペシミズム」と呼んでいる。母語ペシミズムはソ連邦政権下、少数民族に対して巧妙なやり方で植え付けられ、ロシア語のヘゲモニーを確立するための強力な武器になった。

母語ペシミズムは日本にはくり返し現れる潜在的底流の一つである。それは時に、代表的な文筆リーダーによってすら表明される。敗戦の翌年一九四六年、作家志賀直哉は、森有礼の事跡を回顧しつつ、「不完全で不便な」日本語を放棄してフランス語を採用してはどうかとの考えを表明した。かれは日本において最もすぐれた文章家として尊敬されていた人物であったから、読書界に大きな衝撃を与えた。しかし日本における母語ペシミズムは、今日、鈴木孝夫、大野晋に見られるような、日本語ショーヴィニズムに比べれば、自国の文化・政治に対する健康な批判精神の表れであると言える。

話をもとにもどし、森の気持ちを理解するために、明治の初期、日本語がどのような状況にあったかを示す一つの例を引こう。

日本の国防エリート養成学校である陸軍幼年学校は一八七八年に創設された。その第一期生であった柴五郎は、当時の教育内容を次のように回想している。「国語、国史、修身、習字などいっさいなく、数学の九九までフランス語を用い、地理、歴史などを教えてもフランス本国の地理、歴史なり」と。したがって言語能力についても「フランス語なら不自由なく読み書き喋れるのに、日本文が駄目になるのです」というありさまだった。

国語の出現とその造成（Ausbau）

明治国家が現れるまでは、全体としての日本語を呼ぶための定まった名は存在せず、またその必要もなかった。「本邦語」、「御国語」、「皇国語」（最後の二者いずれも「みくにことば」と読む）、「日本の国言葉」などがあった。また、「漢語」に対する「和語」、「洋語」に対する「邦語」もあった。

「和語」、「邦語」にかわって、新語としての「日本語」がくっきりと姿を現すのは明治一七（一八八四）年、大槻文彦『言海』の説明文の中においてである。「日本語」とほとんど同時に、あるいは続いて「国語」が現れはじめた。ヘボン（J.C.Hepburn）の『和英語林集成』は、次々に誕生する明治初期の新語を注意深く登録した辞典として知られるが、その第三版（一八八六年）に至ってはじめて「国語」の項目が掲げられた。すなわち、日本語を示すための新語である「国語」はこの頃社会的公認を得ていたのである。しかし、いくつもの競合する用語の中から、「国語」に決定的な優位を与えたのは、一八九四年にヨーロッパ留学を終えてもどってきた上田万年が行なった、「国語と国家と」と題する講演であった。

「国語」は今日では日本語の中であまりにも一般化して、ほとんど「言語」と同等の意味にもちいられるようになったため、「いくつの言語を知っていますか」という意味で「何か国語を知っていますか」というふうにもちいられる。その言語が、ウイグル語とかチベット語とか、さらにはアイヌ語のような、国家を持たない言語であっても「国語」、そのバリエーションである「母国語」と呼ばれる。あるいはまた、Fremdsprache には国という意味は入ってないのに「外国語」という。人はもはや「コクゴ」、「ガイコクゴ」の中に「国家」が入っているということを意識しないほど、平凡な用語になっている。「国語」が明治語であることは学問の世界でも忘れられているという、興味深い例を示そう。明治時代に生まれた新語を集めて編まれた『明治のことば辞典』(一九八六年)があるが、六百ページを越える内容であるのに、「国語」という項目は含まれていない。すなわち「国語」が明治に生まれた新語であることが、専門の研究者によってすら気づかれなくなっているのである。

上田は上記一八九四年の講演において、「言語は国家の標識となる者のみにあらず、又同時に一種の教育者、所謂なさけ深き母にもあるなり。・・・独逸にこれをムッタースプラッハ、或はスプラッハムッターといふ。・・・」と、言語を母にたとえるのはドイツの影響であることを明らかにしている。かれは留学のほとんどをベルリンとライプツィヒで過し、そこの言語学者たちとの交流も浅くはなかったであろう。たとえばガーベレンツ(G.v.d.Gabelentz)の *Die Sprachwissenschaft*［言語学］, 1901（2.Auflage）は上田以外の者からは得られなかったであろうと思われる、異常にくわしい日本語についての知識が述べられている。

この講演にはまた、国語は「帝室の忠臣、国民の慈母」というたとえが見られる。後半分はドイツ製であるとしても、前半はイベリア半島のにおいがする。なぜなら、ヨーロッパ最初の俗語文法である、一四九二年のネブリーハ（Nebrija）の、*Grammatica Castellana*［カステリア文法］には、「言語は常に compañera del imperio［帝国の盟友］である」と書かれているからである。上田がドイツの学者を通じて Nebrija を知った可能性は否定し得ない。

ところで、「国語」は Muttersprache［母語］とは矛盾する概念である。少なくとも、国家は母とは相容れない。言語を母にたとえながら、いきなり飛躍させて国家と結びつけるやり方はどこから現れるのであろうか。さしあたって、「国語」に最も良く似た用語をヨーロッパに求めるとすれば、形においても内容においてもフランス語のlangue nationaleがそれに近いと言えるだろう。だからと言って、私は、「国語」のモデルがただちにフランス語であるとは思わない。それは個別、独自の発生であると考えておくことにする。

母語の質的優位性――日本語へのelogio［賛美］

上田はこの講演の中で、「此母を野蛮なり無学なり」などとおとしめて「他の母を迎へよ」と主張する「一派の人」を責めている。暗に森有礼のような人を指しているのであろう。ここにはやはり、「運命としての母語」という、ドイツ的な考えが現れている。

言語学者の上田が言語そのものによってではなく、不合理な力によって母語への愛をせまっているのに対して、却って言語学者でない人が、言語そのものの構造によって、日本語の有利な点を説明しているケースがある。例えば井上哲次郎（一八五五―一九四四）による、次のような日本語へのelogioである。

一九〇〇年に「言文一致会」が結成されて、活発な講演活動がはじまる。井上は一九〇一年に「言文一致について」と題する講演の中で、「日本の文章は支那よりドレだけか発達して居るというのは、言葉のフレクションがある即ちデクリネーションもコンジュゲーションも此方では言表はすことが出来る、小さな仮名を語尾にクッ附けることを発明したのが、日本人の発達進歩を助ける一端であったことは疑ひない、日本人が支那人に勝ったのは一つは斯ういふ良い機械を持ッて居ッたからである」。それに対して「漢文には・・・綿密に思想を言ひ表はすことが出来ませぬ、だから漢文でチャンと西洋の論理学経済哲学語を書き表はすことが出来ませぬ、ドンな偉い人でも出来ませぬ・・・」と述べている。（ドイツ語の論理表現能力からみたシナ語論は H.Gipper, *Bausteine zur Sprachinhaltsforschung,* Düsseldorf 1963. 3.Kap. Die Frage nach der Eignung einzelner Sprachen für logisches Denken in der Diskussion über das Chinesische に詳しい。）

井上は、こうしていわば「構造そのものに欠陥がある」漢文の「支配」から「国語の独立」を行なうために言文一致が必要であると説いたのである。つまり、井上における「言文一致」とは、漢文から日本語を分離、独立させるためのアウスバウ（H.Kloss の用語）として理解されていることがわかる。

井上はフンボルト（W.v.Humboldt）やシュライヒャー（A.Schleicher）の言語類型論を知らなかったにもかかわらず、孤立語（シナ語）と膠着語（日本語）の類型的対比に注目している。

ちょうど同じ頃、白鳥庫吉（一八六五―一九四二）が言文一致会で講演を行なった際、日本語と朝鮮語がいずれも起源的には「ウラル、アルタイ語系」に属しながら、漢化の度合のちがいによって両言語の歴史的展開のちがいを証明している。すなわち、日本は朝鮮と異なり「独立を維持しながら支那の文化を輸入することが出来たからである」と。

絶対的な権威をもつ古典語からの俗語の独立を立法措置によって保証した先駆的な例は、一五三九年のl'ordonnance de Villers-Cotterêts［ヴィレール・コトレの勅令］である。これによってフランスの宮廷は、官庁での公的使用からラテン語を追放し、フランス語の専用を命じたのである。

フランス語がラテン語に優ることとは、次の世紀にポール・ロワイヤル文法が学問的に証明しようとした。それによれば、フランス語は何よりも「最も自然で、最も支障のない語順を持っている」と強調されたのである。

さらに次の世紀にはリバロール（Rivarol）が「明晰でないものはフランス語ではない。明晰でないものは英、伊、ギリシャ語あるいはラテン語である」（Ce qui n'est pas claire n'est pas français; Ce qui n'est pas claire est encore anglais, italien, greque ou latin）と断言したのである。

「言文一致」の真の意味

明治における「言文一致」というスローガンは、今日の日本ではしばしば、まことに浅薄に、「話すように書く」という程度にしか理解されていない。しかし本質的に重要なことは、この「話すように」とは「母語で話すように」という意味である。なぜなら「言」(＝話しことば)と「文」(＝書きことば)を一致させるということは、「母語にもとづくSchriftsprache」、すなわちロシア語の概念を用いれば'literaturnyj jazyk'［文章語］を確立するということに他ならないからである。この「文」の中には、様々な擬古的なスタイルとともに漢文も含まれている。言文一致を実現するには、当然、漢文ならびにそれに類するスタイルの一掃が不可欠であった。このことを井上哲次郎は、「漢語に此方が支配された為めに、国語が発達しませぬ。だから此羈軛《きやく》を脱せんとするには、言文一致が肝腎である」とまことに適切に表現したのである。

「言文一致」は「国語」の獲得のために、世界的規模で行なわれた言語運動の、日本語による表現であった。何よりもヴィレール・コトレの勅令は、国家権力そのものが主導した、言文一致運動への法的措置による支援であった。それに続く、フランスでの様々な学問・文芸の運動は、言文一致をすすめて、俗語を古典語から解放し、独立させるための一翼をになった。

しかし日本の言文一致運動は、フランスに見られるような権力による支援を一切受けることなく、古典主義エリートとの困難な闘いに当面せざるをえなかった。今日の日本語を特徴づける諸問題は、「言文一致」運動が完全な勝利を収め得なかったことの状況から由来する結果である。このことはまた、今日の日本の知的状況とも深いかかわりがある。

（『ＪＧＣＢ』ベルリン日独センター機関紙１９９５年10月12日号　ベルリン日独センター）

【二〇一八年の回想】

この講演は、今から二十三年前、ベルリンで行われた日独合同の勉強会だか、シンポジウムで行われたものである。原稿ははじめドイツ語で書こうとしたが、途中で断念し、日本語でまとめた。日本語で書きはしたが、聴衆の多数はドイツ人だったので、多くの用語をドイツ語やヨーロッパ語で記すことになった。本書の編集者は、それを日本語にせよと要求したので、なるべくそれに従ったが、うまく行かないところはそのまま残した。なお私の話が終わってから、数人の熱心なドイツ人が「漢文は言語ではないかも知れない」という私の発言に強い関心を示して質問にやってきた。発音を知らなくても意味がわかるのは言語ではないという私の考えは、今もなお心の中によどんでいる。

《講演録》

一言語主義から多言語主義へ

——フランス語の未来

私は少しフランス語を勉強しました。なぜ勉強したかということを話します。それは、私がモンゴル語の勉強を始めたときに、それまでに世界で出版されたモンゴル語の一番くわしい辞書は *Dictionnaire mongol-russe-français* という辞書でありまして、［そのモンゴル語の説明に必要なばあいは］サンスクリット、チベット語も参照してあります。一八四四年から四九年にかけて、ロシアのカザンというところで出版された三巻本の大作です。これはだれが書いたかというと、コワレフスキーというポーランド人です。ポーランドは当時ロシアの支配下にありました。マダム・キュリー［一八六七—一九三四］の伝記を見ると、その頃の詳しい話が出ています。母語のポーランド語を学ぶと罰せられるという状態で、その時代に愛国詩人のアダム・ミツキェーヴィッチの名にちなんだ秘密の革命グループがありました。コワレフスキーはこの革命グループに参加しておりました。ポーランド語を守る運動です。職業はギムナジウムのラテン語とギリシャ語の教師だったのです。ところが、秘密組織が摘発されて、彼はシベリアに流刑にされます。当時のロシアは、人間をむだに使わなかったのでありまして、こういう教養、学識のある人は、ただ材木などを切らせてはもったいないというので、彼にはモンゴル語の研究をさせたんです、罰として。それ以前に、アムステルダム生まれのヤーコブ・シュミットという、また大変なモンゴル学者がいますけれども、この人はヨーロッパ語で最初の辞書を書いた。一八五三年、サンクトペテルブルクで刊行された*Mongolish-Deutch-Russisches Wörterbuch*です。これはドイツ語が使ってありますが、ほんとうに詳しいのはカザンで出たコワレフスキーの辞書です。これを読むために私はフランス語を始めました。フランス学なんぞと違いまして、モンゴル学をやろうとしますと、多言語を知っていないと本職にはなれません。そして同時に、言語学をやっているものですから、当時フォネティックス――音声学の研究は、当時といいますのは一九五〇年代ですけれども、フランスは非常に進んでおりました。戦前はプラハ学派のトルベツコーイ、その前にはオットー・イエスペルセン、ヘンリー・スイートなどの本がありましたが、戦後間もなくは、例えばクセジュ文庫でもフランス語で書かれたいい本がいろいろ出ました。そこで、私はフランス語が当時できないとまずいなと思ったから、大学に入ってすぐに始めました。ロシア語は発音がやさしいから、自分でやっていました。高校時代に私は、ソ連に密航して日本に革命をいただいてくるつもりで、高校時代からいわば革命のためにロシア語をやったんです。(笑い)だから、モンゴル語を始めたときは、ロシア語がかなり自由に読めました。フランス語の音声学を何を使って勉強したかと言いますと、ソ連にシチェルバというすばらしいロマニストがいまして、そのシチェルバの『フォネチカ・フランツースコヴォ・ヤズィカー』という本を一生懸命読みまして、これで自分はフランス語の音声学ではひとかどの人間になったとうぬぼれていて、教室でも偉そうにふるまっていました。きっと鼻持ちならない学生だったでしょう。

私は英語はほとんど勉強しなかった。なぜかというと、アメリカと戦争して負けたからですね。私は、教師や、天皇様の言いつけを正しく守る非常にまじめな学生でしたから、今でもアメリカには行きません。（笑い）ましてやフリーズ［動くな！］なんて［英語は］知らないのですから。そして、自由と革命の言語だからというので、フランス語も勉強したのです。ドイツ語を勉強したのは、ほんとうは行きたくなかったんですけれども、ヒトラーのことばだから、あそこに行ったらとんでもないことになると思ったんですが、ドイツのモンゴル学の大先生が「どうしても来い、おまえはドイツにとって大変な財産になる人間だ」という、かなり嘘なんですけれども、そういう推薦状が通りまして、私はドイツに行って、大変ドイツ語が好きになった。そういう私の言語的な経歴をまずお話ししておきます。

本題に入り、まず、フランスと日本との言語的な背景の違いをお話ししておかなければなりません。私がしばらく前に読んだ本で、大変印象深く覚えているんですけれども、日本に陸軍幼年学校というものがつくられました。明治五年、一八七二年です。これは日本の軍隊のエリートを養成する学校だったんですが、その第一期生に柴五郎という偉くなった大将がいます。あの東海散士の弟だと言った方がわかりやすいかもしれません。この人の回想録が中公新書に入っていますので、お読みいただくとありがたいんですが、その陸軍幼年学校の最初の数年間は、教師は全部フランスから招きました。国語の授業、日本語の授業などはありませんでした。ことばはフランス語、地理も、歴史も、全部フランスのを教えたのであります。つまり、日本の軍隊はフランスの文化的な植民地として出発しました。この柴五郎という人は、したがって、自分は日本語で文章が書けない、回想録も日本語では書けないというので、筆談、筆記なんですけれども、フランス語なら自由に話せるし、書けるという。当時の日本の言語状況はそういうありさまだったんです。わずか百二十年ぐらい前のことです。

一方、フランスではどうだったんでしょうか。すでに一七世紀のフランス語についてては、ポール・ロワイヤル文法、これはチョムスキーが出て有名にしたんですけれども、フランス語の文法は普遍的な人類の理性を伝える文明の言語であるという伝統が確立され、フランスの言語学者も、作家も、哲学者も、そのことを証明するために学問をしてきたんだろうと思います。ところが、日本人は悲しいかな、そういう自信を持つことはできませんで、日本語は頭の悪いだめなことばだというふうに最初から思っている、そういう伝統が続いておりました。私はそれを「母語ペシミズム」と呼んでいるのであります。この母語、日本語は、日本語の国家の言語がだめなのだという意味だけでなくて、何方言であれ、とにかく国家以前であれ後であれ日本のことばはとにかくだめなわけですね。自分の生まれ育って身につけたことばがだめだという、こういう観念を植え付けることが、一九世紀の文明にとっては非常に大事でありまして、これがもうちょっと長く続いていれば、日本語はとっくに捨て去られて、我々はこうしてきょう日本語で議論などしなかったはずであります。ところが、うっかり、日本語はいいことばだというふうなことをそそのかす人がいたために、日本語というものができてしまったのであります。

こうして一九世紀は、単一普遍文明への吸収がすすむ一方で、民族解放などという名の言語的悪魔のそそのかしによりまして、世界はバベルになってしまった。はてしない言語的分裂が起きたのであります。

一九世紀という時代を考えてみますと、エスペラントもそうですし、人間の使う言語は野蛮なものであってはいけない。エスペラント［の発明者］はそう考えたわけではありませんが、できれば一つであってほしいというモノリンガルへの願望がありました。アジアにはそれほど強くありませんが、西洋は全くこれにとらわれておりまして、どれが一番すぐれた言語であるかということで大いに競いましたね。フランス語のユニヴェルサリテ［普遍性］なんていうようなことを証明するために、ほんとうにばかばかしい努力を払ってきたのがフランス語という言語だと思います。

そういう考え方のもとには、バベル［以前］のモノリンガルへの郷愁を説く聖書のお話がありました。二〇世紀になってその考えはもっと進んだのでありますが、例えばフランスの言語学者で大変尊敬されているアントワヌ・メイエという人は、一九一八年、第一次大戦が終わったロシア革命の後に『新しいヨーロッパの言語』という本を書きました。その中で、ロシア革命を、文明に対する破壊行為であるというふうに非難しております。なぜか。ロシアは、それまで貴族がフランス語を大事に大事にして、美しいフランス語が支配していた文明世界であったのに、革命が野蛮な諸言語を解放してしまったためにフランス語の勢力がおとろえてしまった。もっと悪いことは、ロシアの中にそれまでそういう言語はないと思われていた百六十も百七十もの新しい言語が生まれて、それぞれが文字を持ってしまった。たとえば今のウクライナ語とかベラルーシ語とかいうのは、ロシア革命がつくった言語であります。ウクライナ語はゴーゴリの母語ですけれども、それまでは、小ロシア語と言っており、せいぜいロシア語の方言に毛の生えたくらいにしか考えられていませんでした。それがウクライナ語という名前までつくって、新しい言語に仕立てたことに、メイエは、これは文明に逆行する非常に野蛮な行為であるというふうにロシア革命を非難したのであります。これが一九一八年ですけれども、この本の新版は、その十年後の二八年にもあらわれて、同じことがもっと詳しく書いてあります。しかし、ちょうどそのころソビエトでは、これを私は印象深く覚えているのでありますが、一九二一年に一つの大学をつくりました、スターリンの名前のついた。ここはマルチリンガルな場所ですから、ロシア語で言いますと、コムニスティーチェスキー・ウニヴェルシテート・トルジャーシチフシャ・ヴォストーカ・イーメニ・スターリナという長い名前の大学でありまして、すなわちスターリン記念東方勤労者共産主義大学［略してクートヴェ KYTB］、ここに七十二か七十三のアジアの民族を集めて、革命思想を吹き込んだのであります。

革命思想だけではなくて、簡単な計算をしたり、簿記をつけたりというような教養もそこで吹き込んだのでありますが、その大学でスターリンが行った有名な講演があります。それは一九二五年の講演で、スターリン全集に入っていますけれども、我がソビエト連邦は、民族解放にとって大変偉大な事業をやった。それは、革命によって言語の数を減らすのではなくて、どんどん増やした、言語の数を増やすのが、抑圧された諸民族の解放だという演説をやっております。この同じ話は、二九年にも繰り返されます。つまり、メイエのような大変尊敬されていた言語学者に比べて、スターリンはほんとうのマルチリンガリストであったわけですね。しかし、これは一九三〇年に入ってから、スターリンは自分の政治的な立場が安定しますと、がらりと意見を変えますけれども、今、我々はスターリン研究をしているわけじゃありませんから、立派な発言をしたスターリンさえ見ていれば、いいのであります。

日本はまさにヨーロッパの優等生でありまして、モノリンガル、すぐれた言語をどれか一つだけやればいいという考え方です。フランス語さえやればいいと説くことと、いやこれからは英語だというのとは、根は一つで違いはありません。これと母語ペシミズムが一緒になりまして、一八七二年、これは有名な話ですが、森有礼という、後に文部大臣になった人が、日本語をやめて、英語を日本の公用語として導入してはどうかとまじめに考えたわけでありますが、後でこの人は右翼に殺されるのであります。しかしメイエ流にしたがえば、この人の思想が間違っているとはとても思えません。今、考えてみましたら、彼はそのとき二十五歳だったんです。いかにもいちずな青年が考えそうなことです。しかも、彼の偉いのは、英語そのままはあまりよくない言語だと思っていました。なぜなら不規則動詞がたくさんありまして、take-took, catch-caught というのは、人類の言語法則に反するから、日本人が英語を正しく直してやる。（笑い）つまり、インプルーブド・アンド・シンプリファイド・イングリッシュというものを考えたのであります。エスペラントが出る以前ですね。こういうすばらしい思想家を我々は先輩に持っているのでありますが、これも百年ちょっと前のことですね。

それから、日本が戦争に負けた次の年、一九四六年、もう私は生まれておりましたが、そのころ小説の神様と言われ、今でもまだ国語の教科書にサンプルとして登場する志賀直哉さんは、分別ある六十三歳でしたが、もう日本は戦争に負けた、だから、国語をフランス語にしようと。これは『中央公論』に書きました。負けた相手のアメリカのことばじゃなくて、フランス語にしようと言ったのですから、フランスの人は、よーく覚えておいてください。こういうふうにアジアの諸民族は、もしかして日本人だけかもしれないが、大変しおらしいのでありまして、何かいいものがあったら、自分のすぐれたものを捨ててでも協力しようという、大変優しい気持ちを持っている人たちであります。

これは今、思い出したのでありますが、中国に、銭玄同、チェン・シュアン・トンいう思想家がいました。この人は一九一八年に、中国の社会を封建的に抑えつけているのは何かいうと、ことばもその一つだと考えたのであります。それで彼は、すべての中国人にエスペラントを教えて、エスペラントを国のことばにしようと考えたのであります。この人は、早稲田大学で勉強した人であります。ここの早稲田にいる間にそういう悪い思想を持って、本国に帰ったらしいんです。フランス語だの英語だのみみっちいことを言っていた日本人に比べれば、その偉さにおいてスケールが違ってます。

以上、私はエピソードしか話さなかったかもしれませんが、この中で伝えたいメッセージがたくさんあります。皆さんもこういう問題から考えていただきたいと思いますが、こういうふうに言語に対するアティチュードといいますか、これは、やっぱり言語的背景、文化的背景が違うと、大変異なっております。そして、特定の言語に特定のすぐれた文明を担う資格があるというモノリンガル主義は、シヴィリザシオンというものが一つであって、人類は必ずそこへ到達しなければならないという単一主義と一体になっております。今、フランス語の人気がなくなって、フランス語の先生もポストが減ってくるという突然の事態が生じましたために、今日のような会が開かれているわけですけれども、実は最近、はしたないんですね、言ってみれば、数か月前に、京都でフンボルト財団の――私もドイツで日本が貧しいころに、十か月分ぐらいの給料を一か月にもらう奨学金をもらって、ぜいたくな勉強をしたのでありますから、ドイツ語にご恩返ししなければいけないんですが――同窓会がありました。そのときにもドイツ語の教師が、今日ここのフランス語の先生たちと同じような憂いを持って、そういう話［ドイツ語教師の席が減る］をしたのでありますが、フランス語の先生自体が、たいていモノリンガルな人でありまして、フランス語さえやっていればいい。これは立派な言語だということでもって、あまりアジアの言語とかスラブの言語とか、どうもおやりにならなかったんじゃないかと思います。しかしほんとうは、フランスという国は、マルチリンガルな国であって、例えばアルメニア地震が起きたときでも、フランスはすばらしい救援活動をしました。なぜか。アルメニア人移住者や、亡命者がフランスにはたくさん住んでおります。フランスにいてアルメニア語をしゃべるコミュニティーが、あるいはカナダにおけるウクライナ語をしゃべるコミュニティーがいつでもその国を強くしているんです。

しかし、日本では、外国語の教師、特にフランス語の教師、ピューリストは、大体がモノリンガル主義者でありますが、フランスの人はそうでないかもしれません。フランス語を教えている日本の教師にそういう人が多いのであります。ですから、よくよく反省していただきたい。

(『1996年6月1日共催シンポジウム「一言語主義から多言語主義へ――フランス語の未来」記録』1997年5月23日　日本フランス語フランス文学会・日本フランス語教育学会)

国語の形成

一　日本語のなかで「国語」はどのように使われているか

近代言語学への道を開いた記念碑的著作とされるF・ド・ソシュールの『一般言語学講義』に、「国語には自然的境界はない」という見出しをかかげた一節がある。もちろんこれは小林英夫の日本語訳によるものだが、ことばに鋭敏な読者であれば、いったい、『講義』の原文であるフランス語をはじめ、欧米の諸言語にはこんなことばは存在しないとしばしば識者たちが指摘する「国語」は、原文ではどう書かれているのだろうかといぶかしく思うはずである。先を読みすすむと、さらに「国語」は頻出する。

「国語と方言との差異がどこにあるかをいうのはむずかしい。方言はしばしば文学をうみだしたからとて、国語（langue）の名をいただく。ポルトガル語やオランダ語のばあいがそれである。」（傍点は田中）

二番目に出てくる「国語」には、かっこの中に「ラング」、すなわち、そのまま訳せば「言語」とすべき、フランス語のもとの語が示してある。訳者の小林は、この『講義』の前身にあたる訳本『言語学原論』の序文でその翻訳方針について、「訳者の恣意を交へた註釈的翻訳を排し、あくまで等量の移植を計った」と述べている。言語学の著作の翻訳にあたっては、ふさわしい慎重さである。

そうだとすれば、他の個所では一貫して「言語」と訳されているこの同じ語が、「言語地理学」の部に入ると、突然、「恣意的に」「国語」と訳されていて、とても「等量」だとは思われない扱いを受けているのはなぜだろうか。慎重な訳者が、なぜ、あえて自らに禁じた「註釈的翻訳」に訴えざるを得なかったのか、理由を考えてみたくなる。

それは一つには、ヨーロッパの諸言語に共通する慣用のせいであると考えられる。すなわちラング、ラングイジ、ヤズィク、シュプラーへなどの語で以て表現されるのは、方言に対立するところの言語、すなわち国家あるいはそれに準ずる民族などの共同体によって用いられていて、たいていは書きことばと、それによる文学を所有しているようなことばを指している。したがってヨーロッパ語の慣用では、通常、文字以前の、放送や出版物に用いられないようなことばは、「言語」の名にあたいしないものとして、そうは呼ばないのである。こうした、言語以前の言語を指すのにディアレクト（方言）、パトワ、パルレ

（「土語」という語感がある）などの、さまざまな差別的名称が発達している。だから、少なくともフランス語の伝統では、「アイヌ語は（ことばではあっても）言語《ラング》ではない」というような言い方も可能なのである。

そのことばが億の単位の人口をかかえる国家の言語であれ、数百人の小さなエスニック集団のことばであれ、あるいはまた文字を持っているか否かにかかわらず、人間の口から発せられる以上、ひとしくことばであるという認識を打ちたてたのが近代言語学である。ソシュールは、こうした、ことばそのものに、外から加えられた政治的、社会的、文化的な格付けと偏見から言語を解放するために「イディオム」という用語を用いることをすすめたのである（小林訳では「特有語」と訳されているが、私は「固有語」とした方がわかりやすいと思うので、この語を用いることにしている）。

そこでさきほどのソシュールからの引用にもどると、その言わんとするところは次のようになる。いわく、「ポルトガル語やオランダ語は、こうした純言語学的なたちばからみると、独立の「言語」と呼びうるかどうかあやしいものだ。ポルトガル語はスペイン語の、またオランダ語はドイツ語の、それぞれ方言でしかないのだが、しかしポルトガル語もオランダ語も固有の「文学」（書きことばと理解すべきだろう）を持っているせいで、独立の「言語」と見なされているのだ」と。

ソシュールの言っていることを、もっと過激に、もっと印象ぶかく言い表わしているのは、マックス・ワインライヒの「国語とは陸海軍をそなえた方言のことである」ということばだ。イディシュという、国家のささえを持たない言語を母語とし、その研究に生涯を捧げた人のものらしい、味わうべき発言である。

ところが一九六〇年代から芽生えた社会言語学は、こうした言語そのものだけを社会の文脈から切りはなして扱うことを不満とし、言語と、それを話す言語共同体との関係において、言語の機能を考えようという試みであった。だからチョムスキーのような社会ぬきの言語を考える言語学者にとっては、こうした問題のたてかたじたいが無意味であったのは当然である。言語学がますます脱社会、脱政治の傾向を強めて行くなかで、チョムスキーの突出した政治的な行動に関心を抱いたジャーナリズムが、社会言語学が提起した問題は、言語(研究)にとって本質的かどうかをたずねたとき、チョムスキーが質問者の期待に反するようなやり方で、「共通語だの方言だのが、言語学で扱える概念かどうかあやしいものだ」と答えたのは、質問者を失望させたかもしれないが、言語学者からみれば当然予想されるところであった。

さて、こうした背景を考えるならば、小林が「言語」を「国語」と訳したのは、あえて「等量の移植」の原則を破って、読者の理解のために払ったサービスであった。とりわけ、ポルトガル語とオランダ語が登場する文脈ではそうであった。もっともここでソシュールが、「文学」などと持ってまわった言い方をせずに、さっさと、「方言を言語にするのは国家である」と言ってしまえば、話はもっと明快であり、小林の意訳も生きたはずである。

以上は、いくぶん小林の気持をくんで、小林の肩をもった解釈であるが、今の時点でこれを読むと、やはり「言語」を一直線に「国語」に移してしまうのは、通俗におもねった翻訳だと思われる。「国語」ということばに深い検討が加えられるようになったのは、やっとこの二十年くらいのことであって（なかでも亀井孝『「こくご」とは　いかなる　ことば　なりや』は注目すべき著作）、小林が『講義』を翻訳した当時には、こんなことはどうでもよいと思っている言語学者の関心には入らなかったのである。

もともと日本語の慣用においては、いまでもまだ「国語」は「言語」と、ほとんどいつでも任意にとりかえられるほどの等価性をもっている。たとえば、日本語以外の言語はすべて、それがたとえ国家の言語ではなくても、「外国語」と言ってしまう。あるいはまた、誰かにむかって、その人の言語の知識をたずねるとき、あなたは「何個国語」を知っていますかなどという言い方しかできないのである。イディシュとか、ブルトン語とかができますと答えた人に、「しかしそれは国語ではありませんね」などと反論する人がいたとすれば、その人は相当重症のひねくれ者だと受けとられるであろう。

以上のように、日本語において、「国語」がどのような用いられかたをされているかを考えてみると、「母国語をよく知らないアイヌ人」などという、どきりとするような言いかたを、ことばにうるさいつもりの教養人が言ったり書いたりするのに出あっても、ほとんど驚くにはあたらないのである。「国語」は単に「言語」あるいは「ことば」の言いかえとして、日本語の中でいつとは知れない古い時代から用いられてきた、自然なことばだと思われているからである。

二 「国語」とラング・ナシオナール

こうした状況から考えてみると、一九三六（昭和一一）年に、柳田國男（一八七五―一九六二）が、「国語といふ言葉は、それ自身新しい漢語である。是に当る語は、古い日本語には無いやうに思ふ」と鋭く指摘したことは大変重要なことであった。明治の時代をいくらか呼吸していた頃の知識人たちは、いつの間にか、「国語」ということばがじわじわと使われはじめ、そのうちにすっかり定着して行った過程の中に身を置いていたからこそ、このように「国語」を相対化して見ることができたのであろう。

柳田よりもう少し上の年代の人たちになると、より具体的、断定的に、「国語」ということばの誕生のいきさつを言明することができた。たとえば物集高見《もずめたかみ》（一八四七―一九二八）の子息、物集高量《たかかず》［一八七九―一九八五］は、「国語は私の父の作ったことばだ」と述べている。それが高見氏単独の作であったかどうかは別として、高見氏も加わった、一八八七（明治二〇）年をややさかのぼるころ、当時の言語知識人のサークルのあいだで、新しい国家体制のもとでの日本語をどう呼べばいいかが話題になり、議論されるなかで定着して行った「新語」であることがはっきりと意識されていた。

それはあたかも、ミカド、ダイリ、テンシサマ、コウテイなどの競合することばを押しのけて、最後に「天皇」が選び出されて、定着して行った過程とほぼ同じであっただろう。こうした経過からみて、「国語」は外国からの借りもののことばではなくて、当時の日本社会が、自らの要求にもとづいて内発的に生んだことばであろうと推定される。

こうしたことばは、それが漢字を連ねて作られているため、古くから日本語の中に根をおろしていた、伝統ある語であるかのような印象を与え、研究者の目をすら逃れてしまうのである。亀井孝は、こうした一連の漢字語を「ネオ漢語」と呼んだが、これは、言語研究者のみならず、日本の思想史や社会科学にたずさわる者が、大きく目を開いて、とり逃さないようつかまえておかねばならない明治語である。

いまここに、そうした要求に応ずるように編まれたらしい『明治のことば辞典』（東京堂出版、一九八六年）という、六百頁をこえる大著があるが、ここには残念なことに「国語」は登録されていない。今日では、なくてはすまされなくなった「国際」もまた編者たちの目を逃れているが、このような、明らかに翻訳を動機として生まれ、それだけに目にとまりやすい新語にくらべて、より内発的に生まれた「ネオ漢語」こそ、日本の社会をうつす鏡として注意ぶかく観察しなければならないだろう。

「国語」は一八八〇年代には、まだ着床しない浮遊中の語であったが、一八九四年に上田万年が行った講演「国語と国家と」によって、堅固な土台を得たのである。ここでは、言語と民族との運命的な関係を、生理の基盤にまでおろして説明する一九世紀ドイツ風の言語イデオロギーの反映がみられるけれども、だからといって「国語」はドイツ製ではなく、上田がヨーロッパに旅立つ以前に、すでに日本で用意されていたのである。

「母のことば」は、ヨーロッパの伝統の中では、制度(国家)のことばである「父のことば」と対立するところに、その存在意義があった。ところが上田の講演は、この「母」を、国家、帝室と結びつけるという、無理な飛躍を含んだままで、聴衆に納得を求めるものであった。

「国語」にはまた、この語特有のニュアンスがある。それは、あとで述べる「国家語」をはじめ「公用語」など、言語のステイタスを示すための用語が、法的な規定を背後にもった制度の用語であるのに対し、「国語」は直接には制度にかかわらない、いわば制度外のことばである。このことからみても、「国語」は法が求めた用語ではなく、より内発的、したがって、より無自覚的な出生をもった語であるために、日本における社会言語学的意識をより忠実に反映した語であると見ていいのである。

「国語」はしたがって、日本特有の言語状況から来る日本人の言語意識のもとで生まれた日本語独自の表現であるとはいえ、世界のどこでも、似たような歴史の段階においては、似たような表現が要求され、現れるということも事実である。本稿の表題としてかかげた「国語の形成」に言う「国語」とは、それぞれの言語ごとに、もちろん表現はちがっていても、ほぼ同一の内容を指示していると思われる、そのような、言語のある特定の社会的形態に対応している。

そこで、日本の「国語」に最も近い表現を他の言語に求めるとすれば、フランス革命の最中に、新語として生まれたlangue《ラング》 nationale《ナシオナール》であろう。ナシオンそれ自体が革命のキーワードであったが、今やそれが言語に冠されることによって、言語に担わされた政治性がいやが上にも強調されることになった。ナシオン（国民、国家）が言語を限定し、逆に言語が国家という組織に根拠を与えた。それが持つ表現力の強さは、日常化してしまった日本語の「国語」とはとうてい比較できない。それと併用されていたラング・フランセーズから見れば明らかに強調された用語であった。

ラング・ナシオナールは英語（national language）やドイツ語（Nationalsprache）に言いかえて用いられているのを見ることはあるが、辞書に登録されるほどまでに、なじみ、定まった、ありきたりの用語ではない。それはやはり、「ナシオン」の形成をめざし、ジャコバン的言語独裁をめざした、フランス革命という歴史的コンテキストと一体のものであって、そこから切りはなして用いると、かなり人工的な感じを伴うのであろう。

ところで、このラング・ナシオナールという表現は、まさにフランス革命語ではあるとしても、その内容はフランス革命の中で一挙に生まれたのではなく、何世紀にもわたる永い前史と胎動期を経てやっと成立したものである。

フランス革命が定着させたナシオンということばの多義性に、社会科学、とりわけ日本のそれは悩まされてきた。それは時に国家であり国民であるが、しかし他方では、いわゆる「民族」を指すためにもひろく流用されている。そして、現代では、この国家と民族とは、あるときには一致し、あるときには鋭く対立する概念であるのに――ロシアや中国のような国家にとって、民族主義は大敵である――しばしばそのいずれもが、ひとしく「ナショナリズム」と呼ばれる結果をひきおこすからである。このような混同と一致が起きる理由は簡単である。それは何よりも、国家（国民）の前身が民族だからであり、その民族には国家を所有することができたものとそうでないものとがあるからである。

国家（国民）を民族と一致させようとしたのは、近代国家の著しい特徴であった。いま、典型的、古典的な「帝国」である、ローマ帝国の場合を考えてみよう。そこでは、多様な民族（エスニシティ）と多様な言語（ソシュール流に言えばイディオム）が含まれていることなどには全く頓着しなかった。あるいは中国に君臨した代々の帝国を考えてみてもよかろう。そうした帝国ではラテン語、あるいは漢文のような古典語が唯一の書きことばとして絶対的権威をもって君臨しており、他の言語（イディオム）はことばではなかった。ところがラテン語も漢文も、厳密に言えば誰の母語でもなかった。それは特定のエリートだけが、特別の教育によって、やっと身につけることのできる超言語であって、いかなる民族（当時のエスニック集団をかりにそう呼ぶとして）とも結びつかないものであった。

このように、書きことばの使用が、帝国の極めて限定された少数エリートの特殊技能にとどまっているうちは、帝国には厳密な意味での民族は存在せず、したがって民族問題も生じる余地はなかった。民族問題は、ふつうの人間が、自らの母語を書きことばとして所有したときに始まるのである。

ラテン語以外の、文字のない言語は、俗語（vulgaris）と呼ばれていた。俗語の俗語たるゆえんは、何よりも文字で書かれないことだったのであるが、一四世紀はじめ、ダンテが自らの母語・俗語で書くことによってイタリア語という民族語・国語の発端が作られ、一六世紀になるとルターが聖書を俗語に翻訳したことで、ドイツ民族語・国語がゆるぎない地位を得ることになった。帝国の平和、とりわけ言語的平和を解体し、民族・国家への分裂の発端を作ったのは、何よりもまず自らの言語、すなわち俗語（英語には vernacular といううまいことばがある）、より言語に即して言えば、自らの「母語」を発見し、手に入れたときだった。民族と国家への分裂の発端は、俗語の解放にあったことにまず注意しておかねばならない。

フランス革命は言語の点からみると、フランス語というささやかな民族語を、ラテン語という帝国語、超言語にかわって、ラング・ナシオナールという特権的地位につけるできごとだったのである。

しかしフランス俗語は、フランス革命によって一挙に浮上したのではない。それに先だつ二百五十年も前に、まだラング・ナシオナールではなく、「フランスの母のことば」と呼ばれていたフランス俗語に特権を与えるための立法措置が講じられていた。

フランス語に実質上、「国語」としての地位をあてがった発端は、一五三九年に発せられた、ヴィレール・コトレの勅令である。その一一〇条と一一一条に言う。法廷のやりとりをはじめ、国家の公的業務が「フランスの母のことばのみ」（langaige maternel françois et non autrement）によって行われるべきであると。この規定はブルターニュや南フランスや、バスクの諸言語を排除したが、何よりも重要なことは、それまで絶対的な通用力を持っていた、ラテン語の使用を法的に禁じたことであった。

これを見ると、フランス革命がやろうとしていたことを、それに二百五十年も先だって王の権力を用いることによって、すでに地ならしが行われていたことがわかる。すなわち、フランスの俗語を「母のことば」として、国語の座につけることである。

フランスにおけるこうした俗語の勝利への過程を、東アジアの状況と比較してみるのはたいへん有益である。東アジアの諸国では、漢文、あるいはそれを表記する漢字が高い権威をもちつづけ、その使用を禁ずる法令などは決して発せられなかったのみならず、国家権力は憲法をはじめとする法律を、漢文あるいは擬似漢文に依存した、寄生虫的な「国語」で記すことに甘んじたため、母語の完全自立には長い苦難の道のりを要した。しかも、この道のりは未完成のまま、中途で放棄されたとさえ言うこともできる。日本における母語・俗語の、外国語からの自立は、「言文一致」という、民間の文芸運動によってはじめて得られたのである。東アジアにおけるこのような言語過程は、学芸や知の世界において、拭いがたい権威主義、事大主義の性格を深く刻みつけ、その市民的自由のひろがりを阻止する上で、見のがすことのできない大きな力を発揮したのである。

三　母のことばから国家のことばへ

ヴィレール・コトレの勅令が、排除すべきラテン語に対置したのは、「フランスの母のことば」であって、まだ「国語」ではなかった。ラテン語が公的な場や法律のための「父のことば」(patrius sermo) であるのに、フランス俗語は「母のことば」と呼ばれた。母のことばすなわち「母語」は、すべての人間が生まれて最初に出会うことばであり、それは制度の外にあり、文字に書かれない、人間にとって本源的なことばである。

人間が、別あつらえの、学問用の身につかないことばではなく、いわば、それを身につけて生まれてきたかのようなことば――このことばで話すだけでなく、文字によって書き、かつ読むことができるようになってから、人類はまだ千年の歴史しか経ていない。人々がこの母語で書きはじめたときに、はじめて真の意味での民族とその文学が誕生したと言えるのである。

俗語、すなわち母語で書くという、この言語史のみならず、人類の精神史の上で、真に革命的な第一歩をはじめたのは文字どおり、女たち、母たちであった。ヨーロッパでは、ダンテという一人の詩人が、一三〇四年頃、『俗語論』というマニフェストをもって、俗語、すなわち母語で書くことに、理論的な根拠を与えた。「革帯作りの職人や、パン焼きの下賤な人間のことば」で書くことに対するフマニスト（人文主義者）たちからの侮辱と抵抗にたちむかいながら、ダンテは、ラテン語が金と地位を得るための言語であるのにひきかえて、俗語は愛のために書かれるゆえに高貴なことばであると答えたのである。事実、俗語で書かれることによって、文学は真の意味での文学となり、すべての人間が潜在的に読者となり得たのである。

しかし、文芸の著作をなす人たち以上に、より切実に、母語の使用なくしては活動できない人たちがいた。それは神のおしえをできるだけ多くの人たちに伝えねばならなかった聖職者たちであった。

ダンテがそれを俗語（vulgaris）と呼んだのに対し、聖職者たち、とりわけドイツ語圏では「母語」という言い方が好まれた。この語ははじめ、一一一九年に lingua materna というラテン語であらわれ、次いで一四二四年には低地ドイツ語に mōdersprāke という形が知られている。そして、一五二二年にマルチン・ルターが聖書をゲルマンの俗語に翻訳してからは、それをモデルにして、ヨーロッパの各地に、書かれる俗語が誕生し、これらが近代民族語の祖形を作ったのである。

しかし信仰と母語との結びつきはさらに古くへとさかのぼり、すでに八―九世紀頃にははじまっていた。カロリング・ルネサンスと呼ばれる流れの中で、聖職者たちには、「説教においては信者がその内容をより容易に理解できるようにするために、その説教を田舎のロマンス語か、あるいはドイツ語（ティオティスカ）に訳すよう」求められていたと、B・セルキリーニは述べている。聖職者とは、ラテン語のほかに、「母のことば」もよく知る人たちだったのである。そして一六世紀のフランスの王権は、「母のことば」を法の上で「国家のことば」とすることによって、近代国家への地ならしをしたのである。

国家が固有の言語、すなわち母語を求め、母語は国家を求めるという関係、すなわち言語と政治との切り離しがたい関係を、さらに古い時代にさかのぼらせてフランス語の誕生そのものにおいて示しているのは、「ストラスブールの誓約」と呼ばれている文書である。シャルルマーニュ（カール大帝）の息子であるルードヴィヒ敬虔王が亡くなったとき、フランク王国の広大な領土は息子たちに相続されて三分された。相互に争いが生ずるのを防ぐために、シャルル禿頭王（西フランク）と、ルードヴィヒ・ドイツ人王（東フランク）の両軍は八四二年、ストラスブールに会し、不戦と同盟の誓約を交した。

この重要な歴史的文書は、その内容以上に、用いられた言語そのものが重要であった。すなわち、当時としては、このような高度に公的な性格を持つ文書において、当然用いられるはずであったラテン語ではなく、ロマンス語とゲルマン語という二つの俗語で書かれていたことである。

B・セルキリーニの言い方に従えば、このことによって「母なる俗語」が「父なる法律の用語」たるラテン語に代り、「二つの国家言語」として、「おごそかに、そして断固として成立した」のである。その時に用いられた二つの俗語の境界線は、基本的には今日のヨーロッパの政治的境界線の起源となり、この時に書かれたロマンスの俗語が、直接フランス語の祖形となったのである。

フランス革命によって生れたラング・ナシオナール——国(家)語は、ラテン語の支配を食い破って生まれた「母のことば」をその直接の原基としている。それはまた帝国の解体と、新しい国境の画定という政治的事件と一体のできごとだったのである。

四　俗語の擁護と讃美

ストラスブールの誓約が古典的な姿で示しているように、言語は国家を創り、その標識となるから、国家はその言語を防衛しなければならない。防衛されるべきは、もちろんその実用的な機能であるが、それ以上にその言語の質そのものが讃美されねばならない。というのは、母語には選択の余地がないから、その語がナシオンの言語になっていることが必然であるゆえんを説明しなければならない。

この点で、「国語」が持つ独得の性格は、「公用語」と比較してみるとあらわになる。公用語は、その使用が法的に是認され、あるいは義務づけられた、制度の言語である。よりくわしく言えば、国家あるいは何らかの共同体の業務遂行のために選ばれた、機能を目的とした言語である。かつての植民地時代のインドにおいて、公用語は英語であるということはできるが、国語だとはいえない。公用語は母語である必要はなく、外から導入された外国語であってもかまわない。それに対し、国語はナシオンの言語であるかぎり、土着のしたがって、民族、あるいは民衆の俗語でなければならない。このように、土着の言語を母語とする点で民族は、民衆に一致する。だからこそナシオンはドイツ語の固有表現であるVolk、またロシア語のナロード（народ）と、しばしば等置され得るのである。

このように見て来ると、「公用語」は選ばれ、指定された言語であるのに対し、国語は選択の余地なく、運命的に与えられたものである。フランス俗語の地位を、ヴィレール・コトレの勅令が王権によって保障したということは、「フランスの母のことば」が「国語」よりはむしろ、あとで述べる「国家語」の性格に近いことを示している。いずれにせよ、ナシオンの言語は「母語」である以上、法的根拠をもたないから、法的保障以前に、ことばとしての美質をほめ讃える作業を行わねばならなかった。この作業は、ダンテが見事にその先例を示したように、他のどこにもまして、まずイタリアのものであった。

ヴィレール・コトレの十年後の一五四九年、ジョワシャン・デュベレーの手になる『フランス語の防衛と讃美』は、フランス語史においても文学史においても記憶すべき著作であるが、それが下敷きにしたのは、スペローニの『言語についての対話』(一五四二)であった。デュベレーは、粗野だとおとしめられている日常の俗語にも、文体に洗練を与えれば、芸術の言語として、ラテン語やギリシャ語にひけをとらないと説いた。この期はちょうど、ロンサールをはじめ、いわゆるプレイヤードの若い七人の詩人たちが、フランス語に新しい可能性を開くための運動を興していた時代と一致しており、『防衛と讃美』はこの運動に論拠を与え、支援する役割をになった。

フランスの俗語運動を、ヨーロッパにおいて突出したものと見ない方がいいであろう。そのモデルがすでにイタリアにあったように、南欧で強力に進行しつつあった俗語運動の一環をなし、それは近代ナショナリズムの重要な要因となったのである。

デュベレーの印象的な書物の名は、今日においてもなお想起され、現代版の新たな俗語運動にも流用されているのは興味深い。一九八六年、私はケベックの古書店で、『ケベック語の防衛と讃美』(M. Lalonde, *Défense et illustration de la langue québécoise* 一九七九年、パリ刊)という書物を見出して、思わず微笑まずにはいられなかった。著者のラロンドさんは、ケベック語(方言)を見下しているパリのフランス語をローマの帝国言語ラテン語になぞらえ、四百年も昔の『防衛と讃美』をもじりながら、カナダくずれのフランス語である「ケベック語」の防衛と讃美を主張したものである。

一六世紀において、文学の言語として生まれ出ようとしていたフランス語の前にたちはだかった一大権威の言語は、ギリシャ語とラテン語であった。デュベレーが、それらの古典語に対して、フランス語は野蛮でもなく、貧弱でもないと説いたとき、その姿勢はなお防衛的であった。しかしそれから約二百年の後に、フランス語はフランスに局限された「母のことば」をこえて、普遍性さえを主張する攻撃的な言語になった。

すなわち、リヴァロールが、その著『フランス語の普遍性について』の中で、「明晰でないものはフランス語ではない。明晰でないものはと言えば、英語、イタリア語、ギリシャ語あるいはラテン語である」と言い放ったとき、今度は古典語のみならず、競合する他の俗語も意識されていた。

一六世紀においては、俗語の称讃の項目には、その美しさ、豊かさ、洗練されていること、あるいは、こうした点が及ばないとみれば、逆にその原初性、荒けずりな活力、素朴さなどが強調されていたが、リヴァロールにおいては「明晰さ」が前面に押し出されるに至った。それはより分析的に、フランス語のみが理性の秩序を忠実に反映する語順をもつ、「普遍的な」(universel)言語として主張された。いまや言語の美質の重点は、文芸の領域から、理性や論理の表現技術としての「文法構造の優秀性」という学術、科学の領域に移ってきたのである。

いったいこの二百年の間に何が起きたのであろうか。俗語をラテン語と全く対等に、学ばれるべき言語として位置づける上で、一四九四年のネブリーハの「カスティリャ語文法」が果した役割の大きさは改めて言うべきもないが、一六六〇年のポール・ロワイヤル文法は、単にフランス語の文法規範を示すことをこえて、フランス語が思想の表現においてすぐれた手段であると主張したものであった。その最終章にあてられたシンタクスの部分で言う。フランス語は「もっとも自然で、かつもっとも支障のない語順をもって表現することを重んずる」言語であると。

　俗語が、それを母語とするナシオンと運命的に結びつけられ、ナシオン固有の個性の表現であると考えられている間は、それはドイツ語が好むVolkssprache《フォルクス・シュプラーヘ》、つまり民衆＝民族のことばにとどまるが、その言語が「民族固有の魂」ではなく、人類普遍の理性あるいは普遍文明の表現手段だと主張されたとき、すでにナシオンの枠を破って、langue universelle つまり普遍言語、世界言語、さらに言えば、文明化した人類全体の共通語の地位を要求するようになるのである。

　俗語のうちで、自らの母語の優秀性を、その文法構造によって根拠づける——すなわちその文法構造自体が普遍性をもっているというようなことを主張したのは、フランス語以外にはほとんど例がない。この点でチョムスキーが、人類普遍のものとして仮定した、文法の普遍的な深層構造という考え方を提示するにあたって、ポール・ロワイヤル文法の考え方に依拠したことも、ここで想起しておく必要がある。

五　日本における母語ペシミズム

フランス俗語の擁護と讃美の歴史を見てきたが、次に、それとの対比において、ラング・ナシオナールに類似した、「国語」という表現を、東アジアではじめて生んだアジアの俗語、日本語に関して、日本の俗語イデオローグたちがどのような俗語擁護の方法をとったかをふりかえってみよう。この問題を考える際には、日本語では、伝統的に「言文一致」運動という枠組みで論じられてきた問題を、もっと広い視野でとらえなおすことからはじめなければならないのだが、ここでは、ドイツ語の場合をモデルにして日本の国語愛を創出しようとつとめた、上田万年に限定して考えてみたい。

一八九四年六月、上田はヨーロッパから帰国する。八月に日清戦争がはじまる。「国語と国家と」という講演が行われたのはその二か月後のことであり、そうした時局の情勢は、次のような一節に現われている。いわく、「日本語は四千万同胞の日本語たるべし、僅々十万二十万の上流社会、或は学者社会の言語たらしむべからず。昨日われ〳〵は平壌を陥れ、今日又海洋島に戦ひ勝ちぬ。支那は最早日本の武力上、眼中になきものなり。しかも支那文学は、猶日本の文壇上に大勢力を占む、而して此大和男児の中、一箇の身を挺して之と戦ふ策を講ずる者なく、猶共に二千余百年来の、所謂東洋の文明を楽しまんとす」。

全体としての趣旨は、日本語が漢文エリートの支配から脱して、民衆のナショナルな言語に基礎を置かねばならないことを訴えたものであるが、末尾の部分では、日本の軍事の力に比べて、言語と文化の力は不当に低く、いまなおたたかいでは勝利した相手の支配下にあることを嘆いたものだ。そうして、近代国家としての日本にとって、国家と言語との関係が不可分のものであることを説いて、日本語への関心を聴衆の中に喚起しようとしたものだ。その手法は、ドイツの言語ナショナリズムの、ほとんどそのままのひきうつしである。

いわく、「日本語は日本人の精神的血液なり」、「その言語は単に団体の標識となる者のみにあらず、又同様に一種の教育者、所謂なさけ深き母にてもあるなり」。「独逸にこれをムッタースプラッハ、或はスプラッハムッターといふ、先なるは母のことば後なるはことばの母の義なり、よくいひ得たりといふべし」と述べて、かれの国語愛のモデルがドイツ語にあることを率直に認めている。

しかしドイツにおけるモデルとの決定的なちがいがある。それは、上田にはドイツ人が母語に対して行ったようには、日本語にほめ讃えるべき美質を見出し得なかったらしいことだ。上田はアジアの言語もヨーロッパの言語も知っていた教養人であったから、そのような単純な、手放しの母語讃美ができなかったことは理解できる。とはいえ、この講演が、国語愛を訴えた歴史的なマニフェストとして記憶されていることを考えると、そこには母語に捧げられるべき讃美のことばが全く見出せないのは驚くべきことである。それどころか、生みの母に寄せられるべき盲目の愛を求める悲痛な調子のアピールが述べられている。

「……此自己の言語を論じて其善悪を云ふは、猶自己の父母を評するに善悪を以てし、自己の故郷を談ずるに善悪を以てするに均し。理を以てせば或は然らざるを得ざらん、しかもかくの如きは真の愛にはあらず、真の愛には撰択の自由なし、猶皇室の尊愛に於けるが如し」

と。他の諸国で、それぞれの言語に捧げられた讃辞にくらべれば、その正直さと率直さに胸をうたれないではいられない。これに続けて、「英学者と称する人」に寄せられた、次のようなたとえは、国語愛に向けて人々を鼓舞するというよりは、むしろ無能の言語を持った人々をなぐさめているかのようである。すなわち、「他の一派の人は、此母を野蛮なり無学なり、馬鹿にぐずぐずして気力に乏しなどといひて、それよりは他の母を迎へよなど主張す」る、「不信実」で「不見識」で、「奴隷的なる」その「独立自主の気概に乏しき人々」のモラルに訴えるしかなかったのである。

日本にみられる、深くよどんだ母語への不信、一種の母語ペシミズムとでも呼ぶべきこの風は、上田以前にも以後にも、くり返し見出される。たとえば一八七二年、若き森有礼が、日本の公用語として英語を導入してはどうかと提起した場合である。近代日本語の輪廓がほとんど定まっていなかった当時、機能上すぐれた外国語にとりあえず依存しようと考えたことはまだ理解できる。しかし第二次大戦直後の一九四六年という、今からあまり遠くない時代に、「不完全で不便な」国語に見切りをつけて、「世界で一番いい言語、一番美しい言語」と考えられる外国語を「その儘、国語に採用してはどうか」と考えたのが、当代きっての名文家とされていた志賀直哉であっただけに、日本語ペシミズムは一層深刻なものと考えられる。

たとえばトゥルゲーネフは、「うたがいまどう日にも、祖国の運命を思いなやむ日にも、おんみだけが、わたしの杖であり柱であった。おお、偉大にして力づよく、真正にして自由なロシア語よ！……これほどの言語が、偉大ならぬ国民にあたえられていようとは、とても信じられないことなのだ」とよんだ。ここでうたわれているように、ことばが主体で、国民がそれを授かるという発想は日本にはなく、またたとい戦いにやぶれたとて、ことばだけは維持しようというふうには日本ではならなかった。

しかし、大変興味ぶかいことに、こうした母語ペシミズムは日本にかぎられない。一九一〇年代の、「文学革命」と称される中国の近代化運動の中で、漢字を廃止してラテン化するという、文字改革のレベルにととまらず、中国の言語そのものを廃して、エスペラントにとりかえようという主張まで現れたのである。

この発想は森有礼のばあいと共通した点がある。森が日本に導入しようとした英語は、あるがままの英語ではなく、学習に不便な、無用の不規則形を除いた「改良英語」だったのである。森がこの提言を行ったのは、エスペラントに先立つ十五年も前のことであったから、先進的な思想であったと言うべきであろう。

日本にとどまらず日本の一部の教養人が、自らの言語文化の上での宗主国とあがめる中国においてすら、自らの言語を放棄して、より「すぐれた」異国の言語を招き入れようという発想は、西洋の伝統には見出すことのできない真のラディカリズムである。それは他の極にある盲目の言語ショーヴィニズムと、するどい対照をなしている。

六 「国語」概念がはらむ矛盾

日本における国語の誕生は、フランスにおけるように、決して意気揚々の中で行われたのではなかった。それにもかかわらず、日本は台湾、朝鮮、満洲を支配下に置くに至って、みずから母語に深いペシミズムを抱いたままで、海外の異民族のもとにそれを普及せざるを得なかった。この矛盾は本質から目をそらさない日本の知識人の間には拭いがたい矛盾として今もなおよどんでいる。

どんな言語、「国語」であっても、それは、母語の話し手だけによって用いられるだけでなく、異族によっても学ばれ用いられ、やがてはかれらの母語になることもある。すなわち、言語はエスニックな土台（民族）の上に形成されながらも、それをのりこえて行く。しかし明治の初期においては、日本語が外国人によって学ばれるなど、ほとんど予想外のことだった。自らが「野蛮なり、無学なり」と思っている母なる言語を、研究以外の目的で外国人に教えることなどは期待されていなかった。したがって日本が異族をその支配下に置くと同時に、新たな国語問題が生じたのである。第一には、持ち越されてきた、いわゆる「国語国字問題」を、新たな局面から検討することであり、第二には、「国語」ということばをそのまま用い続けるかどうかである。

もともと「国語」という概念は、その起源において極めて防衛的であり、自らを国境内に閉じ込める、普遍性のない表現である。「国語」は国境の外に出て、異民族のもとで学ばれる際の名称としては全く適切ではない。それは、一つの民族の話す一つの言語が、一つの国家に対応している場合に限って有効なのだ。日本国家が、複数の民族と、かれらが話す複数の言語を含み込んだ場合、その複数の民族語の中から、日本語という特定の民族語だけを「国語」と呼ぶのはふさわしくない。なぜなら、「国語」はもともとエスニックな枠を自明のこととしていたからである。

「国語」概念がはらむこの矛盾は、日本が台湾朝鮮などを含み込むことによって、新たな言語問題に当面したときに明らかになった。そのことを最初に探刻に受けとめたのは保科孝一（一八七二―一九五五）だった。保科は一九一一年から二年間をヨーロッパで過し、主としてプロイセンと、オーストリア・ハンガリー帝国の多民族、多言語国家の言語問題を研究した。そして保科が注目したのは、これらドイツ語地域で用いられている「国家語」という概念だった。

ここに「国家語」と訳された、もとのStaatsspracheというドイツ語は、一八四八年頃から、中欧ドイツ語圏の多言語状況の中で登場し、プロイセン王国とオーストリア・ハンガリー帝国における言語政策の現実の中で議論され、言語立法にかかわる用語として登場してきた。

プロイセンでは国家語は、一国内に複数ある民族語（Nationalsprachen）のうち、中央の国家的レベルの業務を遂行するための業務語（Geschäftssprache）であるというふうに解釈されている。日本語に訳すといかめしい感じのするこの「国家語」ということばは、国内に多様な言語（民族語）が存在することをまず前提とした上で機能的な業務語としている点で、それはひとえに制度上の選択にもとづくものであり、「国語」が要求するような精神的な帰依は求められていない。

保科は、一九三三年に発表された『国家語について』の冒頭で次のように述べている。「一体種々の民族が相集って一の国家を構成するか、あるいは同種の民族であっても、かれらはそれぞれ固有の言語を有するとき、その国家がいずれの言語によって国務を執行するかがかならず重要な問題としてあらわれて来なければならぬ。その重要な問題とはすなわち国家語に関するものに外ならない」と。保科にとっては、朝鮮、台湾その他の占領地に対して、日本語を「国語」と呼ばせることに大きな矛盾を感じていたのであった。この矛盾を解決するには、日本国家を真の意味での言語帝国――すなわち多様な民族語を擁する国家――と解釈することによって、「国語」を排除して「国家語」概念を導入することだった。

「国家語」はオーストリア社会民主党が、一八九九年のブリュン大会で、かれらの民族政策の原理と相容れないものとして排除した概念であり、この伝統はスターリンとレーニンを通じて、そのままソ連に引きつがれた。しかしソ連の崩壊後は、ロシア連邦にとどまった非ロシア民族のもとで、自らの言語の権利を保証するものとしていっせいに復活した。いまやロシア連邦内の諸共和国で、その憲法において国家語についての規定をもたぬものはほとんど無いと言ってよい。このことについては別の機会に詳述するつもりである。

はじめのところで、「国語」とラング・ナシオナールとを、国家の言語に対する要求を示した同類のことばとして並置したが、いま「国家語」という概念を軸にして両者を比較してみると、次のことが明らかになる。すなわち、「国語」は「国」という語を用いているにもかかわらず、法的規定にかかわらない、より民族にかかわる性格を帯びているのに対し、ラング・ナシオナールの方が、はるかに「国家語」に近い性格を帯びているのである。この相異はそのまま、これら二つの種類の、異なる国家と言語との関係の相異に対応しているのである。

参考文献
亀井孝　一九七一年「「こくご」とは　いかなる　ことば　なりや」『日本語学のために』(亀井孝論文集1)吉川弘文館

亀井孝　一九七四年　寺杣正夫訳「天皇制の言語学的考察――ベルリン自由大学における講義ノートより」『中央公論』八月号［本セレクションー『カルメンの穴あきくつした』二五九ページに収録］
田中克彦　一九八一年『ことばと国家』岩波書店
田中克彦　一九九一年『言語からみた民族と国家』岩波書店
田中克彦　一九八〇年『ことばの差別』農文協（本書は特に「国語」を中心にして編まれたのではないが、Staatssprache はドイツ語には存在せず、田中による新造語だと述べた、グロータース神父の興味ぶかい論文が再録されているのでここに掲げた。）
田中克彦　一九七五年『言語の思想――国家と民族のことば』日本放送出版協会［二〇〇三年岩波現代文庫］
保科孝一　一九三三年「国家語の問題について」『東京文理科大学文科記要』第六巻
セルキリーニ　一九九四年『フランス語の誕生』白水社
銭玄同　一九一八年「中国今後の文字問題」西順蔵編、一九七七年『原典中国近代思想史第四冊』岩波書店

（岩波講座　現代社会学5『知の社会学／言語の社会学』1996年10月　井上俊編　岩波書店）

《講演録》二一世紀の世界における日本語

私がこういう題を今日掲げました訳は、ちかごろ私が日本語を使う人間であるということを改めて感じる機会が多いからであります。比較的最近では、ソビエト連邦が崩壊しまして、中央アジアやバルトやカフカスのいくつもの共和国がソ連邦から離れていって独立し、ロシア連邦だけが残りました。しかし、このロシア連邦というものの中にも二十ぐらいの民族共和国があって、一番激しく独立を戦っているのがチェチェンですけれども、チェチェンのようにひどい目には遭いたくないけれども独立をしたいとみんなスキをうかがっている。ほとんどの国がそうだろうと思います。そのほとんどの国がそれぞれ自分の言語をもっていますし、またそれぞれの大学をもって、それぞれの民族語で教育をしたいと思っている。日本で言えば国語教育をやりたいと思っている先生は多いのですけれども、ほとんどできなくなってしまっている。恵まれている共和国では半分以上は土地の民族で占められていて、ロシア人は四十パーセントぐらい。これは大変恵まれているところです。そうでないところでは、私が度々訪問するバイカル湖の東側、日本に近い方ですけれども、このブリヤート共和国というのは人口が百万ぐらいですが信仰としては仏教を信じております。ここではブリヤート語の新聞も出ていますし、ブリヤート語の放送も行われていて、学校でもブリヤート語の教育をもっとしっかりやろうとしているんですけれども、やはりロシアに所属している以上、たとえばお医者さんや弁護士のような社会的エリートになるためには大学に入らなければならないんで、その大学の試験はもちろんロシア語でしか受けられません。ですから子供にしっかり自分の民族語を身につけてもらいたいと親がどんなに願っても、それは子供の出世の足しにはならないわけですね。

日本は独立国ですけれども似たような傾向がだんだん強くなっていくと思います。もう中学時代からアメリカに留学させて、そして英語さえ身に付けていれば日本ではエリートになれるのだと。そうなってもちっとも構わないんですけれども、日本国民がそれを望むならば。二一世紀には英語がもっともっと世界的に普及していくにちがいなく、現に日本でも英語だけで授業をやっている大学があります。驚いたんですけれども新潟に国際大学というのがありますね。浦佐とかいう駅を降りていきますと。あそこでは日本人の先生もみんな英語で授業をするということになっています。そうすると、アメリカの大学で勉強した先生がそこに勤めやすくなる。一橋大学でも、神田［の一橋］にビジネススクールの大学院みたいなものを創るらしい。そこでは英語で授業をやるという話を聞きましたが、そうするとアメリカでビジネスや経営学を勉強してきた英語の堪能な人が授業をやるでしょう。そこで教育機関の一角が英語だけで授業をやるという傾向が強まっていきますと、雪崩をうったように言葉の砦が取り崩されていくものであります。

しかし、それは歴史的に見ると、もしかしたら当然かもしれないんです。と言いますのは、日本で最初に文部大臣をやった森有礼という有名な人がいますが、この森有礼という人は大変英語のできる人だった。若い頃アメリカで公使のような役をしていた。まだ二十代でしたが、有名な話で記憶されています。この人はナショナリストからは評判の悪い人なんですけれども、当時は国語という言葉がまだ日本にはなかったのであります。日本語という言葉はあったけれども国語という言葉はまだありませんでした。学校の教科では日本語のことを今はコクゴといってますが、国語という言葉ができてから非常に新しい歴史しかありません。それ以前は和語とか邦語とかミクニ言葉とかという言葉がありましたけれども、一番簡単に呼ぶのには日本語と言っておりました。この日本語は、将来日本が近代化していくうえにそのまま使っていては日本は近代国家になれないということを、若い森有礼さんは考えまして、そしてアメリカの当時有名だった言語学者のホイットニーという人に手紙を書いて、日本の公用語を英語にすべきではないかと言ったのであります。森有礼さんは文部大臣にもなりましたから彼の意見が通っていれば、今頃は文部省の文書は全部英語になっていたはずです。この森有礼さんがその手紙を書いたのが一八七二年ですからね。考えてみましたら百二十年前は、日本語はまともな言葉ではないと、日本人自身が思っていたのであります。

まだいろいろ例があります。この話であまり寄り道したくないんですけれども、陸軍幼年学校が発足したのが明治五年でしたが、当時日本人の先生は一人もいませんでした。全部フランスから先生を呼んで、地理・歴史・フランス語を教えたんですけれど、その教科のなかに日本語は入っていませんでした。日本語は学校で教えられる言語ではなかったのです。今からわずか百二十年前のことです。もしかしたら、百二十年経った今でもヨーロッパにはまだこういう認識をもっている人が多いのではないかと思います。

話をもどしまして、さきほどのブリヤート共和国というところへ行きます。三年ぐらい前ですか、私はそのときはロシア語で喋ったんですが、電車のなかで若い考古学者と知り合いました。少し説明しておきますと、ブリヤート語というのはモンゴル語の方言なんですけれども、今その復活運動が盛んになっています。ブリヤート語をもっと広く若い世代にも教えようというんですけれども、若い世代は冷たいのであります。こんな言葉でやっていたら出世できませんから。そもそもロシアの領土の中ですからこれはやむをえませんん。首都もモスクワですからモスクワ大学に入るのが一番えらい出世コースです。ですからブリヤート語をやってみたところで隠居さんの庭いじりにしかならない。その電車に乗り合わせた若い考古学者は「ところであなたは何を勉強していますか。」と聞くので、「言語学だとかモンゴルの近代の歴史や言語運動などを研究してます。」と答えました。そして少しは偉いんだということも言わなければなりませんから、「私の名前はソビエト大百科事典にでていますよ。」といつもこれを言うのです。私はソ連でよく捕まりました。スパイじゃないかとか、好ましからぬ人物で軍事施設の写真を撮ったとかですね。こっちはそんなこととは知らないで写真を撮るのですけれども。ホテルの一室のようなところへ連れて行かれて、裁判されるんです。捕まるたびにいろいろやり合わなければならない。そのときにはソビエト大百科事典の私の名前のでているページのコピーをもっていて、俺はこんなに偉いんだという証明に使うんです。あまり効果のないこともありますが、そうしますと向こうの人は、当然ロシア語で論文書いているから知られているんだというふうに思うわけですね。ロシア語で書いたことはありませんが向こうの人が翻訳して私の業績を百科事典に載せてくれているんですけれども。それで彼らは、「あなたは何語で論文を書くのですか。」というから「日本語で書きます。」というと、「あーそうですか、日本の大学では日本語で研究するんですか。」というので、「そうだ。」というと非常に不思議な顔をしております。ソ連の中には、よく知られているように百二十〜百三十の言語があり、それだけの数の民族がいました。今はそのうちの大きい民族はどんどん独立して去っていきましたけれども、今でも八十ぐらいの民族がそれぞれの言語をもっているんです。そこでロシア語でやらないと学問・研究はできないし、だいいち論文書いても読んでもらえない。特に、自然科学の分野では。

日本でもまったくそのようになってきたんじゃないかと思います。一刻を争う研究のプライオリティを競うためには、インターネットにのせるにしても何にしても英語で載せなければ読んでもらえませんから、こういう情報技術が発達することによって、世界中を英語が征服していくスピードが、一層速まったのではないかと思います。今から百二十年前には学校で教えられるような日本語はまだ存在しなかった。それで陸軍幼年学校ですけれどもね、そこで教えられた地理も歴史も全部フランスの地理と歴史を教えたんだそうです。第一期生の卒業生の偉くなった人達、当時の将軍ですけれども、柴五郎という陸軍の将軍の回想録を見ると、彼らは日本語は勿論喋れます。でも文章が書けない。日記を書くのでも何を書くんでもフランス語なら書けるけれども日本語は書けないと言っています。つまり当時の日本語は、書くのに使う言葉ではなかったのであります。ですから、百二十年昔に戻ったと考えるならば二一世紀は、全部英語になってしまっても驚くことではない。単に元に戻ったと言うことでしかないのですから。

一九世紀の終わりといいますと、世界の歴史を見ると、一斉に自分の言語を独立国家の言語にしようとする運動を、あるいは独立国家が実現していなくてもその時のために、文学や論文を書く能力を備えた、書き言葉にするための運動をじわじわとやっていた時代であります。はじめのうちは独立国家ではないのですから国家の援助はありません。誰がやったかというと田舎の小学校の先生などです。こういう教育の基礎は、いろいろな国の例を見ると、小学校の先生が一番大事ですね。自分の言葉を教える。大学の先生は民族の言葉を守るという点では、だいたい裏切り者です。偉くなればなるほど日本語を使わない。英語は出世言語、それに対して民族語は田舎言語で、うだつの上がらない人達の言語、あるいは外国語を知らない国語の先生が食っていくための言語でしかない。

一九世紀には小さな国でもよく自分の言語を製造したんです。一九世紀の終わり頃、消えかかった言語をしっかり造りなおすための文法と辞書を作ったのは、小学校の先生です。しかも田舎教師ですね。うだつの上がらない先生は自分の田舎言葉にしっかりしがみついてそれを子供たちに教えて自分の言葉の支持者を、根から種まいて育てていかないと自分の教師としての基礎はできませんから。今話しているのはノルウェーの話です。

もうひとつは教会の牧師さんです。神様の教えを広めていくためのお説教に使われる言葉は、教育のない民衆の言葉ですから土着の土地の言葉［を使う］。それからもう一つは演劇です。演劇の役割は非常に重要です。それは、舞台を通して、生きた言葉を教えるからです。とりわけノルウェーや、スウェーデンは演劇の盛んな国でありました。特に一九世紀の終わりから二〇世紀初めにかけて、スウェーデンですとストリントベリ、ノルウェーだとイプセンの古典的な芝居ですね。

ノルウェーはデンマーク語の支配下にあったんですけれど上品ないい言葉はデンマーク語だというんで役者さんと官僚は全部デンマーク本国から来ていたんですけれども、そのノルウェーは今世紀の初めに独立したんです。今、首都はオスロという名前ですけれどもデンマークに支配されていた時代はクリスチアニアと言っていたんです。当時のデンマークの王様の名前がクリスチアンだったから首都の名もクリスチアニアだったんですけれども、独立してオスロになったのです。なぜ独立できたかというと自分の言葉をもっていたからでした。これについては詳しい話はしませんけれども、その独立をするために、一八六〇年頃から田舎教師たちが、独立したらノルウェーはこういう言葉を小学校の基礎から教室で教えるんだと文法と辞書を作りました。

その時に二人のライバルがいまして、それで二つノルウェー語ができました。それが現在のノルウェーの言語問題の起こりなんですけれども、今でも二つノルウェー語がありま す。一つは純粋に田舎言葉、百姓言葉を土台にして作られた純粋ノルウェー語ですね、もう一人が作ったのが、もうちょっとデンマーク語の香りで味付けした上流階級の言葉という風に二種類の言葉ができました。

ノルウェーの人口は今四百万位だと思います。北欧ではフィンランドが五百万人位で、スウェーデンが八百万人位ですね。人口は少ないけれどもスウェーデンという国は大変な国で、サーブという飛行機も作っているし、それからボルボという名車もスウェーデンの車ですか、まあ八百万の人口としては大変優れた技術を持っている国です。このスウェーデン語も力のある言葉ですが、ノルウェー語は四百万人位で、しかも二つの国語をもっている。二つの国語の支持者がそれぞれ主張して自分を譲らないものですから、憲法で二つの言葉を対等な力があるものとして認め、国会でも二つの言語を使う権利があり、しかも国会の議事録も二つのノルウェー語で作成することになっているというこれほどの言語の民主主義を守っている国ですけれども、今、段々田舎寄りの言葉が勢力がなくなって都会の方言の方が力をもっているらしい。

というのは農村の過疎化が進み、みんな都市に移住してしまいますから都市の言語が勢力を得てくる。これは世界中の傾向です。近代化と都市化によって、土着の文化がどんどん滅ぼされて都市に人口が集中するというだけじゃなくて、文化そのものが都市化されてしまう。都市化ということは、別の言葉でいえば国際化ということです。固有のものが失われていって外国風のものがどんどん入ってくる。おそらく、都会では英語が通じるけれども、田舎に行くと通じないということは、結果として［田舎の方が］自分の文化を否応なしに守っているということになるんです。

もう一つ、ついでに付け加えますと誰が自分の民族の言葉を守るかというと、それは知識人ではありません。さきほど言ったように大学の先生は最初に裏切る人です。インテリとは、いつでも祖国を裏切って外国に逃げだせるようにきちんと親が準備させている階層です。一度短い期間でしたけれど、一橋大学にチェコのある有名な言語学者、今イギリスにいますけれども、呼びました。この人はヨーロッパの言葉も大抵知っているし、朝鮮語が非常にうまい、日本語も瞬く間にものにしてしまって、それでチェコではどうしてあんたみたいにみんな言葉がうまいんですかと聞いたら、少し裕福な親は子供がこんな政治的に危ない国に住まなくていいように、いつ政変が起きても外国に逃げられるように言葉を教えておくんだと。言葉で子供が生き延びるということは、逃げるだけでなく食べていけるということが重要なわけですね。そういう意味では日本人はなかなか外国に逃げられない。今日も一橋大学のトイレにある学生の落書きを見てきたのですが、その落書きには日本人やめようと、かっこいいことが書いてあるけれども、書いている学生本人が絶対に日本人やめられるはずがない。とっつかまえてきてテストしたいくらいなんですけれども、日本人やめられるような学生だったら、私はむしろたのもしいと思うんです。ろくすっぽ外国語もできないであんなこと書いているんでしょうから。とにかく、優秀な人は外国へ逃げられるように小さな国ではいつでもそういう教育をしますが、外国に簡単に逃げられなくって、しかたなく自分の言葉を守っているのは学校へ行ったことのない女たちですね。段々状況は変わってきていますが、育児、孫の世話、家事に縛り付けられているおばあさんなんていうのは、絶対自分の言葉を捨てようにも捨てられないのであります。註を付けているうちに話がどんどん長くなってしまいますが、もう少し続けましょう。

日本では「グリム童話」で有名な言語学者で、もとは法律学者だったんですけれど、ヤーコプ・グリムとその弟のウイルヘルム・グリムという兄弟がいて、ドイツ語の字引を書いたことでも有名な人でありますが、この字引は、一八三八年に着手しました。ヤーコプが大学で専攻したのは法律学なんですけれども、ドイツの伝統的な法律の基本的な概念を研究しようと思えばドイツ語を研究する以外にないのであります。ドイツ固有の古い掟ですね。まあ掟という言葉が日本語では使われなくなりましたけれども、近代的な法概念以前の土着の制度ですね。成文化されない時代の。

このような関心もあって彼はドイツ語の字引を書こうと考えたんです。ちょうどグリムが勤めていた大学のあるヘッセン州で作った憲法に彼はひどく怒りまして、抗議して大学をやめたために食えなくなってしまったんです。すると上手い具合に出版社が話を持ってきて、あんた食えないからドイツ語の字引でも書いたらどうかって言うんで、書き始めたんですけれど、今三十二巻あるうちの三巻ぐらいまで書いて死んでしまいました。それから百年以上にわたって後継者がそれを継いで完結したのが一九六一年ですね。グリムのドイツ語辞典ということになっていますけれども、ベルリンに壁ができたときにも東西の学者たちが協力してあとを書き続けた民族的な一大事業です。グリムが民話を集めるときにも、ドイツ語辞典を作るときにも、その素材としての純粋なドイツ語を保持しているのは誰かという点で最初に目をつけたのが、へんぴな田舎の一度も学校に行ったこともない、一度も旅したこともないおばあさんたちだったと言われています。それで彼女らの民話を語る言葉がドイツ語の基礎だという考えがありました。いろいろ研究してみると、話はそれほど簡単でないらしいということが最近わかってきたんですが、しかしそれはグリムの時代の、ドイツ・ロマン主義の理想であったのです。

民族の言葉を守っているのは、こういう一番遅れた層です。そうしますと社会的に一番進んだ階層は、どういう階層かというと、もちろん教育を受けた階層なんで、その場合の教育というのは何をやるかというと外国の学問をやるということですね。日本はそのことを典型的に絵に描いたような国民でありまして、一生懸命外国の学問をやってきて、そてしてその力で二〇世紀の繁栄を築いて、今その世紀末を迎えているということであります。シベリアのブリヤート・モンゴルの青年考古学者が、「あなたは日本語で書いている？　誰が読んでくれるのですか。」こう言ったのは、まあ当然な質問だと思います。

先ほど、ノルウェーの話をしましたけれども、人口四百万のノルウェー文学では、日本のように作家が小説を書いて家を建てたりすることはとてもできません。文学活動をやるということは、自分のお金を出して本を出し、四百万の人口のうち一万人が自分の作品を読んでくれればこれは大したことです。北欧に行きますと本が非常に高いです。少ない人口では、日本のように豊富な本は出ません。これは、フィンランドでも、スウェーデンやデンマークでも同様です。この国の人達は英語が非常に達者です。英語に大変よく似ている言語ですから、この人達にとって英語を使うのは、それほど難しいことではないんですけど、この中でフィンランド語はむしろ文法が日本語に似ていて、音節の構造も日本語に近い言語ですから、フィンランドの小さな駅で放送を聞いていますと、日本でいうと東北のどこかの寒村の駅に立っているような錯覚を覚えるような、懐かしいイントネーションです。この言葉はヨーロッパのどの言語とも違った、とりつく島のない言葉です。そういう意味では日本語と全く同じ国際性のない言葉であります。

フィンランド人の業績を国外に知らせるのには、日本と同様の困難があります。国際会議などに臨んだとき「何語が使えますか。」なんて文部省から調査がきますと、私などちょっと見栄を張って、いろいろ書くけれども、本当いうとそれほど出来るわけじゃないんです。本当の語学の能力は、その国で二、三年の留学くらいでは身に付かないと思いますね。簡単なエンターテインメントなら出来ますけれども、筋道立った細かい精密な学問的な議論は短い滞在ではとても出来ないと思います。それでフィンランドの科学アカデミーには、大変強力な翻訳団が置いてありまして、めぼしい論文はかたぱっしから英語にして出版するので、そのために国家はたぶん大変なお金を使っていると思います。

ここで、忘れないように言っておきたいのですが、去年［一九九五年］から今年にかけて、フランスが大変な国際的な言語キャンペーンをやっているのはご存じだと思います。フランスはいまや自分の言葉の進出は少しあきらめたようで、むしろ防衛に力を入れています。この八月の終わり、八月二五日が日曜日でしたね。この日を中心に慶応大学を会場にして、世界中から二千人を越えるフランス語教師が集まってきて、今年は日本が当番校で、世界の大学あるいは高校、中学でも教えているところがありますが、そういうところでフランス語教育にたずさわっている教師を集めて、フランス語の退潮をいかにくい止めるかという関心からシンポジウムをやったのであります。それに少し先立って、フランス語教育学会が主催して、早稲田大学でもシンポジウムをやって、私もパネラーとして出たのでありますけれども、いま大学の教養部の大改革がどんどん進んでいますが、そこからもっとも不利益をこうむるのがフランス語、ドイツ語の教師だと考えられております。英語以外の外国語の単位が減って、自分たちの職も減ってしまう。自分たちは勤めている間は首になりませんけれども、やめた後はどうなるかと心配しているようです。初めて英語帝国主義という言葉を日本のフランス語教師が使い始めたんです。そして、英語と同じようにフランス語も教える意味があるのだと。教養のために文明のためにという理屈を急いでこねあげ始めたんですけれども、それではあまりにもあからさまだからというんで、バイリンガルではなくてマルチリンガル教育、多文化多言語主義というんで、いろいろな言葉の教育をしなければいけないと。

そのいろいろな言語の中で一番かわいいのがフランス語なのですけれども、多言語主義に口を借りて大学の中でフランス語をなんとか生き延びさせようというのが本音です。世界中のフランス語で暮らしている地域のことをフランコフォンというのですけれども、フランスには海外領というのがあります。インド洋のレユニオン島のような。それから国境を超えてベルギーはもちろん、スイス、カナダのケベック州などですね。それから日本や韓国からもフランス語の教師をかき集めてきて一大キャンペーンをやりました。その場合フランス語本国と日本のフランス語教師との間には共通の利益があります。日本におけるフランス語教師というのはいわばフランス文化の手先みたいなものですから、その手先を大切に養っておくというのが言語政策の大事な点であります。

日本はいったい海外にいる大事な大事な日本文化の手先にちゃんと餌を補給しているかどうかという重大な問題があります。この問題も詳しく話したいんですけれども今日はちょっと収まりません。先進国が如何に自分の言葉を外国で維持するために大きな注意を払っているかということはもう少し注目していい、朝日新聞なんかはだいぶフランス語の先生を手伝って新聞でそのことを宣伝しました。

それからもう一つはドイツ語です。ドイツは一昨年［一九九四年］、ウイーンで正書法会議というのをやりました。正書法は英語でいうとオーソグラフィーと言いますが、その綴りを易しくする会議ですね。ドイツ語は英語なんかに比べると、はるかに綴りがやさしく、合理的に整理されている言語です。ほとんど規則を学ばなくても書けるような。ですけれども、Sを二つ重ねるとかエスツェットという特別な字を書くかというようなつまらないけれど、ちょっとややこしい問題があります。ドイツ、オーストリア、スイスの他、いろいろな所にパラパラとドイツ語の離れ孤島があります。オランダ、ベルギーの中にもドイツ語を喋っている地域があったり、ルーマニアの中にもあります。そういうところからもまた、日本からもドイツ語の教師を招いて、世界中の人が少しでも苦労しないでドイツ語を学べるようにという会議を開きました。それから外国にいる言葉教師だけでなくて、国際会議に大学の先生や研究者を派遣する場合にもドイツの場合ですとドイツ語、フランスの場合ですと絶対にフランス語を使うよう要求します。自分の国の言葉で発表する人に限って旅費を出す、というのがドイツ、フランスの政策です。これは日本との非常に大きな違いです。

これは国家の政策が違うというよりもこれまで積んできた言語政策の実績の違いですね。私はドイツに留学したのが今から三十年ほど前ですけれども、ドイツの奨学金は当時文部教官の専任講師でもらってた給料の四倍もありました。東京オリンピックのあった年でした。ですから、私は大変ドイツに恩義を感じておりまして、ドイツからお金を貰っているんだから国際会議には必ずドイツ語を使おうというふうに考えている義理がたい、恩を忘れない忠犬ハチ公みたいな日本人です。日本で勉強した留学生には是非そうであってもらいたいと私は思っています。ところが大学の窓口に行っても何処へ行っても職員の方が得々として英語を喋りたがるということに留学生は呆れていますね。先生もそうです。それは英語国だけならいいんですけれども、ロシアから来たロシア語を喋る学生や中国の少数民族のような人は、日本に大いに頑張ってもらって、中国やロシアのような少数民族を抑圧している連中から助けてほしいと心の中では思っているのに、日本の大学の人達が大喜びで英語を喋るというのは気が知れないと、こういうふうに言うんです。

これはドイツ、フランスと比べてみると非常に大きな違いがある。フランスは特にそうですね。ドイツの場合は、大変悪い傾向が私が留学していた頃から出てきておりました。国際会議でも、あれは一九六五年ウィーン大学で歴史学会があったときですけれども、ある学者はわざわざ私の母語はドイツ語で、ここもドイツ語の国ですけれども、お集まりの皆さんのために今日は英語でやりますというようなことを言って、英語でうれしそうに喋っておりました。ドイツ人はみんななぜか英語がうまくて、そして英語帝国主義というようなはしたない言葉を口にすることもほとんどありません。

今年［一九九六年］の三月でしたか、これは京都大学が当番校でドイツのフンボルト財団、ずいぶん沢山の日本人が、私もその一人で貧しいときに研究を助けてくれた財団ですけれども、ここが主催をして京都で、全部で八百人位集まったんですかね。その時三泊四日のホテル代から北海道、九州からやってくる人の旅費も全部フンボルト財団が出したのには呆れたんです。ドイツは相当財政状態は悪くなっていると言っているんで、気の毒に思って、その前に我々一人一万円か二万円ずつ寄付したことがあるんですけれども、非常に気前のいいところがありまして、言葉についてもドイツ人はあまり主張しません。そのフンボルト財団の同窓生が行った大会でも教養部のドイツ語の先生達が、悲痛な面もちで、これでは日本の大学からドイツ語が無くなってしまうと、切実に訴えておりました。

この二つの言語はですね、日本においてだけではなくて、かつては世界で燦然たる地位を占めていただけに二一世紀には大変な危機に陥ってしまうのではないかと思っております。危機というのは、自分の国でドイツ語やフランス語が無くなってしまうわけではないのですけれども、一つの国の文化政策として大事なことは、国境外でどれだけその言葉が学ばれるかということです。

だから、日本語は、日本人だけが使うことを考えていたらだめです。ある意味でそれぞれの言語は国際性をもっていなければならない。どういうことかと言えば、ある言葉を学ぼうと思ったら、外国人にもたやすく学べるような言葉にしておくことが大事でありま す。その際には、当然のこととしてですね、かつて戦争中あるいはその前にも日本の一部の非常に頭の固い、いわゆる国文学者達が言ったように、日本語には――日本語とは言わず国語です――、日本精神が宿っている。だから少しでも手を加えたり変えたりしてはいけない。こういった考え方――武力で植民地を抑えつけて日本語の普及を図り、日本語の学習に苦労することによって日本精神が修得されるんだ――と考えた時代はとっくに去っております。

しかし、まだまだそういう観念が日本の中にこびりついているのは、日本語は日本人だけのものだと思っているご老人達が多いからだと思っております。一方にはそういう人が居ると思えば、他方では、もうどんどん自分の母語に見切りをつけて外国語に乗り換える人もいる。

先ほどドイツの話をしましたが、私のやっている社会言語学の研究領域では、こういうのも大変大きなテーマの一つでありまして、それはちょっと、はしたない、えげつない関心、これまでの言語学とは違うもっと生臭い関心といいますかね。それで、ドイツの社会言語学者が研究したのに面白い話があります。ちょっとカリカチュアが過ぎていると思うんですけれど。ドイツ人というのは英語の非常に得意な人達です。ちょとやれば大抵の人が巧みに使えます。ところがそのドイツの大学で英文学、英語学を専門とする教授達がですね、アメリカやイギリスの専門誌に投稿して、文体がよろしくないといってはねられることが多いのだそうです。ましてや日本では英語で論文を書く人は非常に苦労していると思います。必ずネイティブスピーカーに目を通してもらって、何万円か払ってですね、あるいはご馳走するとかして英語の面倒を見て貰っているはずです。このために払われているお金はかなりなものだと思います。文部省はこんなところまで面倒見てくれませんから自分のポケットマネーでやっています。その人が何語を母語にしているかで、その人の運命がいかに違うかは、留学生をみれば一番良く判ります。私は中国のモンゴル人とか、ロシアのモンゴル人とかこういう留学生を引き受けますと彼らのアルバイト料は一時間八百円ですね、レストランで皿洗ったり、あるいは道路工事の所に立って旗ふったり、かなり危険な作業をしながら一時間八百円です。ところが、アメリカから来た留学生は一日に三万円は稼ぎます。英語ができるというだけで会社に抱えられたり、家庭教師をやる。つまり言葉とは、いまや教養とか知識とかそういうものじゃなくて、お金なんです。だから、中央大学にいるフローリアン・クルマスというドイツ人が大変えげつない本を書きました。「言葉と経済」という本ですが、言葉の正体を今考えてみると正にお金の問題です。こんな面倒な、厄介な日本語をやってくれているのも背後にお金があるからであって、細々と海外に日本語をやろうという人口が維持されている。このバブルのお金が無くなったら日本語はどうなるのだろうか、留学生に奨学金をあげられなくなったら一体どうなるんだろうかということを、私は大変心配しているのであります。そのドイツの社会言語学者の研究に依りますと、英文学の先生、つまりドイツでは一番英語のできる人達、この人達の論文がパスしない。それで大体一つの論文を見てもらう校閲料が十万円、千マルク位かかるとします。一年に四本書いたら四十万円かかる、ましてや日本人の苦労は推して知るべしです。そこで、ドイツ人の学者の中には、多少出来はまずくともイギリスの女と結婚する人が段々増えているということが皮肉っぽく書かれておりましたが、それほど英語というものの言語マーケットにおける価値がこれから幾何級数的に伸びていくというのが、二一世紀なんだろうと思います。

この話はここで一応留めておいて、次に歴史的に遡ってみますと、今よく言語学の本に書いてあることですが、世界で話されている言葉はいくつあるかというと、ほぼ四千五百というふうに言われています。かつてフランスのアカデミーが二千七百九十六という数字を出しましたが、調べが進みますと、そんな数では収まりません。その中で国家の言語になっているのはずっと少なくて百いくつですね、国連に入っているメンバーからみましても、大きく見積もって二百位です。これらは文字で書かれていて、ちゃんと文章が作れる言語です。古くはこういう言葉は少なかった。古い時代へ遡ってみますと、自前の書き言葉で政治、文化活動の行われている所は珍しく、アジアをとってみますと日本は全部漢文で行われていた。つまり外国語で行われていたのです。もしこれからの日本が、国中で小学校から英語を教えるようになり、英語の時間よりも日本語の時間の方が少なくなっていくとする。するとロシアの少数民族の言語状態に近づきます。

日本はハワイに次ぐアメリカの州だと見て日本はアメリカの海外州だと言う人があり、文化的にも段々その傾向は強まっていくだろうと思いますが、日本では八世紀に古事記、万葉集が現れて初めて日本語というものが漢字を使って書き記された。これは大変すごいことですね。世界の歴史の中でも八世紀に自分の言葉で作品を書いたという例は少ないのです。これは島国だったせいだと思います。そしてもっと大切なことは、それが近代語としても機能したということです。

文明、文化の吹き溜まりで中国の中心都市から比べると、余程ひなびた田舎っぺの住んでいる、どうにもならない土人が住んでいる島だったから、さっきのグリムの田舎のおばあさんがそうであるように、この言葉しか知らないからどうしてもこれで書かざるを得ないというので、漢字で書いているうちに仮名ができてしまった。仮名を作ったのは教養のない人達です。外国語のできない人が。教養のない人達と、そして仏教を学んだ学問僧でもすぐに漢文を覚えられない、余程頭の悪い、出来の悪い人達が仮名を使った。漢字を簡略にして。それで仮名というものができて日本語が残ったわけです。韓国でそれをやったのは一五世紀ですか。韓国ではモンゴルの侵略があったりしていろいろな複数の文化に洗われる経験があったものですから、その後になってハングルというものができた。これもハングルがなければ朝鮮民族というのはなかっただろうと思います。

自分の民族の言葉で言語活動が始まるのは、まず文学とポエジーからです。詩や文学はともかく学問や科学は、初めは自分の言葉ではもともとできないものです。ヨーロッパではこれがラテン語でした。ラテン語の他にギリシャ語、ヘブライ語、アラビア語も古くから書かれていたけれども、こういう言語を除いては、今のドイツ語もフランス語も全然なかったのでありますが、こうした言語がどのようにしてできたかは今、ヨーロッパの学者が、大変関心をもって研究に挑んでいます。

それは何故かといいますと、正に二〇世紀の問題だからです。それはEUにとっての中心問題です。ヨーロッパが統合するという時に、難問の一つが言語の問題です。EUの公用語にフィンランド語すらも入りました。そうすると公用語が二十二ですか。二十二が公用語になると今度はその二十二の言語を相互に翻訳するために大変なコストがかかります。アントワーヌ・メイエが一九二八年に出した『新生ヨーロッパの言語』で述べていることですが、ロシア革命が起きたために、フィンランドが独立しました。いろんな影響があってノルウェーもそのときにデンマークから独立しました。独立するたびに国家が新しい言語を作っていきます。書き言葉を。だからソ連邦の成立は飛躍的に言葉の数を増やしました。

これと同じような状況がルネッサンスから一六世紀頃までにかけて爆発的に起きたんですけれども、起きた一番の引き金になったのは文学運動で、例のダンテですね。ダンテとかペトラルカとかボッカチオとか。それまではラテン語という一つの言葉を知っていればヨーロッパのことはたいていできたんです。学問も政治も。だからダンテがその言語的統一を最初に破った張本人、ヨーロッパの言語統一ということから考えるならば犯罪人ということになりましょう。ダンテという人は、それまでのヨーロッパにとって困ったことには、イタリア語で詩や作品を書きました。イタリア語の種を作ってしまったわけですね。ラテン語のくずれた方言であったイタリア語を。イタリア語という統一言語は未だに存在しないと言われるぐらい、たくさんの方言に分かれている言語でいろいろ論争のある言語でありますが。一三〇四年頃ですか、俗語論という本を書きました。この本でダンテは、俗語つまりイタリア語の方がラテン語よりすぐれていると説いたのです。ほんの数パーセントのエリートにしか理解されないラテン語よりも九十何パーセントのラテン語を知らないイタリア人にも読んで聞かせたらわかる言葉の方がすぐれているのだと。そういう言語で文学を書こうと考えたのであります。これはイタリアだけではありません。本当はフランスの南、プロバンス地方がこういう運動の中心地だったんです。今のパリを中心とするフランス語よりもプロバンス語のほうがもっともっと早熟で豊富な文学をもっていたのでありますが、十字軍以後の時代に、北のパリにできたフランス王朝が南を侵略してその言語文化を潰し、北のフランス語一色にしてしまった。それはオクシタンといわれる、プロバンスを含む南フランスの方言群ですが、この人達には非常に深い傷を残している。この人達は、中央からはちょっと馬鹿にしたような目で見られる方言を話しているのです。

そして次は宗教運動です。一六世紀の初め頃にこれもマルティン・ルターが現れて、原典はギリシャ語のようですが、そこからドイツ語に聖書を翻訳した。ドイツ語というものもまだできていなかったんですけれども、ルターがなるべく多くの信者に理解されるような方言をと考えて、その方言で聖書を翻訳した。それが今のドイツ語の起源です。つまり共通しているのはそれぞれの民族の、民族なんて概念は当時はまだありませんでしたけれども、土着の最大の精神的なエリートが最大多数の自分たちの住民、言葉を同じくする住民に、自分の思想や文学を伝えようとすることで民族語ができたのです。その進度は非常に早いものでした。

急速に新しい言葉が生まれ始め、そしてそれが最高潮に達したのが一九世紀であります。なぜかというと一九世紀はいろんな民族が、支配言語から離れて、自分の書き言葉を持つようになり、そして自分の国家を作った。今日の国連のメンバーの大部分はそういう国で、いわば国連での老舗です。

二〇世紀になると第二次大戦が終わって独立した植民地、大半はアフリカですけれども、ここから新しい国家を作って国連のメンバーに加わっているわけです。

そういう流れの中に日本語を置いてみますと、日本語は相当早い時期に、しかも八世紀から一〇世紀頃にかけて土台を作り、仮名が定着したのがだいたい一〇世紀頃ですね、一〇世紀から一一世紀にかけて五十音図というものができます。これは前にも申し上げましたように、中国という文化の中心から海を隔てて切り離されているからこういう余裕があったのです。日本人の全てが弘法大師のような秀才だったら日本語というのはありえませんでした。秀才はすぐに外国語を身に付けてしまいますから。うだつのあがらない人達が最後まで自分の民族の言葉を守ったということになると思います。

それで二〇世紀に入ってからですね、カール・ドイチュという政治学者がとった統計によれば一八〇〇年から一九〇〇年の百年の間に書き言葉がうんと増える。一九〇〇年に三十、これはヨーロッパだけの話です。一八〇〇年には十六あったのが三十ですから十四増えてます。それから一九三七年、第二次大戦の前ですね、三十が五十三になっております。つまり三十七年の間に二十三新しい言語が増えている。一九世紀の前半に、つまり百年間かかって増えた言語よりも多いのです。その後を考えれば何倍に増えているか。国家の数だけ増えています。話が戻りますが、先ほどのアントワーヌ・メイエという人が一九二八年に書いた本で、ロシア革命を大変恨んで書いている一節があるんですけれど、ロシア革命のせいで未開な野蛮人の言語すらもそれぞれに文字をもって独立してしまったために、ロシアの全域に及んでいたフランス語が撤退してしまったというのです。そういうふうなことをいうならば、これはフランス人もいる所で、私は早稲田のシンポジウムで話したんですけれども、そういうことを言うならば、日本の幼年学校の日本の陸軍の命令用語ですね、撃てとか止めとかいうのはみんなフランス語だったわけですから、「気をつけ！」というのをアタンシオンとかなんとか言っていたわけですから。それで「撃ち方止め」とか、こういうふうに、一生懸命、郵便用語と同じように軍隊用語が作られたわけですね。フランス語を翻訳して。こういうことをやったから日本からフランス語が無くなってしまったのです。同じことがユーラシア一円で起きました、民族が独立したために。

だいぶん前に私がハールマンというドイツ人と一緒に書いた、『現代ヨーロッパの言語』〔岩波文庫〕という本の中で六十八の言語を挙げておきました。最後から二番目に置いた言語は何語かといいますと、マンクスゲーリック語あるいはマン語と言います。マンという島はご存じの方もいらっしゃると思いますが、ブリテン島とアイルランド島の間にある。面積はちょうど淡路島ぐらいです。そこのマンクスゲーリック語を話す人は、一九〇一年の統計によると四千四百十七人いました。それが一九六七年には二人だけ、六九年にはたった一人になりました。相手の爺さんが死んじゃったんでしょうね。こんな言葉を話すのは爺さん婆さんしかいませんから。ところがですね、今は二百人の話し手がいると言われています。この中にはたぶん、マン島の住人ではなくて、マンクス語を殺してはならないと言うんで海外から移住してマン語を覚えて、マン島人になった新しい人達がいるんです。外国からの言語義勇軍ですね。

私は一橋大学にきて二十年になりますが、授業でこういう話を一生懸命したんです。中には感じてくれる学生がいまして、そのなかの一人はもう大学に職を得ましたが、この夏にはマン島にマン語の講習会に行っていて、今はもう多分帰ってきたはずであります。日本人の中にこういう消えかかった言語を手助けに行って、そこに住み着いてそこの話し手になろうという人が私のゼミから何人か出てきているのであります。千葉大学にユーラシア言語文化論講座を設けた金子［亨］君というのが居まして、この人もずいぶんひどい無責任な独裁者みたいなところがあってですね、女子学生達にシベリアのずっと北の方で二百人ぐらいしか話していないユカギール語というのを、おまえ勉強してこいといってそこへ派遣したりします。その学生の人生に責任もっているのかとよく言うんですけれども、はいと言って出かける素直な人もいるらしいんです。

こういう一九世紀の終わりから二〇世紀初めにかけて成功した言語は国家をもったせいです。国家を持たないマン語のような言語はどんどん滅びていきます。フランス革命が起きた当時のフランスの人口が二千三百万と言われ、フランス語のちゃんと喋れた人はその中の三分の一しかいませんでした。三分の一はプロバンス語とかブルトン語とかを喋っていた。あとの三分の一は方言を喋っていて、革命委員会では非常に困ったのであります。

ところが急速にフランス語で統一しました。というのは、フランス語の試験に合格しないと政府に勤めることができないようにしたからです。

そういう流れからみますと、外国で気軽に日本語を学んでもらうにはどうしたらいいかという問題があります。外国のみならず、今でこそみんなが暇ができて子供を学校に通わせる時間ができたから全ての日本人が文字を知り、ワープロまで出来ましたから漢字が書けなくてもキーさえ押せば何かが書けるような時代になったので、それほど切実に思いませんでしょうけれども、日本でも明治の終わり頃から日本語をもっと使いやすい言葉にしなければならないという運動が脈々と続いているのです。今は細々ですけれども。

私のところに毎月送られてくる雑誌に「カナノヒカリ」というのがあります。しばらく前までは伊藤忠の会社の中の公文書は全部カナ文字でした。これは文書の作成のスピードが早いからというのでした。会社の公用語がカナ書き日本語だった。早くからカナのタイプライターを使っていました。今はどうなったか知りません。その頃のオールド・リベラリストがこういうカナ文字運動を担っており「カナノヒカリ」もその時代の産物です。もう一つは「ローマ字の日本」です。この人たちもだいたい八十歳位の人が多く、こうしてお金をかけて、ローマ字の定期刊行物やウエルズの「世界の歴史」なんていうのもローマ字日本語で出しています。シバタタケシさんが会長になられまして、シバタ先生がこういう火中の栗を拾うような勇気のある人だとは、私は思っていませんでした。会長になって頑張っておられます。会員には梅棹忠夫さんもいます。梅棹忠夫さんがちょっと前に、朝日新聞の論壇で書いたところ、ひどくやっつけられていましたね。安嶋さんという元文化庁長官の投稿で、梅棹さんが「情報時代と日本語のローマ字化」というのを書いたのに対する反論です。日本語は漢字を使っているからいいんだという安嶋さんの投書。しかし安嶋さんという人は、日本語は世界で使われる言葉であるということをほとんど考えていない。今までどおりの日本語をいかに守るか、日本人として彼が思う純粋さ美しさをいかに守っていくかという議論ですけれども、梅棹さんは合理主義者ですから、そうではありません。文部省はこうした運動を指導していくセンターのはずですが、この文部省という名称で何をやっているのか、よくわからないです。あまりいい日本語だとは思えません。たとえば文化教育省とでもすればわかると思うんですけれど、文部といっても普段一日に一度も使わない言葉ですね。文部なんて、なんのことか分かりません。厚生省というのもよく分かりませんね、外国でやっているように保健省とか生活省とすれば内容がわかるんですけれども。大蔵省でも、蔵だっていったって、蔵もっている人、見た人今ほとんどいませんから、これもよく分からない。要するにお金を集めて分ける省だとすれば、もっとやってる人の活動がよく分かるような名前にした方がいいと思うのであります。

一言で言えば日本語というのは大変な問題のある言語だということです。うかうかしてはいられない。英語国以外の国がどれだけ自分の言葉のために手を打っているかですね。今日の話には一度も出しませんでしたけれども、私は言語教育の中でものすごい情熱を込めて活動をやっているのがトルコだと思います。トルコはイスタンブールやアンカラのトルコだけでなくて中央アジアのカザフスタン、ウズベキスタン、アゼルバイジャン、それからまだありますが、こうした国々は全部トルコ語の方言を喋っています。そして中国の新疆ウィグル自治区のウィグル語もトルコ語の仲間です。少し勉強しただけでお互いに理解できるようになる。何も知識のない人でも五十〜六十パーセントは話が通じるかもしれない。トルコ人は勿論政府の支援も受けているけれども、シベリアの奥地の方までトルコ語学校を建てている。ヤクート、今はサハという民族がありますが、ここはダイヤモンドの採れる所です。この国は非常に日本と交流をしたがっています。ロシアの中でも有望な国です。なぜならばダイヤモンドと金と天然ガスが出ます。これをいままでは全部モスクワに吸収されていましたけれども、自分で持ってきて日本の技術でこれを商品にして売れば莫大な収入になります。今、五反田の辺に若いヤクート人のおにいちゃんが二人ぐらい代表部を創ってやっています。ところがエリツィンは外国に勝手に売ってはいけない、まずロシアに納めてから売りなさいとひどく怒ったといいます。

しかし、このヤクート、サハの国立大学にも、三、四人これは早稲田の露文科を出た人とか私の知っている範囲でも自分のお金で出かけて、ろくな手当も貰わないで日本語を教えている人達がいるんです。こういうことを知っていただかなきゃならないですね。自腹を切っての文化運動です。サハ語、トルコ語、日本語というのは非常に構造が近いんです。朝鮮語、ツングース語、モンゴル語などもこの系統に入ります。そういうところを考えた文化政策、これを日本がやりますと、浅はかな知識で大東亜共栄圏の再現だとか、そういう政治的議論で片づけてしまう習慣ができていると思いますが、こうした問題を考える際に大事なことは、外国人に日本語を教えやすくするということだけではなくて、日本人が使う日本語も質を高めること、これがどうしても迫られている日本語の課題です。「二一世紀の世界における日本語」という題を揚げましたけれども、それぞれの話が尻切れトンボで完結しないで終わりましたが、皆さんにはこれから先、折に触れて思い出していただき、考えていただきたいと思い、その手がかりを今日はお話ししたつもりです。どうもありがとうございました。

（「平成八年関東甲信越地区国立学校等広報・文書研究協議会」1996年9月19日　文部省・一橋大学）

【二〇一八年のあとがき】

この講演録はちょっと変わった性質のものだ。今から二十年ほど前、文部省（現在の文部科学省）は、各大学持ちまわりで、このような「文書管理」の研究会をやっていたらしい。一九九六年は一橋大学が当番校にあたったので、私に初日の講演をするよう依頼された。依頼者は、何でも話したいことを、先生らしく自由にやってくださいと言ったものだから、私もそのようにふるまった。今読みなおしてみると、私の話しぐせまで正確に再現されているので、思わず顔が紅くなった。当時、私は、日本の大学が英語化されてしまうということを本気でおそれていたことがわかる。はずかしいしろものだが、はずかしがらずに、あえて読者にお目にかける次第である。

世界・日本・ローマ字

防衛型言語と進出型言語

政治学者のカール・ドイチュが、すでに一九四二年に書いた論文、「ヨーロッパ・ナショナリズム――その言語面」で示したように、二〇世紀は爆発的に書きことばの数を増やした時代である。言うまでもなく、ことばそのものの数は数十年のうちに急激に増えたり減ったりするものではないが、ここで問題にしているのは、それぞれのことばが、文字で書かれることによって国際的な認知を受け、政治的な意味を帯びて行く現象を言っている。文字で書かれる必要が生じるのは、その言語を用いる共同体が国家を形成するにあたって、自らの母語で、政治、経済、文化などなど、言語生活のすべての分野にわたって、借りものではない、自前のことばで活動を行うためである。このことは言いかえれば、書きことばの誕生は国家の誕生のめじるしとして、政治学的な意味を帯びるのである。

この論文でドイチュが扱ったのは第二次大戦までの時期であったが、こうした急速な言語数の増加は第二次大戦後、とりわけアフリカで進行した。そしてこれら新しい書きことばのすべてがローマ字にもとづいていたことに注目しておこう。

それに対して、成立の古い非ヨーロッパ世界の書きことばの多くは、それぞれ「固有の文字」に強く執着している。それらは起源的には、より古い文字の変形と応用にすぎないのであるが。こうしたばあい、文字と言語は不可分のものと考えられ、文字を失う、つまり、伝来の文字が別の文字によってとりかえられることは言語そのものを失うことだと意識されている。ことばの実体はオトそのものであって、文字は、ずっと新しい時代になってあらわれた外被にすぎないと言語学者がいくら説いても、もはや人はなっとくしないほどにまで、言語と文字の同一視は定着している。

これら固有の文字は、それぞれの言語が、隣接の、あるいは併存する、他の強力な言語からの影響を食いとめ、守るために役立ってきた。その反面、人が外国語としてその言語を学ぼうとするときには、接近をはばむ大きな障害になっている。ただしこうした文字でも、アルファベート原理に立つ、あるいは、音節のオトを直接表わすような文字であれば、学習者はある程度の努力をすれば、その言語への第一の扉を比較的容易に開くことができる。この作業は、ときには喜ばしい達成感すら与え、次の扉へとすすむ意欲をかきたてさえするであろう。しかしその言語に近づくには、ときには数百も千もの文字を征服しなければならないとなれば、たいていの人はしり込みしてしまうだろう。その言語を身につけることが、はかり知れない大きな利益をもたらすものでないかぎり。

それぞれの言語のオト、文法を修得する際の難易度は変えることができないが、文字の修得を容易にすることによって、学習者を誘い寄せる工夫はある程度は可能である。ここに言う学習者とは外国人、すなわち、異なる言語を母語とする人を念頭に置いているのであるが、外国人にとって修得しやすい文字体系は、自国のこどもたちの文字獲得にも同じように有利であることを忘れてはならない。

その国の言語固有の文字は、異言語の話し手を近づけないだけ、それだけ、異なる言語からの影響をしりぞける効果があるが、その分だけまた、異なる言語の話し手が、この言語を学ぶ際の障害となる。すなわち、外からの侵入が困難であればあるだけ、それだけ学習者を増やすのぞみも少ないことになる。このような言語を防衛型の言語と呼ぶことにしよう。

それに対して、用いられているのが、すでによく知られている文字であって、特に新しく学ぶ必要が全くないか、それとも、わずかな努力で、使えるようになる文字で書かれていれば、その言語を進出型の言語というふうに呼んでいいだろう。防衛型はまた閉鎖的と言いかえることができるし、進出型は開放的と言ってもいいだろう。くわしく言えば、その文字の綴り方が、その言語の音韻体系を適切に反映しているかどうかも、このばあい充分考えに入れておかねばならない問題である。

国際言語市場と文字

ドイチュの指摘した言語数の急増は、新しい国家の誕生を告げるものであり、こうして誕生した言語は、その国家の境界内で、国民が、外国語に依存せずに、自らの母語によって、高度な政治、文化、経済の分野での活動ができるよう保障することを主眼に置いたものであって、異国の人々が、この言語を学ぶことはほとんど予想していない。こうした言語のばあい、むしろ外国人によって自分の言語が話されることは大変奇異に感じられさえすることがある。日本でも、ごく最近までそのような状態が続いており、とりわけ、眼のあおい白人の口から日本語が発せられることは、ほとんど驚きに近い感嘆を呼びおこすものであった。だから、たとえ相手がきちんとしたことばを話していても、それは自分たちの言語であるはずがないとはじめからきめているので、全く理解されないというようなことがよく起きる。

私はこうしたことをフィンランドのいなかで経験した。黄色いはだの、旅行者ふうの外国人は、英語は話すかもしれないが、その口から出ていることばが、自分たちの言語であろうなどとは計算に入っていないのである。日本語もまた久しくそうした言語の一つであった。

このような言語の話し手は、自分たちのことばは、とてもむつかしいことばで、外国人は学ぶことができないという意識をもっている。とりわけ、文字はそうであって、西洋人に漢字が書けるなどとは全く期待しない。

それとは対照的に、最も進出的、開放的な言語である英語の話し手は、自分たちの言語は人間の言語そのものであって、世界中どこでも誰でも使っている「一般的な」ことばであり、文字もまた、これだけがまともな文字であって、世界中で使っているのは当然のことだと思っている。だから、この人たちは、英語を使わない人間、それを全く解さない人間は、人間には近いが、人間そのものとは少しちがった、ほんとうには理解しにくい種類の人間だと見なしているかもしれない。とりわけ教育を受けたことのない人は。英語以外のことばを話す人間が、この地上には多数いるという認識を抱いている人があるとすれば、それは教育の恵みの大きな成果の一つに数えられるだろう。

このように、他国の人間も、自分たちの言語を話すのが当然であり、しかもその自分たちの言語だけが、科学と文明にふさわしいと考えるのが、言語における帝国主義だというふうに私は理解している。この言語帝国主義というメンタリティーは、特別のものではなく、したがって大変ナイーブで自然な考えかたであり、しかも普遍主義的な傾向をもっている。

　この言語帝国主義は、まずフランス語、次いで英語、そして最近ではソ連と中国にいくぶんその傾向があらわれた。しかし日本語は決して言語帝国主義に到達できなかった。植民地支配者となってすら、自分たちの言語が普遍性を欠いた、困った文字体系をもっていることに深く憂慮し、とても異民族に強いて学習させる資格のある言語ではないという意識を、日本語教育の掌にある人自身が抱いていたのである。とりわけその人たちが、ヨーロッパ諸語の教養を身につけているばあいには。こうした言語を持つ民族は、機能において劣った自分の言語のたちばをとりつくろうために、その言語共同体に特有な「精神」や精神的な美学を強調することにならざるを得ない。それに対して、英語は、たとえば英語に宿る、英語に固有の精神なるものを強調したり、宣伝したりする必要はほとんどなかったのである。

　こうした、国境外でも学ばれることを当然のこととしている言語と、国境外で学ばれることはむしろ異様で、少数の特別に奇特な例外だと思われている言語とがある。この種の奇特さは、他に才能を発揮する機会に恵まれない、一種の病的な偏執を持つ変り者によって担われていると思われがちである。

　かつてのヨーロッパにおける日本学は、長年にわたってそのような位置にあった。母語話者にとってさえ、ひととおりでは身につかない文字使い術を外国人が獲得するには、生涯のすべてをかけた献身が必要だったのである。

作家やその他の文筆家たちが、どんなに古い漢字大好きで、発音どおりでは書くことのできない「かなづかひ」に執着しているとしても、こうした個人の病的な趣味を他人にまで押しつけてはならない。この人たちの最大の見おとしは、日本語はすでに古典文学を鑑賞するための特別な言語ではなく、むしろより以上にビジネスのことばとして使われはじめているという状況を眼中に入れていないことである。

一九世紀末から二〇世紀にかけて新しく誕生した諸言語は、まず最初は国内だけで学ばれる言語として出発したが、これらの言語の国内における地位を安泰にさせようと思うならば、それが、いくぶんかは、国外でもまた学ばれるための工夫をしなければならない時代に突入している。いまや、あらゆる言語は、国境内にとどまっているだけでは生きのびて行くわけには行かない。「国際化」とはそれぞれの言語が、国境を越えて、――それは古典的な形で越境をするだけではなく、電波をも通じて――相互浸透することなのである。一国内でますます多言語が用いられる傾向は進んで行く。すなわち、言語の自由競争が進んでいるのである。

かつて日本が、みずからの支配地域に日本語をひろめて行くにあたって、その日本語教育の現場にある人たちは、日本語の書き表わし方じたいに問題があることを指摘し、表記法の改革が不可避であることを訴えた。その時、国粋主義的国語学者の山田孝雄は、英、仏語が、外国人の学習を容易にするために、みずからの言語を改めたことはない。外国人のために日本語を変えるなどとは見当ちがいであると述べたが、今日の段階ではもはや、このことばをくり返すわけには行かないだろう。

国際的な言語市場において、それぞれの言語は、買い手の厳しい選択の前に立たされている。言語の修得には、多大の資金と時間とが投じられている。日本語学習の目的に、もはや「日本精神の感得」などをあげる人はいないだろう。

日本語はたとえば英語にくらべて、修得してもその効果は相対的に低いことは、今のところは疑いない。しかもその文字修得のための努力は十倍、いな数十倍と言ってもいいだろう。この点で、国際言語市場における日本語の競争力は圧倒的に弱く、それをかろうじて支えているのは、日本の経済力だった。しかし、その経済力の永続性は期待できない。しかも日本の経済活動にせよ技術にせよ、今や日本語をさっさと見捨てて、みずから英語に乗りかえている。日本語のどうしようもない、その効率の悪い表記体系がわざわいして、ますますその国際性をせばめているのである。

言語は一面においては、その防衛性を保持しなければならないことはたしかだ。しかし大切なことは、防衛性を保持しながらも進出性、すなわち、国境外で学ばれる機会を増やし、学習を容易にするための工夫をこらすのが、日本語が国際的に生きのびる道である。

言語の競争力と文字

私が進出型、国際共用型と呼んだ言語の特質は、特定の宗教、特定の政治、特定の文明イデオロギーにしばられない、普遍的な機能を評価されている言語のことである。この点からみれば、日本精神、やまと魂、ワビ・サビなどの特定の美学と結びつけた日本語は、最も国際語としてふさわしくないものである。こうした日本語の機能にみずから制約を課すことは、日本語を外国人に学ばせないための特別の工夫であるかのようである。

文字の面から言えば、キリール文字がかもし出す、ロシア正教的なふんいき、あるいはソビエト的共産主義との一体性は、キリール文字のすぐれた性格にもかかわらず、多くの人たちを近づけないために役立ってきた。しかしキリール文字以上に漢字が人を引きつけるよりは、遠ざける絶大な力を蔵していることに留意しておくべきである。

それに対して進出型言語はすべてローマ字を使用している。外国語として学ばれるための前提がこれによって保証され、まず文字という第一の扉が開放されている。ところがこうした進出型の言語でさえもが、英語に対して、最近では一様にするどい危機感を抱いている。フランス語圏の国際的連帯はすでにドゴール時代から政府の政策として進められていたが、今年［一九九六年］は八月末、東京で、全世界から二千人のフランス語教師代表を集めて、いわば、フランス語防衛大会のようなものが開かれた。

フランス語がますます防衛的な言語へと追いつめられて行くであろう兆候は、しばらく以前からすでにはっきりとあらわれていた。英語の語彙の侵入を法をもって禁ずるピューリズム（純化主義）の伝統、少しでも正書法をあらためようとはしない保守主義等である。

ドイツ語はフランス語に比べれば、はるかに不利な状況に置かれている。第二次大戦に敗れた後、ドイツ語は戦争犯罪者の言語として国際政治の場からだけでなく、学術の世界からも閉め出された。ところが、声高にその非を訴えることもしないうちに、ソビエト支配から解放された東欧地域が、ドイツ語をロシア語に代わる、自由と繁栄の言語として再び関心を強めてきた。そうした情勢に応じたとも言える、一九九四年にウィーンで開かれた、正書法簡素化の国際会議は注目すべきものである。より多くの国際性を獲得しようとして、伝統の一部を捨てさえしたとも言えるのである。仏、独語のこうした動きは、あきらかに、英語の押しとどめがたい圧力を迎えうつためのものである。この動きに敏感に反応したのは、日本の主として大学につとめる、これらの言語によって職を得ている教師たちである。

日本と英語との関係で言えば、一九八六年に、カナダのケベック州のフランス語防衛委員会のミシェル・プルルドさんが私に語ったことばを思い出す。日本は軍事だけでなく、言語の面でもアメリカの手助けをしているではないか。なぜ世界に輸出する商品の説明書をすべて英語で書くのか。日本の商社は、商品とともに英語をも輸出している。輸出すべきは日本語ではないのかと。もちろん、こういう言い方によって、日本がフランス語を重んじていないことに対する不満をたくしているのだが、十年たった今、おそらくそうした状況は改善されているとしても、しかし日本国内に限ってみれば、学術の世界においてさえ、英語さえやれば、他の外国語は必要ないという風潮はますますひろまって行くだろう。英語の脅威は英語以外の外国語の教師の職がせばめられていくというおそれとなって、こうした国際的な動きへの連帯が生まれたのであって、動機は必ずしも深く考えられたものではない。もし、深い配慮が背景にあるのならば、大学におけるロシア語や、その他決して少数言語とは言えない言語のことも、同時に視野に入っていなければならないはずだ。

私がこうした仏独語——最近ではポルトガル語についても同様の動きもあらわれているのであるが——を紹介したのは、ローマ字使用言語においてすら学習を容易にするためのこうした努力が払われているのだから、それ以外のより問題の大きい非ローマ字言語においても、これからの国際的な言語状況は、もっと深刻に考えられなければならないということを言いたいためである。

キリール文字は、ローマ字と同根であり、原理も一つである。だから、ローマ字化へはわずか一歩の道のりだとも言えるし、また他面では、だからこそ、わざわざローマ字の必要はないとも言える。ところがそこでも一九二〇年代から三〇年代の後半にかけて、大きなローマ字運動の高まりが見られた。まずテュルク語世界のローマ字化がはじまったのであるが、それには、トルコ共和国のローマ字化の成功が強い刺激となった。

当時、文部大臣をつとめていたルナチャールスキーは、度量衡、こよみなどの国際化と同様に、ロシア語の文字もまた国際的なローマ字に切りかえるべきだとの意見を表明していた。ソビエト圏のすべての言語がローマ字に転換すべく正書法も定められていたが、一九四〇年頃をさかいとして、一斉にキリールに逆もどりした。ナチズムとの対決が、ショーヴィニズムとともにこの逆もどりを引起したのである。

ソ連邦におけるローマ字化への流れは、国際プロタリアート共用言語としてのエスペラントへの期待と、ニコライ・マルの言語理論と組みあわさってあらわれていた。

ローマ字の普遍性について

今日、世界の大半の言語はローマ字で書かれている。それはすべての言語における最少単位である音素を表わしているからである。一六二〇年という古い時代に、フランシス・ベーコンが、「アルファベートの発見」が、その他のより新しい発見の遠くおよばない重大なできごとであったと指摘しているように、現代世界のすべての言語が漢字で書かれていたならば、人類の運命は異なるものになっていただろう。

いかに頑迷な非ローマ字国においてすらも、その国の大臣たちの名、学者たちの名、芸術家たちの名、さらに学術団体の名、刊行物の名などを外国人にも知ってもらおうと思えば、ローマ字の形にしてそれを伝える以外の方法はないのである。この文章が掲載される雑誌『解釈と鑑賞』の名もまた、ローマ字によらなければ、世界のどこでも知られるための機会は少ないのである。

いま述べたようなローマ字の使いかたは媒介的、補助的な使用にとどまるものではあるが、その使用は不可欠である。だから、漢字、アラビア文字、キリール文字、ハングル文字、その他どんな文字であってもとりあえずローマ字にして共通の理解が得られるが、その逆は起こりえないのである。

今から百二十年ほど前、日本語が外国人にも近づけるものとするために、ヘボン式ローマ字綴りが発明された。次いで、こんどは外国人のためにではなく、日本人自身のための綴り方がいくつか提案された。そのいずれをとるにせよ、これは日本語を漢字による囚われの身から、日本の国境外に向けて解き放つ有力な用具である。

日本語のローマ字表記採用は英語を際限なくとり込むことになると警告を発する人がいる。そうした面もあるが逆の面もある。若者のうちで、「電話」と書く人が次第に減ってtel. とするのは、この画数の多い手間のかかる字を避けて、より簡便な方法によったものだが、いまこれをdenwaと書く習慣が確立されるならば、tel. の流入をいくらかは阻むことができるだろう。大学構内にかつて見られたタテカンの「广K户O」大学、「宀R」委員会などのキャンパス文字は、すでに脱漢字ローマ字化（英語化ではない）への道を示している。「宀R」と書いてryōと読むのは、ドーミトリーなどと英語を使うのに比べれば、はるかにあっぱれな国語愛のあらわれだと言うことができるだろう。

私は、大変なポリグロットで、またたく間に外国語を身につけてしまうと豪語していたハラルド・ハールマンを学術振興会の資金で日本に招き、『現代ヨーロッパの言語』を共著で書いた。しかしハールマンは三年間日本に居て、日本語を理解したが、完ぺきにおぼえた漢字は「女」をはじめ、ごく少数しかなかった。この「共著」をかれは書くことも、読むこともできなかった。このことから、たとえ語学の天才といえども、三十代の半ばともなれば、文字は外国語学習の際の大きなつまずきになることがわかった。外国語を学ぶ人にとって、文字がまず障害だというような言語は、もはや国際語になれる資格も見込みもないのである。

（『国文学　解釈と鑑賞』1997年1月　至文堂）

【二〇一八年の感想】

日本人はここずっと「国際化」を呼びかけている。その場合の国際化とは意識だけの国際化にとどまり、「日本語」の国際化は全く念頭にない。日本人にとって漢字は神様であって、漢字に手をつけたら、日本がなくなるとさえ考えられている。この漢字に対する信仰心たるや、漢字をつくった本国、中国以上である。この問題はもっとまじめに考えてみなければならない。ここに日本文化、日本人を支えるあらゆる権威主義の根源がひそんでいるからだ。

人間にとってことばとは何か

概要と特色

ことばは客観的な存在であるから、それを使うどの人間に対しても中立の道具である。だからムシやクサキの研究がそうであるように、思想などを介入させてはならないというのが、近代の記述言語学がひろめた学問的信念であって、日本の言語学はこの信念の強い影響下にある。

しかしちょっと考えてみると、ことはそう簡単ではないことがわかる。というのは、まず、ことばはムシやクサキのように、人間から離れてそれ自体で存在するのではない。否、人間が作ったものである――と、こう述べてきただけでたちまち熱い議論が生ずる。本当に人間が作ったものなのか。作ったという以上は意図や目的があるはずだ。もしそうだとするならば、やはり意図や目的をもって、言語を変えることができるはずだが、そういうことは起こったためしがないのはなぜかというふうに。

ことばの研究は、とりかかろうとしたその瞬間に、こうしたやっかいな問いに直面する。この場合、ソシュールが『一般言語学講義』で、言語学の対象は何かと問い、それに答えた次のことばを思い出してみよう。「観点に先立って対象が存在するのではさらさらなくて、いわば観点が対象を作りだすのだ」。

ことばを研究する際に、どんな観点にたつか、すなわち、ことばの何を明らかにしようとしているかによって研究方法がちがってくる。古代ギリシャ人はことばと論理の関係を、一七世紀のフランス人はフランス語の普遍性を、今世紀はじめのドイツ人は、個別言語の多様性と言語共同体との関係を、そしてアメリカ言語学は言語の記述方法を問題にした、というふうに。ほかでもない、こうした観点が言語思想を成している。

人類の歴史をふりかえってみると、人類にとってことばが一つでないのはなぜか。ことばはいつ、何のために生まれたのか、言語の発達とはどういうことか、個人と社会は言語を介してどのような関係にあるかといったような普遍の問題から、言語と言語の勢力関係、言語間の地位の不平等、そして終局的には、人間にとって言語とは何かという問題につき当たる。そうしてこれらの問題を思想史の流れの中でとらえる試みが、個々別々に行われる言語研究を統合し、全体を眺望する地点に立つことを可能にするのである。

関心テーマ

近代国家の誕生とともに民族のことばのあるものは国語や国家語と呼ばれるようになった。前者はフランス大革命の際に、後者は一九世紀中葉、オーストリア・ハンガリー帝国で生まれた用語である。ところが、歴史の発展の過程において、多数の言語が国語になる道を阻まれ、いわゆる少数民族語として残った。そのうちのあるものは、国家語の圧力のもとに衰退し、あるものは、絶滅の危機に瀕している。

近代はこうした劣勢のことばが亡び、大言語に統合されていくことを進歩だと考えてきたが、今や、それらを絶滅から救おうという動きに変わってきた。ある言語が滅びるとは、人々がそのことばを話さなくなるということである。小さなことばを話しつづけていたら、その人は生存競争に勝ち抜けないからである。

私もその一人であるところの言語学者たちは、一つ一つの言語は、人類の貴重な財産であるから失ってはならないという。しかし、その言語を話し、使う人が、自らの前途を考えて、見かぎってしまうときにはどうすればいいのか。この問題を考えるときに、いったい人間にとってことばとは何か、それが一つでないのはなぜか、一つになったときにどういうことが起きるか、といった問題と、もう一度出会うであろう。極めて具体的に。その時、答えの道すじを発見しなければならないのが「言語思想」の役割である。

学び方

不幸なことに、日本では自分を言語学者だと思っている人たちは、「思想」にかかわりを持つことを極度に好まないか、あるいは憎んでいる。これも一つの思想ではあるが、そのせいで、国産の「言語思想」の入門書というものはない。しかしすぐれた思想史、哲学史、社会学、人類学、宗教学などの研究書は、かならず言語にふれる部分がある。鋭い問題意識をもって、それらの中から言語思想を発見できる人こそが、この学問の担い手である。そして、決しておろそかにしてはならない、フンボルトの『言語と精神』からソシュールの『講義』をへて今日に至る、言語学の理論書もまた欠かせないが、それに劣らず、現実の言語問題を考えることによって自らの言語を見る目が鍛えられる。

『言語の思想』(一九七五年NHKブックス〔二〇〇三年岩波現代文庫〕)にはじまる今日までの著作は、私が、そのような学問領域を確立しようと意図したのではなく、ただ自分になっとくのいく言語研究を求めて書き続けてきた結果にすぎないが、言語と思想にかかわる新しい道を切り拓こうと志す人たちの参考になるであろう。

私の好きな日本語「たたり」

子供の頃、へびをつかまえていじめたり殺したりすると、たたりがあるぞとたしなめられたものだ。その結果、病気になったり、親しい人たちの身の上に悪いことが起きるという。誰か、神か仏かが、たたりを「くだす」というのではなく、ただ単に「ある」というところに、えたいの知れない恐ろしさを感じた。そこには、理くつをこえた奥深さと、おごそかさがあり、なぜという反論を許さぬひびきがあった。生き物をいじめたり、私たちよりずっと昔からそこにある木を切ったり、干潟を埋めたてたりするようなときに。

近代はそういうおそれを感じないように教育してきた。おそれには科学的な根拠がなく、無知のせいにすぎず進歩の妨げになるのだと。しかし、どんなに自分に言いきかせても、言いのがれのできないやましさを拭うことができない。たたりとは、破壊された自然の秩序から受ける復讐のことであって、説明の要もない。「たたり」はすごいことばだ。

（『AERA Mook　日本語学のみかた。』１９９７年10月　アエラ編集部編　朝日新聞出版）

国語と国家語

一　はじめに——「言語の社会的形態」ということ

言語の内的構造が、ある発展段階における人類社会の構造と何らかの対応関係を示しているかどうかという問題は、ここではとりあげない。その理由は、言語を閉じられた体系として扱う近代の正統の言語学は、こうした問題を提起することじたいが無意味だという態度を持しており、言語と、その外的要因との間に何らかの相関関係を認めることじたいを異端としているからである。この無言のとりきめを破って、言語の進化を社会の発展の図式にあてはめようと試みた一九二〇—三〇年代のマルの言語学は、西欧の正統の言語学が、その存在をさえ認めなかったのみならず、一九五〇年に至って、スターリン自身が介入して、そのほとんどすべてを否定し去ったのである。この問題を新たにとらえなおすためには、社会言語学がいくつかの手がかりを提供していると見ることもできなくはないが、いまここで問題にしようとするのは別の問題、すなわち、ある特定の社会における言語のありかた、よりくわしく言うと、言語とその社会的機能との関係である。この両者の関係となると、密接であるどころか不可分な関係と言わなければならない。

というのは、どのような規模の言語（ソシュールがイディオムと呼ぶ単位としての）を対象としてとりあげるにせよ、その存立基盤は、その言語を話す具体的な共同体、すなわち言語共同体を前提としている。ほとんど完全に脱社会の言語の学を開いたソシュールにして、その固有の対象としてのラングをとり出すにあたっては、何よりもまず一つの言語共同体（communauté linguistique）を設けなければならなかった。しかしそれはひとたびラングがとり出されれば、ラングという体系にとっては、もはやかえりみられることのない外的な不用物であった。

このように正統の言語学にとって、言語共同体は単に手続き上の手段にすぎず、決して目的ではなかったとしても、しかしそのラングの話し手とその共同体にとっては、ラングの内的構造ではなく、その政治・文化的地位、機能こそが問題であった。話し手の運命を決定するのは、その母語の内的構造ではなくて、かれの母語の社会的形態である。

それぞれの言語は、言語学が扱うような形で、ただ単に併存しているのではなく、それが用いられる言語共同体と組みあわさった社会的形態をとってあらわれる。それらは相互に序列やヒエラルキーの構造の中に座を占めている。そして、歴史的な展望の中に置けば、原始の血縁集団から部族的集団(1)、民族的集団をへて、民族、国家などの段階にあるさまざまな言語共同体の要求に応じながら、それぞれの言語は、氏族語、部族語、民族語、国語等々の名で呼ばれる形態をとるだろう。スターリンが「氏族の言語から部族の言語へ、部族の言語からナロードノスチ（民族体）の言語へ、ナロードノスチの言語から民族の言語への、ひきつづく発展」と述べたのは、このことをさしている。そうしてこのような言語の社会的形態は、文字の使用の問題と深くむすびついている。

いまここにあげたような用語は、いわば学問的に外からあてがわれたものであって、それぞれの共同体もしくはその話し手が、自らの必要によって内発的に作り出したものではない、できあいの概念枠を外からあてがって、いわば貼りつけた名称である。それに対して「——なまり」、「——ぐち」、「——べん」、「くにことば」等々の多くはもはや忘れられかけている、民衆的な呼び方があった。これらの内発的な名称は、その発生の動機からみて、かならず、政治的で差別的ないろあいをもたざるを得ない。

この種の名称は、その言語共同体のエトニスムが内的必要から作り出したものであるから、言語の社会的形態だけでなく、それに対する人々の意識の研究にとって第一級の価値をもっているにもかかわらず、国民的統合の過程で良俗に合わぬ不道徳なものとしてなるべく意識されないように誘導され、遂にその多くは忘れ去られるに至った。それらに代わって導入されたのは、学術の用語めかしく仕立てられ、主として漢字で表記されて用いられるものである。

代表的な例が「標準語」「共通語」「方言」などであろう。これらはすでに、固有の内発的な用語と思われるまでに日本語の中に定着する一方で、他方では背後に国際的な、定まった概念とただちに媒介され得るような錯覚を生み出している点、言語政治上、客観性をよそおいながら威力を発揮することがある。それらはもと外来の語のなぞりであることなど、もはや意識されなくなっている。たとえば「共通語」はその一つであろう。しかしもしかして、「公用語」にはまだ、日本の状況で用いてはそぐわぬ感じがつきまとっているかもしれない。これらの用語をひっくるめて、私は言語の社会的形態を呼ぶ用語として理解し、その中に自生的なものと、学問的なスタイルをとりながら、言語政治上の誘導のために、外国語からなぞってとり入れたものとがあると考える。それは、近代のどの言語共同体もが必要とする、政治的な装備なのである。

こうした用語の中でも、日本語には、極めて注目すべきものとして「国語」がある。「国語」は漢字で書かれているとしても、中国からの借用ではなく、日本語独自の創造であり、この語が作られた当時の日本語共同体がどうしても必要としていた表現であったにちがいない。しかし、日本語は永遠に「国語」であったわけでなく、歴史のある段階でのみそう呼ぶにふさわしい社会的形態をとった、という以上のものではない。

日本語をある面からとらえて「国語」と呼びたい要求が生じたとき、すでに「日本の言葉」「和語」「邦語」「ミクニコトバ」などなどの呼び名が存在していたが、やっと明治一〇年代の末、「国語」はこれらの競争相手を追い落して、独占的地位に登ってきた。「国語」が、そのような新参の新造語であったことは、すでに一九七〇年に、亀井孝が「「こくご」とはいかなることばなりや」で印象ぶかく示している(2)。

亀井孝のこの論に私が引かれたのは、「国語」の政治性を強調するために利用したかったからではない。亀井が、将来の学問のために、すなわち、「日本語学」とは区別されるべき「国語」学のためにこのことばをとっておこうと提案したところにである。つまり「国語」は「日本語」では言いかえられない別の内容をもっているという指摘である(3)。

いま一度、私のことばでとらえなおして言えば、「国語」とは、この列島の上に日本語が話されはじめてから今日に至るまでの長い歴史の上で、わずか百年ちょっと前に現れた、日本語の社会的形態の一つを指す歴史的名称である。

この「国語」の意味するところを理解するために、たとえば、フランス革命期になってはじめて、フランス語が、自らを呼ぶために生み出した名称 langue nationale を参照してみよう。これもやはり、当時のフランス語共同体が自ら内発的に生み出したフランス語固有の表現であって、そのかぎりでは翻訳すべきものではない。それはあえて日本語によって近似的に表現すれば「国語」となるかもしれないが、この日本語で言う「こくご」もまた、フランス語からのなぞりではなく、日本語が独自に作りだしたことばである。しかしそれが近代化において後発のアジアの諸国では、とりわけ漢字の伝統のあるところでは、文字とともに借用されることになる。すなわち、それぞれの言語共同体の中で、制度としての、この語への要求が表面化したということになろう。

以上をまとめて言えば、こうしたそれぞれの言語共同体が、自らの言語をその社会的形態に従って呼ぶ名は、それぞれに固有の発生のものであったり、制度として意識的に他から借用されることもある。そのいずれであるにせよ、一つの普遍的展望の上に、概略的に位置づけることができるであろう。

このような視点を用意しておくことによって、「国語」の誕生とともに、日本語につきまとってきた古くからの議論でもあり、また最近になって学校行政の現場で生じた、教科名は「日本語」か「国語」かの議論にあっても、客観的でより学問的で理性的な解答を見出すための手がかりになるだろうと思う。

明らかなことは、日本という言語共同体の中で——ひとまず「断絶なく」と仮定しておこう——話され続けてきた一つの言語が、変わることなく帯びるべき一般的な名称があるとすれば、それは疑いもなく「日本語」であって、それが一八七〇年代という時代を迎えて、「国語」という名称とともに、そのような社会的形態をとるに至ったのである。それ以前には、日本語は、「国語」ではなく、そもそもそのような名称じたいが存在しなかったのである。同類の概念と用語の発生の過程は、フランス語共同体においては、日本に百年以上も先だって演じられていたのである。

したがって、「国語」は、日本語の長い歴史の上で、ある一時期は有効な呼び名であったかもしれないが、日本帝国が海外に植民地を所有しはじめたときには、この新しいにもかかわらず古めかしい感じのする用語はすでにその生命を閉じかけていた。じつはそのときに問題となるべきは「国家語」だったのである。

二　国家語の要求

日本で「国家語」ということばをはじめて用いた人は保科孝一である。その際まず念頭に置いておくべきことは、この語はいくぶん自然発生的な起源をもつ「国語」とはちがって、熟慮によって、外国語から翻訳され、導入された学術用語だったということである。一九三三年に、東京文理科大学の紀要の一冊として出された保科の著作は『国家語の問題について』と題されていた。しかし、この語がひろまらなかったわけは、イ・ヨンスクの『「国語」という思想』（一九九六年、岩波書店刊）が示唆しているように、日本帝国の支配下に入った地域で、複数の言語、すなわち、日本語以外に、日本語とは異なる言語が話されていることを認めたくない、当時の日本の偏狭な言語認識と関係があった。

その後「国家語」は、おそらく使われることなく、また議論にのぼることもなく今日におよんだのである。保科以降はじめて「国家語」ということばを用いたのは、私だったと思うが、しかしそれは、保科の先例を知っての上ではなかった。そしてその時明らかになったことは、そういうことばがかつて話題にのぼったことがあるということさえ専門の日本語学者からも、忘れ去られていることだった。

一九七五年に私は『言語の思想──国家と民族のことば』（ＮＨＫブックス〔後に岩波現代文庫〕）で、スイスの言語状況について次のように書いた。

スイスの憲法は、これら四つ〔ドイツ語、フランス語、イタリア語、レト・ロマン語〕のすべてに国家語（Staatssprache）の資格を与えて対等としたうえで、ただし、官用語（Amtssprache）からはレト・ロマン語を除いた（第一一六条）。

同様なことを私はその二年後、国立国語研究所編集の『国語年鑑』の展望「言語学」に書いた。しかしそこでは「国家語」という訳語の使用を避けて「国語」とし、また「官用語」を避けて「公用語」とした。今思うと、国語研究所には「国語」をやる頭の堅い人たちが群れつどっているだろうから、その人たちを見なれぬことばで驚かせたくないという配慮が働いていたらしいのである。

ところがこのときのスイス憲法の引用は、国家語あるいは国語と訳したことばのかっこの中が間違っていた。原文にあったNationalspracheを、私は、Staatsspracheと書き誤ったのである。それは単なる誤りではなくて、それなりの背景があったのだが、いまはふれないでおく。

この誤りを目ざとく見つけたのはW・グロータース氏だった。氏はその時、誤りを指摘するだけでは満足せず、このStaatsspracheという語そのものがドイツ語に存在しないということを次のように力説した。

憶測するのに、田中は展望の文章を書くときに、スイス憲法の原文をわきに置いていなかったらしい。その上、Staatsspracheということばまで作った可能性がある。Max Niemeyerから出ているLexikon der Germanischen Linguistikにも、Amtssprache とNationalspracheは出ているが、Staatsspracheは見当らない。……スイス憲法にはないことばだから、田中克彦がスイス憲法の改竄者になったことだけはまちがいない。

この文章の中で、「国家語」のかっこの中の原文を、私が書きまちがえたという指摘はその通りである。だから『言語の思想』の二刷からは、そこのところをNationalspracheに入れかえた。しかしグロータース氏は、さらに驚くべき執念をもって、この「存在しないドイツ語」を、いかに田中が「造語」したか、その経路まで推測したのである。この「推測」は次のように興味ぶかく述べてある。

田中は最初Nationalspracheを読んで、それを記憶するのに日本語の「国語」ということばを用いたのではないか。その「国語」をご丁寧にもドイツ語のStaatssprache(田中による新造語のおそれもある!)で再翻訳したのである(『言語生活』一九七八年三月号)(4)。

二十年も昔の言い争いを、こうしてわざわざ回顧してみたのは、当時、ほかでもないドイツ語に堪能なゆえに、日本の国語学者仲間からたよりにされていたらしい人が、その存在を否定するほど、この語は言語学者の関心のそとにあり、またしたがって、「国語」と「国家語」とを同じもの、あるいは、同じことの言いかえだと見るのが普通だったということがわかるからである。

しかし当時私は、「国家語」のテーマに熱中しており、「国家語」について論じた数々の文献にかこまれていたのである。とりわけ重要なのは、Handwörterbuch der Rechtswissenschaft Bd. V. Berlin und Leipzig 1928であって、Staatsspracheの項目を掲げて一ページにわたって詳述したのみならず、この語が法律の用語として登場したのはプロイセンで、一八七六年のことだったと述べている。

グロータースさんと私との国家語についてのやりとりは当事者が熱中したほどには世間にあまり知れわたっていないらしく、その上、グロータースさんが、「田中による新造語」とまでほめそやしてくれたこのことばは、それから二十数年たった今、よりひんぱんに、より気軽に口にされたり書かれたりするようになった。

その理由は、まず、「国家語」は「国語」をより強調したいかめしい呼び名であるという受けとりかたのためであり、第二には、もっと具体的に、「国語」は「国家語」の省略形だと受けとられているらしいからである。それは次のような文章に、この上なく明瞭に示されている。

国語とは、おくにことばの意味ではなく、「国家語」の略語であったことや、それが、

「宗主国家語」として植民地で強要された過去を清算するためにでもある（『教育評論』一九九五年一二月号）(5)。

このような用語の誤解にもとづく論争は、日本語、日本語史の問題を決して堅固な土台の上に築くことができないので、こうした用語が生まれてきた社会的背景、言語的状況をよく理解しておかねばならないだろう。さらに言語学者にはグロータースさんのような人が多いとすれば、「国家語」は二〇世紀の八〇年代になって登場した、思いつきの新語であると受けとられるおそれさえ生ずるだろう。

さきほど述べたように、一九二八年のドイツ語の『法学辞典』によれば、「国家語」は、一八七六年のプロイセンが用いていた、言語立法上の術語であった。そのことは保科孝一も上述の論文でふれている。保科はさらに、この語の使用をさかのぼらせて、一八四八年にオーストリア帝国議会で、ボヘミヤ出身の議員が口にしたということも述べている。このことは国立国語研究所が所蔵する保科の蔵書の中の一冊、V. Madeyski, Die deutsche Staatssprache oder Oesterreich ein deutscher Staat, Wien 1884. に述べられているので、保科はこれにもとづいたものと思われる。グロータース氏は、「国家語」はドイツ語の辞書にもないことばだと確信をもって述べたが、それを表題としたこの百八十ページ近い独立の著書が、ちょうど日本で「国語」が生まれた頃に現れていることによって、このことばの歴史的背景の理解は一層深まるのである。

さて、話をもとにもどすと、最初の近代国家の出現とともに、国家がその言語に要求した名は、日本語には、ほぼ「国語」と移すことができるラング・ナシオナールであった。しかしそれではなぜ、プロイセン、オーストリアなどのドイツ語圏においては「シュタート（国家）の言語」という用語を必要としたかというのが次の問題である。もしかしてここで生じかねない反論――フランス語のナシオンとドイツ語のシュタートは、同じ内容のものを指しているはずだから、両者は相互にとりかえ得るもの、あるいは等号で結ぶべきものだという反論に対してはこう答えておきたい。フランス語においてもなお、シュタートの言語について語らねばならないときには、その忠実な訳「ラング・デタ langue d'État」が用いられていると(6)。

こうした用語が求められる背景には、それなりの理由があった。それは、「国家語」を求める環境が、そこが多言語多民族の状態であることを疑いもないこととして認知していたからである。

フランスが多言語国家であることは、今では否定する者はいないであろうが、少なくとも一九五一年以前、とりわけ大革命の頃に、それを認める人は、一部の言語学者以外にはなかったであろう。デイクソンヌ法が認知し、ミッテラン政権がそれらに一定の地位を具体的に保証する以前は、ブルトン語やオクシタン語を独立した言語として見る観点は、全く言語学の知見と経験によってのみ得られたものである。それらは文化的にも政治的にも、言語以前のパトワやパルレなどとさげすんで呼ばれる、文明を阻む害虫のような存在であった。その国家においては、フランス語をおいて、他に文明と理性にふさわしい「言語」と呼びうるものは存在しなかったから、複数の言語の中から、特定の言語を選び出し、それに対して、法律で定めた役割と、それを表示する名称を与えるなどという作業は全く不必要だったのである。

プロイセンに「国家語」の必要が生じたのは、ドイツ語のほかに、だれもが「言語」であることを信じて疑わないポーランド語があったからである。オーストリア＝ハンガリー帝国には十の独立した言語があった。それぞれが独立した言語であって、それらが作りだす多言語状況から生ずる困難という認識があって、はじめて、法律にもとづく「国家語」を制定する必要が生ずるのである。この点が、いかなる法的な根拠をも持たない「国語」とは根本的に異なることに注意しなければならない。

保科がプロイセンとオーストリア＝ハンガリー帝国における「国家語」の問題に関心をむけたのは、台湾と朝鮮という、非日本語を話す地域を日本国の中に含み込んだために、もはや、「国語」だけではどうにもならなくなったという認識を持ったためである。「国語」は複数の言語の存在以前の、したがって、日本社会が、日本語だけを用いていることを当然とする、自閉的な言語認識が生んだ、法律以前の、情緒的な表現である。「国語愛」とか「美しい国語」などの表現は、このような言語環境を反映した特徴的なものである。

それに対して、国家語は必ずしも愛の対象でもなければ美しくある必要もない、あとで述べるように、法的には、国家業務を遂行するための機能に対する命名である。

三　国語と国家語はいかにちがうか

「国家語」の制定は、複数の異なる言語の併存を認めることを前提としている点で、それを認めない「国語」国家にくらべて、少なくとも言語の認識の点ではより寛容で、民主的だということができる。また、「国語」をめぐる論争はパトリオティズムという情緒のレベルの問題であるが、法的なステイタスの表現である「国家語」の議論の背後には、当然ながら言語権の問題が含意されていた。言語権についての理論、言語立法についての議論が発展しえたのは、一九世紀において「国家語」の議論の経験をもったところだけであった。

こうした中・東欧の言語をめぐる議論が、それから一世紀以上を経て、今日的な生命をもって議論されているとすれば、それは、一九世紀の中・東欧から直接つながっているものではなく、二〇世紀の社会主義世界、とりわけソビエト連邦における言語問題を介してだった。

一九世紀にたたかわされた国家語の議論を、二〇世紀にひきついだのは、レーニンのささやかな一篇『強制的な（обязательный）国家語（государственный язык）は必要か？』であった。不幸にして、この「国家語」は、日本では時に「公用語」（レーニン全集版）、時に「国定語」（国民文庫版）と訳されている。これらの翻訳を行った人たちは、すでに一九三三年に保科孝一が周到な考慮の上で「国家語」と訳していることを知らなかったし、また翻訳に用いたテキストの中のこのロシア語が、ドイツ語の Staatssprache に由来する直訳であることも知らなかった［らしい］。

レーニンが、この論文を書いた一九一四年一月の、やはり同じころに書かれたと見られる「民族問題についての報告メモ」には、カール・カウツキーの論文『民族性と国際性』（一九〇七―一九〇八年）を注意深く読んだ形跡がはっきりと残されている。また、やはり同じ頃のレーニンの執筆になる「民族自決権について」では、カウツキーのこの論文の、一九〇八年に現れたロシア語訳にも言及しているので、レーニンはこのロシア語訳を用いたということもわかる。このことから、ロシア語の中に「国家語」という語が発生したのは一九〇八年であるとしていいだろう。

さて、ロシア語の中に「国家語」の概念を導入させることになったカウツキーの前述の論文は、オーストリア社会民主党が、一八八九年にブリュン（ブルノー）で発表した、ブリュン綱領と通称されている、かれらの民族政策に関する綱領を紹介している。その第五項にいわく、

> 我々はいかなる民族的な特権も認めない。したがって国家語（Staatssprache）の要求はしりぞける。媒介語（Vermittelungssprache）が必要とあらば、それは帝国議会が決定するであろう。

ここで「媒介語」というのは、異なる諸地域の諸言語の間を「媒介する言語」という意味であり、プロイセンの国家レベルでは業務語（Geschäftssprache）とも呼ばれていた。すなわち一八七六年のこの法律は「官庁、官公吏及び政治団体の業務語に関する法律」と名づけられていたのである(7)。

このように「国語」と比べて、「国家語」に求められていた著しい特徴は、愛や忠誠の対象としてではなく、その業務性、機能性であった。

ブリュン綱領が国家語を設けることを排除したとき、このことばで予想されていたのはドイツ語であった。したがって党は、ひとまずドイツ語の特権を否定した上で、帝国議会に媒介語の議論をゆだねたのである。

さらにまた、ここで先に紹介したスイスの憲法で言うNationalspracheと、Staatsspracheとでは、まさにこの業務性、機能性という点で異なっていることに注目しなければならない。前者はナシオンの言語である以上、その土着の言語でなければならないのに、「国家語」は本来の制定の目的が業務の遂行にあるわけであるから、極論すれば外国から輸入された言語であっても矛盾は生じないことになる。かつての独立以前のインドにおいては、英語が国家語の機能をはたしていたと言えるだろう。「業務語」はナショナルであることを理論上は要求されないからである。多くの植民地国家や、社会主義、資本主義を問わず「国内植民地」国家においても同様の状況が見られる。

したがって、「国語」を「ナショナルな」、つまり「土着の」言語というふうに、語源に従って、限定して理解するならば、森有礼が「英語を日本の国語にしようと考えた」という表現はなりたたないのである。もし「国語」を「国家語」に入れかえるならば、有意味な文章となるだろう。

ソ連邦はその末期には、すでに言語的統合が深く進み、崩壊後に残った最大の遺産は、ロシア語による諸民族の同化であったとさえ言えるかもしれない。ロシア語はすでに事実上の国家語になっていた。ソ連邦の最後をかざった一九七七年のいわゆるブレジネフ憲法は、その前文に「人々の新しい歴史的共同体――ソビエト人（советский народ）が形成された」と宣言した。すなわち民族の壁はとり払われ、民族という単位は消滅したとする宣言に等しいものである。それにもかかわらず、この「ソビエト人」が用いるはずの共通言語をソビエト「国家語」と呼ぶことだけは依然として許されなかった。それを許さなかったのは、一九一三年の、あのわずか三ページのレーニンの論文だったのである。

そこで、一九六〇―七〇年代のソ連邦の言語政策が、ちえをしぼって見出した、このレーニンの遺訓にふれることのない新しい表現は、межнациональный язык であった。一九七五年に私はこれを「族際語」と訳した（「ソ連邦における民族理論の展開」を参照のこと。この訳語は、すでに日本語の中に存在する「国際語」と対照して用いられることを期待していたからである）(8)。

実体はロシア語にほかならない「族際語」は、ソ連邦の崩壊とともに、各共和国においては話題になることも用いられることも、ほとんどなくなった。そして、一斉に現れてきたのが、ロシア連邦を構成する各共和国の「国家語」であった。

「国家語」は一九世紀の中・東欧に発生して多くの議論がなされた後、やはり多言語状況のロシアに入り、一九一四年に、レーニンによってさしとめられてその姿を消したかに見えた。しかしそうではなかった。ソ連邦崩壊後、「国家語」は予想もできないエネルギーをもって、新しく組織されたロシア連邦の、ほとんどすべての共和国の憲法の中に登場して来たのである。

四　ソ連邦崩壊後の「国家語」の隆盛

それでは、九〇年近くも禁じられていた「国家語」が、どのような形で記憶され続け、想起され、情熱的に用いられるようになったのかという過程を、誰かが明らかにしてはくれないだろうかと期待している(9)。今私が知っている唯一のことは、次のようなことだ。

ペレストロイカの進行中の一九九〇年四月三日、チンギス・アイトマートフが座長となってまとめられた新しい言語法案では、その前文に、「リトワニア、ラトビア、エストニア、グルジアの各共和国の代表は、ロシア語にソ連邦公用語（официальный язык）の地位をあてがうことに反対した」のに対し、「言語学者たちは言語的解体をおそれてロシア語に「共通国家語」（общий государственный язык）の地位を与えるべきだ」と述べたことを紹介している。そして本文の第四条で、「連邦共和国、自治共和国は、それぞれの言語を国家語として規定する権限を有する」と述べているほかは、ほとんどすべての個処で、「ソ連邦〔各共和国〕の諸公用語（официальные языки）」というような表現を用いている。

この案の趣旨は、ロシア語のみに「共通国家語の名をあたえ、他の共和国語を単に公用語と呼ぶ」ことにあるが、それは言語の面から見ると、依然、ソ連邦の強力な一体性を強調することにほかならないのであって、いったい、どんな智慧者の言語学者たちがこうした入れ智慧をしたのであろうか。はっきりしていることは、あの神聖なレーニンの遺訓からの逸脱であり、その無視であった(10)。

そして、ソ連邦の最終的解体という過程を経て、その二年後に現れたロシアの各共和国の言語は、一斉に国家語であることを名のったのである。

今日のロシア連邦を構成する各共和国は、ソ連邦時代は自治共和国であったり、あるいはより自立度の低い自治州であった。ソ連邦時代、そこではロシア人人口に圧倒され、極度にロシア語化が進行していた。まさに、「ソビエト人成立」の直前の状況を示していた。この流れを食いとめるためには、これら共和国の言語を国家語の地位につけることが、ロシア化の進行に歯止めをかけ、かれらの民族語への自覚を強めることに貢献するはずであった。

各共和国の言語を危機におとしいれていたのは、多数のロシア人の流入によって、その共和国が帯びるエスニックな名称が、人口比から見ただけでも、すでに有名無実となり、単なる歴史的記憶と化する直前の状態にあったという事情である。また、実際にその民族語を母語とする者の割合は、さらに低いものであった。

ここに一つの具体例としてブリヤート共和国をとりあげて見よう。ブリヤートの人口約百万のうち、ブリヤート人は約二十五パーセント、そのうち、ブリヤート語を母語としているものは一九八九年の段階では九十二パーセントであったが、その割合は年々減っている。

総人口の四分の一を割った話し手の言語を国家語にすることは、この用語の本来の意味、すなわち国家レベルにおける業務語という意味にもはや合致しない。といって、実態にあわせてロシア語を国家語にすることは、ソ連邦崩壊という政治的結果を反映するには極めてふさわしくない。このような事態の解決法は、ブリヤート語、ロシア語のいずれをも国家語として規定することである。

一九九二年に制定を見たブリヤート共和国憲法は、その第六七条において、「ブリヤート共和国の国家語はブリヤート語およびロシア語である」と規定している。当然、ここの「国家語」には複数形が用いてある。

私は、ブリヤートにおいて憲法における言語の規定に関する熱い議論がたたかわされていた頃、ブリヤートに滞在して、この規定が、いまや少数者の地位に転落してしまったブリヤート人のたたかいのぎりぎりの線であったということをよく理解した。圧倒的なロシア人人口とロシア語の前に、ブリヤート語は使用範囲をせばめられる一方である。一層深刻なのは、若い世代のブリヤート人がブリヤート語を放棄しはじめていることである。

ブリヤート共和国憲法は、ブリヤート語の地位を国家語として保障しているのみならず、それに実質を伴わせるため、大統領の資格を定めた第七一条では、大統領は「ブリヤート共和国国家語を身につけていること」を条件としている。もちろん、ここでも「国家語」は複数形で示されていて、ブリヤート語とロシア語を指している。第一一八条では、より具体的に、「ブリヤート共和国大統領は、ブリヤート共和国の二つの国家語（ブリヤート語とロシア語）を身につけていなければならない」と念を押している。

この六月に選出されたロシア人のポタポフ大統領に三年前に会ったとき、かれはあまり多くはブリヤート語を話さないように見うけたが、「ブリヤート語を身につけている」と認められているのであろう。しかし、当のブリヤート人のかなりの数が、ブリヤート語ができなくなっている状況とあれば、大統領にあまり多くは要求できないであろう。

ブリヤートのすぐ北のサハ（ヤクート）共和国の憲法も、やはり国家語は「サハ語とロシア語」というふうに規定している。サハは、ロシア人に対するサハ人の割合が、ブリヤートよりは高く、三十三パーセントに達していたから、この規定を設けるのに、ブリヤート人ほどの困難は感じなかったであろう。

これら二つの例は、複数国家語制という点で、スイスの憲法における言語規定に近いところがある。

民族語にロシア語を加え、そのいずれをも「国家語」とする方法は、圧倒的な数のロシア人との共存をはかり、その上で、自らの言語を保障するための、ぎりぎりの解決法であっただろう。ところが、民族語のみを国家語とし、ロシア語は国家語から排除して、別の地位を与えるという、「単一国家語制」とも言うべき方法をとった例がある。これがトゥバ共和国の憲法である。トゥバの憲法は、ロシア連邦諸共和国の憲法の中でも、特異な言語規定をもっている。その第三三条に言う。

> トゥバ共和国の国家語はトゥバ語と定める。ロシア語はトゥバ共和国の領土内では共通連邦国家語（общефедеральный государственный язык）として機能する。

と規定した上で、「トゥバ語とロシア語は、すべての企業、公共機関、組織、さらに、政府と行政機関を含む法律の規制下にあるあらゆるコミュニケーション分野において、同等の権利をもって用いられる」としている。おそらく、トゥバ憲法は、ロシア語を、共和国国家語から排除したほとんど唯一の例（チェチェンの憲法もこれに近いのではないかと推定される）であるのは、トゥバ人人口が六十四パーセントと半数を超えており、ロシア人が三十二パーセントにとどまること、また国境線総延長のほぼ半分が外国（モンゴル）と接し、ロシアの本部から鉄道が到達しないという、地政学的な条件にもよるであろう。さらにトゥバは一九九二年の住民投票によって、このような言語規定を含む憲法を採択したが、同時に投票にかけられたロシア連邦憲法を否決した。そこには「民族自決権」が明記されていないという理由で(11)。トゥバはロシア中央にとって、チェチェンと並ぶ、最も手ごわい相手である。トゥバの選択は、国家語の本来の理念をまもった上で、ロシア連邦の一員としてその連邦国家語を認めるという形で、国家語の論理を一貫させたのである。

もちろん、以上見てきた、国語、公用語、業務語、国家語など、「言語の社会的形態」を示す、これらすべての語が、多かれ少なかれ部分的に共通する意味の領域をもっているから、しばしばその用法に疑義が生じるため、スイスなどでは憲法論議にまで発展することさえある。そしてこうした言語権論争の背後には、少数者言語維持のための費用負担の問題もある。しかし、言語をめぐって、このような論争があるということこそ、その社会における言語［的］民主主義の高さを示していると言わなければならない(12)。

五　いまいちど「宗主国家語」について

以上述べてきたところから、「国家語」は「国語」のくわしい呼び名ではないし、その「省略しない形」でもないこと、ましてやそのモデルとなったドイツ語のStaatsspracheをも含めて、「田中による造語」ではないことが明らかになったと思う。したがって今後は、両者が混同されて用いられることがないように願うものである。

それに対して、最近ときどき用いられるようになった「宗主国家語」の方は「田中の造語」であるから、それがどのような必要から、どのような目的で造られたかをここで弁明しておくことは私の義務であると思う。

この語は、一九八八年、一橋大学が行った国際シンポジウム「転換期世界の文化変容」での英語による報告「国語と国家語」においてはじめて用いられた。報告は英語であったから、はじめからsovereign state languageという英語の表現によって、その内容を考えてみた。そして、翌年の一九八九年一月号の『世界』に発表した論文「「宗主国家語」をこえて――日本語の「国際化」をめぐるイデオロギー状況」の中で、あらためて日本語として、もう少しくわしく内容を整理してみた。そこでは私はこの語を用いる理由を次のように説明している。

一八六〇年代、プロイセン国家において生じた「国家語」Staatsspracheという語は、機能的には単に国家内多言語を媒介し、国家業務を集約するための「業務語」Geschäftssprache と同義にすぎなかったのに、「宗主国家語」は、その言語の宗主国における社会的儀礼、倫理規範をも受容するよう迫るからである。単なる「国語」や「国家語」ではおおいつくせない「宗主国家語」の内容は、新しい社会言語学的概念として今後検討されなければならない。

として、問題をあとに残した(13)。

その時私の念頭にあったのは、かつてのインドにおける英語との対比である。土着の多言語状態のもとで、国家的な統一業務を行う上で、英語は「業務語」として「国家語」の役割を果していたのである。そしてこの際注意すべきことは、「国家語」はその国家の（主要）民族の母語である必要はまったくないという点にある。この点が、スイスのNationalsprache (n) とは異なるのである。

国語は民族語が国家をもつことによって発展した形であり、土着のものであるが、国家語は輸入された外国語であってもかまわないことは、前に述べておいた通りである。

ところが日本語は、単に通じればいい、機能的な「業務語」として、台湾、朝鮮に導入されたのではなく、天皇主義と日本的徳目と一体になっていた。今日でも、教科目として「日本語」を許さず、「国語」でなければならないというこの感覚は、言語が諸民族間をとりもつ単なる機能であるという面を認めたくないという自閉的感覚のなせるわざである。この感覚は、言語の教科だけでなく、すべての教科全体にしみわたっている教育イデオロギーであるという点を見逃してはならない。またこのような自閉的「国語」はいずれは世界の言語市場において敗北し、滅びるであろう。

英語によるにせよ日本語によるにせよ、いずれの場合にも、「宗主国家語」は学術の用語として使いうるのかどうか、いましばらく多面的な検討が必要なことを深く意識しながら、おずおずと持ち出してみたのである。ところが当時私のゼミナールにいたシー・ガン（石剛）は、この語をさっさと採用し、それを重要なキーワードの一つとして、『植民地支配と日本語』（一九九三年、三元社刊）を書き上げた。その用い方のすべてが造語者である私の意図に反しているわけではないが、思わぬ方向に発展させられている面がある。私が最もおそれるのは、この語が望ましくない情緒的な色づけをもって用いられることである。柳田國男ふうの言いかたをすれば、「めしが炊きあがらないうちにふたをあけられてしまった」という感じが拭えない。もちろん便利なものは使えばいいのではあるが、シー・ガンには、この語を造らねばならなかった、やむにやまれぬ背景をもう一度よく考えてみて、批判的に用いてほしかったのである。

いまいちどくりかえせば、「国家語」は、国家業務を遂行するための、あくまで機能的な便宜の手段であるというところに、この語を用いる根拠を限定しておくのが、できるかぎりの用語の純粋性を保つためには望ましいだろう。だが、その業務や機能のために設けられた国家語が、宗主的に（sovereignly）ふるまうとき、それはsovereign state language「宗主（的）国家語」に転化するのだと考えられたのであって、「宗主国家の言語」という意味で、単に形式の上でとらえたのではなかった(14)。

しかし、その時私が宗主国家語でまずイメージしたのは、「国語」を「国家語」にするという法的手つづきもとることなく、——保科孝一はそのことを考えていた——「日本語」をそのまま異言語地域における「国語」として矛盾を感じない日本語であったから、このかぎりではシー・ガンの用法はまちがってはいない。

またイ・ヨンスクが『「国語」という思想』において、日本には言語政策というものはなく、あったのは言語暴力だったと述べていることは、この理性的で冷静な「国家語」が、とても「国語」の敵ではなかったということと対応している。

もちろん「言語の社会的形態」を示す用語は、一つの実体を、さまざまな異なる社会的形態として呼びわけるものであるから、相互に浸透しあう危険に常にさらされている。しかし、それは来るべき政治言語学を築く上での欠かせない礎石になるものとして、大切に扱わなければならないのである。

（注）

（1）昨一九九七年、京都の国際日本文化研究センターで行われたシンポジウムで私が「部族」ということばを用いたとき、青柳真智子、スチュアート・ヘンリーの両氏から、これはサベツ語であるから使うべきではないと厳しい注意を受けた。しかし、いったい「民族」とは区別されるべき「部族」の概念なくして、人類社会の歴史が語れるのだろうかと不思議に思った。この二人はいずれも人類学者らしいからである。

私が「部族」というとき、それはナロードノスチの段階にあるエスニックな集団であって、言語の面では、まだ書きことばを持っていないことも一つの特徴づけになるかもしれないと答えておいたが、決定的なものではない。「ソ連邦における民族理論の展開」（『言語からみた民族と国家』所収）を参照。

（2）『亀井孝論文集1　日本語学のために』一九七一年、所収。なおこの論文には、すでに一九六九年に古田東朔氏に「国語という語」という論文があることが付言されている。亀井論文以前にも注目すべき論文があったにちがいないが、ここでは参照しなかった。

（3） 同様の考えは、時枝誠記《ときえだもとき》においても見られる。そのいずれに、はじめにこの考えが宿ったかは決めないでおこう。時枝と亀井の間には、その感性のちがいがありながら、相互に敬意を保ちながらの論争的交流があったらしいことを、生前の亀井の話しぶりから感じたことがある。この点についてはなお『現代思想』一九九四年八月号において田中が亀井に行ったインタヴューを参照のこと。

（4） このあたりのグロータース氏と私とのやりとりは、すべて『ことばの差別』（一九八〇年）に収録してある。

（5） この記事を知ったのは、『月刊日本語』一九九八年八月号に掲載された、小林哲夫「「国語」が消えた」による。

（6） たとえば A. Meillet, Les langues dans l'Europe nouvelle 1928.

（7） Glück, Helmut, Die preußisch-polnische Sprachenpolitik 1979. S. 146.

（8） 日本言語学会の発行している『言語研究』の最新号第一一三号（一九九八年三月）に掲載された論文は、この重要な語を誤って международный язык という存在しない形で引用した上で、「民族際語」と翻訳している。しかしここで視野に入っているのは民族だけでなくナロードノスチも含まれているのであるから、やはり「民」は省くべきだと思う。

またこの論文では государственные языки が一貫して「公用語」と訳されているが、この訳はすくなくとも学問的な翻訳とは言えないことは、私の以上の論述から明らかであろう。公用語と訳すべき официальный язык とどう区別するのであろうか。他の場合には用語に神経質なはずのこの学会も雑誌の編集陣も、この種の社会・政治言語学の分野では、いかなる繊細さをもそなえていないことは驚くべきである。

（9）塩川伸明『ソ連言語政策史の若干の問題』（北海道大学スラブ研究センター、一九九七年一〇月）がこの点ではいくぶん参考になるだろう。

（10）ここに言う言語法のテキストは、当時、朝日新聞のモスクワ支局から送られてきた不鮮明なファクスによるものであって、部分的に読めないところがある。私は朝日新聞から意見を求められたが、その法案のあまりの保守性にあきれて、論評を加える気さえ起きなかった。しかし、朝日新聞に発表されたこのニュースの見出しは「民族語も公用語に　全共和国に権限認める」（一九九〇年四月二五日）となっていた。しかしそれはすでにペレストロイカ以前に、各共和国憲法は、法廷用語は共和国の言語で行なうなどの規定を持っていたのである。

（11）この話はトゥバ共和国の憲法草案の作成にあたった大統領顧問のバガイオール氏から直接聞いた。一九九五年四月、私は長尾龍一氏の協力を得て同氏を招き、第四回比較法政史学会で、トゥバの憲法の特徴について講演をしてもらった。

（12） レト・ロマン語の地位をめぐって、スイスで考究された多面的な諸問題、とりわけ「言語の社会的形態」を示す語彙の問題で参考になる研究として、次の一冊をあげておきたい。Viletta, Rudolf, Grundlagen des Sprachenrechts, Zürich 1978.

（13） この論文は後に『国家語をこえて』（ちくま学芸文庫）に収められた。

（14） 今考えなおしてみると、「宗主国家語」にあてるべき英訳は suzerain state language とすべきではないかと思われる。ソ連邦崩壊後の各共和国では「母語のスヴェレンノスチ」ということがさかんに言われはじめたからである。

（『思想』１９９８年10月　岩波書店）

ことばの環境と経済《講演録》

一九世紀を特徴づけるキー・ワードの一つは、「進歩」あるいは「進化」で、それはまた「文明」とか、文明に達するための「発展段階」という概念と結びついていました。ことばにもまた、未開な原始的な構造をもったものから、より発達した構造をそなえたものが区別され、その発達の度合いは、主に文法構造によって測られたのです。その上で、それぞれの言語は、はしごの下の段から上の段に向って並べられました。ちょうど、生物学が単細胞のアミーバーから脊椎動物に発展して行く図式のように。

この地球上には四千から六千くらいの言語があると言われています。こういうぼんやりした言い方しかできないわけは、どれを一つと数えるべきかは、見方によって異なるからです。そして、これらの言語の数は、増えることもあるが、減る方が多い。前世紀におけ る有名な例はダルマチア語であって、一八九八年に、最後の話し手アントニオさんが、鉱山爆発で死んで、このことばも死にました。今世紀では、よく統計が残っている例に、ブリテン島とアイルランドとの間に浮かぶマン島で話されているマンクス語があります。一九〇一年には四千四百十九人の話し手がいましたが、六一年には百六十五人に減り、七四年には最後の話し手が亡くなりました。

　言語学者にとっては、こうした事件は残念なことですが、しかし、これこそは、人類が一つになりたいという、長い間の夢に確実に近づきつつある証拠だという見方もできなくはありません。ことばは人類をたがいにへだてる厚い壁です。この壁がなぜできたのかを説明するために、旧約聖書の「バベルの塔」の伝説が持ち出されます。それによると、天にもとどく高い塔をたてようという人間の野望が、神の怒りにふれて、塔はばらばらにくずれ、ことばもばらばらになったと説明されています。つまりことばの多様性は、人間に罰として与えられたのです。

　では、ことばが一つであった時代をいかに回復できるかと言えば、進化におくれた言語をすてて、話し手が文明語に移ることです。これを逆の方向から話をすると、滅びゆく言語は、進化の法則によって、滅びるように運命づけられ、したがって生存競争に敗れた弱い言語だということになります。言いかえれば、「自然淘汰」による「適者生存」です。

　ところが二〇世紀に入ると、言語学は、言語がいかに多彩多様であるか、そしてその一つ一つは、それぞれ固有の世界（観）を代表しているのであるから、一つの言語の消滅は一つの世界の喪失だという考えが現れてきます。この思想は、人類学と手をたずさえながら、欧米中心の文化への深い反省をもさそったのです。特定の有力言語に絶対的な価値を与えないというこの立場は、「言語相対主義」と呼ばれます。

しかしこうした議論をしている最中にも、ことばはどんどん消えて行きます。そして、この六千なにがしかの言語のうちでも、その九十パーセントの言語を話すのは、世界総人口のたった四パーセントだという統計がありますから、大多数の人は大きな言語の話し手です。一九世紀から二〇世紀にかけて進んできたこの過程は、二一世紀には更に加速され、たぶん六千のうちの三千は確実に消え去り、三百くらいが残るだろうと見る研究者もいます。

日本語はたぶんこの三百の中に入れてもらえるとしても、問題は残ります。どういう言語が残るかといえば、話し手人口が多く、さらに、外国人も進んで学んでくれる、国際的な有用性の高い言語です。この点では、私は日本語に対して、かなり悲観的な見通しを持っています。というのは、日本語はローマ字で書いてみれば、文法は合理的で学びやすいのに、文字が大変だからです。数年間の努力によっても漢字の獲得は微々たるもので、そんなことをやっている歳月のうちに、一つの言語がすっかり身についてしまうほどです。私は外国人から、自分のこどもに何か一つ外国語をやらせたいんだけど日本語はどうでしょうかと相談を受けることがあっても、ぜひそうしなさいとすすめる勇気はありません。

よほど信念のある篤志家なら別ですが、そのような人は例外なのです。そして、今日の英語の滲透ぶりを見ると、日本のビジネスマン、そして何よりも大学からは、国文学のようなわずかな専門を除いて、日本語は消えるか、日蔭の言語になってしまいそうだからです。言っておきますが、私は決して嬉しい気持でこう言っているのではありません。

ところで伝統的な言語学では、一つ一つの言語を他からきりはなして個別に研究してきました。言語というのは他からの影響を受けない「閉じられた体系」をなしているという前提から出発したためです。複数の言語を比較する「比較言語学」というのがありますが、それとても、今は複数になってはいるが、かつては単一であった祖型を仮定し、それを比較によって復元するのですから、目指すところはやはり一つの言語です。

それに対して、言語はもともと、それだけが孤立してあるのではなく、異なる言語が同時に併存し、相互に影響しあっているので、話し手も長い間には自分の言語を捨てて、より有力な言語に自発的に、あるいは社会的圧力によって乗りかえることがある――それが実態なのだという見方に立って言語をとらえなおす試みはすでに為されていました。記憶に残るのは、U・ワインライヒの「言語間の接触」（一九五三年）であり、次はE・ハウゲンの「言語のエコロジー」（一九七一年）です。――もっとも一九世紀にも先駆的なH・シューハルトの研究があり、今世紀にはマルを中心とするソビエト言語学があったことを忘れてはなりません。

ハウゲンの研究に特に注目したいわけは、「生態学」と訳されるエコロジーの観点を言語に適用したからです。言語を動植物になぞらえて、相互に併存しあう関係を、生態学としてとらえようとしました。

しかし私は、この「エコロジー」を、言語どうしの関係にとどまらず、ことばとそれを話す人間との関係でとらえようとしました。その人間は、単に社会的存在であるにとどまらず、もちろん自然の一部であり、自然によって規定される生産活動と組みあわさったことばの使い方をしてきました。ことばを基底として形成された民族（窮極にはエトノス）も自然とからまった概念です。こうした考え方は九〇年ごろから、私に新しい課題として芽生えていました。そこで、九三年に出した本は、あえて『ことばのエコロジー』（農文協）と題して、未来の研究への道標としたのです。

最近になって、「絶滅の危機に瀕した言語」、略して「危機言語」の研究の必要をユネスコが訴えたのを受けて、日本政府は東京大学にそれに従事するセンターを設けたということです。しかしつい最近まで方言を標準語に統一し、世界を一つのことばで結ぼうなどと説いてまわっていたその同じ人が、にわかに少数言語の危機を訴えるとしたらすじが通りません。

いま必要なことは、少数言語を絶滅から救うことは、人類にとってどういう意味があるかを、感傷をとり払って考えることです。少数言語の話し手が大言語に乗りかえるのは、それなりの理由があるからです。少数言語を維持していたら暮していけない――そう言う人たちに、なおもそれを話しつづけなさいという権利は誰にもありません。第二次大戦の直後に、「地球は言語の博物館ではない」と説いた有名な言語学者もいます。少数言語は実用的にははためいわくなのです。

小さな言語を多数維持するには経済的負担も覚悟しなければなりません。一般に西欧諸国ではそのための余裕がありますが、とりわけ少数言語のひしめくアジア、アフリカの諸国では、貧困と政治不安の解消には、多言語状態の克服こそが重要だという意見が主流を占めるでしょう。

私自身は、多くのことばがすりつぶされ、失われて行くこの流れは、おそろしい未来を予言しているように思います。しかしなぜそう感じられるのかを学問的に根拠づけることはまだできておりません。理論的に重要なことは、少なくとも、ことばは動植物とはちがって自然に属さず、人間が作り出し、人間の必要に依存しているという事実です。だから、ことばの問題を、動植物のアナロジーで片づけることは誤まりです。

しかしおそらく、ある種の言語が失われて行くということの中に、人間にとってのことばの意味を解明する手がかりがあるように思います。だから、こういうことばを使っても生きていける、経済をはじめとする生活システムの可能な方途を考えることも、社会言語学の課題の一つであるように思うのです。ありがとうございました。

(『如水會々報』1998年12月　如水会)
原題「一橋大学開放講座　ことばの環境と経済」

Katsuhiko Tanaka Selection II

本セレクションに用いられているシンボルマーク
「酔っぱらって、よれよれのチェーホフ」のいわれについて

一九八〇年、三十歳になったチェーホフは、囚人の島サハリン（樺《から》太《ふと》）へと一大旅行を企てた。モスクワを四月二一日に出発し、七月一一日にアレクサンドロフスク港に上陸した。シベリア鉄道もまだない、片道全行程、三か月に及ぶ長旅であった。サハリンでは「一万人以上の流刑囚や住民の調査カードを作り」、「学位論文の三つくらいに相当する」成果をあげたと自慢している。この旅の途次、チェーホフはトムスクに立ち寄ったのである。六月の頃だった。

ぼくは二〇〇七年九月、はじめてトムスクを訪れたとき、トミ河々畔に立つチェーホフの像に出会った。よれよれのコートをはおり、傘を後手にかかえた、酔っ払いのチェーホフである。ぼくはすぐさま、その傘の柄に手をかけて写真におさまった。道路をへだてた向かい側にはかれが泊まった宿屋で酒場のスラヴャンスキー・バザールがあった。その得意の写真を装丁家に見せたところ、かれはぼくをはね出して、チェーホフだけをとりあげてデザインし、本コレクションのマークにしてしまったのである。

チェーホフにはかなわない。

田中克彦（たなか・かつひこ）
1934年兵庫県生まれ。東京外国語大学モンゴル語学科、一橋大学大学院社会学研究科、ボン大学哲学部・中央アジア言語文化研究所（フンボルト財団給費）でモンゴル学・言語学・民族学を学ぶ。一橋大学名誉教授。社会学博士。モンゴル国立大学名誉博士。2009年モンゴル国北極星勲章受賞。著書に『ことばと国家』『ノモンハン戦争──モンゴルと満洲国』『「シベリアに独立を！」諸民族の祖国（パトリ）をとりもどす』（すべて岩波書店）、『差別語からはいる言語学入門』（ちくま学芸文庫）、『従軍慰安婦と靖国神社　一言語学者の随想』（KADOKAWA）、『田中克彦 自伝 あの時代、あの人びと』（平凡社）、『言語学者が語る漢字文明論』（講談社学術文庫）、『田中克彦セレクションI　カルメンの穴あきくつした』（新泉社）など多数。

田中克彦セレクションII ──言語学と言語学史篇──
国やぶれてもことばあり

2018年6月14日　第1版第1刷発行

著　者　田中克彦
発行者　株式会社 新泉社
東京都文京区本郷 2-5-12
電話 03（3815）1662
FAX 03（3815）1422
印刷・製本　萩原印刷株式会社

ISBN 978-4-7877-1822-8 C1310